U0929465

中国特色发展道路的政治经济学

Political Economics of Development Path with Chinese Characteristics

吴振磊　吴丰华◎等著

发展的政治经济学与新中国70年

任保平　何爱平　师　博／主编

西北大学『双一流』建设项目资助

Sponsored by First-class Universities and Academic Programs of Northwest University

西北大学『仲英青年学者』项目资助

西北大学『优秀青年学术骨干支持计划』资助

北　京

图书在版编目（CIP）数据

中国特色发展道路的政治经济学／吴振磊等著．--北京：中国经济出版社，2019.8

ISBN 978－7－5136－5789－1

Ⅰ.①中… Ⅱ.①吴… Ⅲ.①中国特色社会主义－社会主义政治经济学－研究 Ⅳ.①F120.2

中国版本图书馆 CIP 数据核字（2019）第 166151 号

责任编辑 贺 静
责任印制 巢新强
封面设计 华子设计

出版发行 中国经济出版社
印 刷 者 北京艾普海德印刷有限公司
经 销 者 各地新华书店
开　　本 710mm×1000mm 1/16
印　　张 19.75
字　　数 283 千字
版　　次 2019 年 8 月第 1 版
印　　次 2019 年 8 月第 1 次
定　　价 89.00 元
广告经营许可证 京西工商广字第 8179 号

中国经济出版社 网址 www.economyph.com 社址 北京市东城区安定门外大街 58 号 邮编 100011
本版图书如存在印装质量问题，请与本社销售中心联系调换（联系电话：010－57512564）

总 序

发展经济学是第二次世界大战以后产生的研究发展中国家经济发展的经济学科，20世纪40年代后期在西方国家逐步形成，主要探讨贫困落后的发展中国家如何实现现代化和工业化、摆脱贫困、走向富裕等问题。但是西方发展经济学以西方经济学的理论与方法为指导，并没有为中国经济发展提供有效的理论指导。进入新时代，中国面临的重大发展问题是现代化发展问题，经济发展的主要任务是现代化强国建设。西方发展经济学不可能指导中国经济的现代化发展，中国经济发展的实践亟须构建具有新时代特征和中国特色的中国发展经济学。新时代中国特色社会主义政治经济学的创新要以马克思主义经济发展理论为指导，以新时代中国经济发展的经验、事实和材料为基础，把发展经济学与政治经济学相结合，构建发展的政治经济学理论体系，探讨新时代中国现代化发展的特殊规律。

一、中国特色发展的政治经济学的理论定位

随着中国特色社会主义进入新时代，中国发展经济学的研究对象不再是如何解决贫穷落后的问题，而是应该研究中国独特的现代化发展道路，探索新时代中国现代化发展的特殊规律。概言之，主要包括两方面的内容：一是我国如何由落后国家变为一个经济大国，研究如何由计划经济转型为社会主义市场经济大国的道路。改革开放40年来中国经济快速发展，实现了由计划经济体制向社会主义市场经济体制

的转型、由封闭经济体系向开放经济的转型，成功进入了中等收入国家行列，这一阶段的发展道路为世界其他发展中国家提供了新的范本，需要在理论上加以系统总结和研究，进而形成系统化的中国特色发展的政治经济学的理论学说。二是进入新时代，我国如何从一个经济大国变为现代化经济强国。就经济总量而言，目前我国已经成为世界第二大经济体，但还不是经济强国，作为发展中大国的国际地位没有变，仍然面临现代化发展问题。传统增长方式亟待转型，“中等收入陷阱”必须尽快跨越，社会矛盾不断加剧，发展的不平衡、不协调、不充分、不可持续问题更加突出，亟须建立新时代中国特色发展的政治经济学，为解决这些问题提供理论指导，从而使中国从经济大国转向现代化的经济强国。新时代中国特色发展的政治经济学以中国现代化强国发展道路为研究对象，回答的是“什么是新时代的现代化发展”“在新时代如何实现现代化发展”“新阶段的现代化发展为了什么”这三个根本问题。既要解释中国从低收入国家发展成为中等收入国家所走过的发展道路，又要研究进入中等收入国家发展阶段后走向现代化的发展道路。易言之，既要对中国过去的发展道路进行理论总结，又要对中国新时代的现代化强国建设的道路进行研究。

习近平总书记在主持中共中央政治局第二十八次集体学习时强调，要立足我国国情和发展实践，揭示新特点、新规律，提炼和总结我国经济发展实践的规律性成果，把实践经验上升为系统化的经济学说。这不仅是对中国特色社会主义政治经济学的要求，而且是中国特色发展的政治经济学构建要坚持的基本原则。因此，中国特色社会主义政治经济学为中国特色发展的政治经济学提供了基本理论和方法，中国特色发展的政治经济学要坚持以人民为中心的发展思想，把增进人民福祉、促进人的全面发展作为出发点和落脚点，体现中国特色社会主义共同富裕的本质特征。同时也“要按照立足中国、借鉴国外、挖掘历史、把握当代、关怀人类、面向未来的思路，着力构建中国特色哲学社会科学，在指导思想、学科体系、学术体系、话语体系等方面充分体现中国特色、中国风格、中国气派①”。新时代中国特色发展的政治经济学要在中国特色社会主义政治经济学所揭示的内在的本质的经济必然性的基础上，研究新时代中国特色的现代化强国建设的道路，总结我国现代化发展的规律，指导新时代现代化强国建设。

中国特色发展的政治经济学的核心是促进生产力的发展，继续坚持解放、发展和保护生产力。其基本立场在于实现以人民为核心的经济发展，坚持人民主体地位，一切为了人民、一切相信人民、一切依靠人民是新时代中国特色发展的政治经济学始终要坚持的核心立场。

二、中国特色发展的政治经济学的实践定位

新时代中国特色发展的政治经济学的实践定位应该是立足于新时代中国发展的实际、中国经济改革的实践和中国新时代现代化发展的实际，研究中国现代化发展的重大理论问题、重大实践问题，总结概括中国经济以及世界经济现代化发展的重大历史经验教训，提炼升华，探索其中的经济规律，进而上升为系统化的经济学说，这样才能促进中国特色发展的政治经济学的理论创新，才能从学理上阐释中国道路的成功，才能指引新时代中国现代化发展的道路。

从这一实践定位出发，中国特色发展的政治经济学创新的内容应大致包括：一是中国由传统农业国转变为工业国的发展道路。中国的农业工业化与其他国家不一样，改革开放之前通过国家工业化，奠定了工业化的基础。改革开放以后，发挥市场机制的作用，利用民间资本的力量，通过乡镇企业促进了农村工业化，加速了中国工业化的进程。二是中国特色的城乡一体化发展道路。作为发展中国家，中国具有发展中国家二元经济结构的典型特征，因而城乡问题是中国现代化

① 习近平．在哲学社会科学工作座谈会上的讲话［EB/OL］．新华网，2016－05－18.

发展的核心问题之一。“党的十八大提出的‘走中国特色社会主义农业现代化道路，建立以工促农、以城带乡、工农互促的新型工农、城乡关系，形成城乡经济社会发展的新格局’是中国特色社会主义城乡一体化的伟大社会实践。”① 三是中国特色的社会主义市场经济道路。改革开放以来，我国成功地实现了从高度集中的计划经济体制向市场经济体制的转型，建立了社会主义市场经济体制的基本框架，走出了一条中国特色的社会主义市场经济发展道路。中国特色社会主义经济体制把市场经济的一般理论与中国的社会主义制度相结合，既具有市场经济的一般特征，又是与社会主义基本制度相结合的市场经济，是在积极有效的国家宏观调控下，市场对资源配置起基础性作用，能够实现效率与公平均衡发展的经济体制。中国特色社会主义市场经济道路的形成，是采用双轨过渡，从局部到总体，体制内改革与体制外推进相结合，改革、发展与稳定相协调，经济的市场化与政治的多元化相分离等方式建立起来的，因此，中国特色发展的政治经济学必须研究中国特色社会主义市场经济道路，总结其发展规律。四是中国特色的扶贫道路。作为最大的发展中国家，新中国成立以来，特别是改革开放以来，我国消除的贫困人数在世界范围内是最多的，据统计，改革开放以来我国的贫困发生率已由1978年的30.7%下降至2015年的5.7%②。中国的反贫困为人类做出了卓越的贡献，中国特色发展的政治经济学的理论创新必须总结这一经验。

三、中国特色发展的政治经济学的理论基础

马克思主义经济发展理论和中国特色社会主义政治经济学是新时代中国特色发展的政治经济学创新的理论基础。新时代中国特色发展

① 彭国昌．分离与融合：中国特色社会主义城乡一体化发展趋势与路径选择［J］．湖南社会科学，2014（1）．

② 孙久文，唐泽地．中国特色的扶贫战略与政策［J］．西北师范大学学报，2017（2）．

的政治经济学是在马克思主义经济发展理论和中国特色社会主义政治经济学所揭示的内在的、本质的经济必然性的基础上进行理论创新，研究中国特色社会主义现代化发展的道路。

（1）马克思主义经济发展理论是中国特色发展的政治经济学的理论基础。马克思主义经典作家在研究资本主义经济的过程中，也研究了经济发展的一般规律，形成了系统的马克思主义经济发展理论。这一理论核心包括：①经济发展的终极目标是人的全面发展。马克思主义经济发展理论认为经济发展的目标是人的全面发展，物质资料的生产是人全面发展的基础。马克思人的全面发展理论体现在马克思和恩格斯1845—1846年合作完成的《德意志意识形态》一书中，马克思认为人的全面发展是指人的智力和体力的统一，精神劳动、物质劳动和享受的统一，生存和发展的统一，并使人的潜能和天资、兴趣和才能得到空前未有的充分发展，使人的身心、精神（道德）、才能、个性全面而丰富地发展。人的全面发展是在社会发展中不断得到实现的，马克思把这一点总结为“社会发展的普遍规律”，同时，人的全面发展又推动了社会的全面进步[①]。②经济发展的动力在于生产力的发展。马克思主义经济发展理论认为生产力是经济发展的动力和最终决定因素。要素生产力和协作生产力是马克思生产理论体系的两个维度。马克思在其生产力理论中，首先论述了要素生产力对经济发展的作用，他在《资本论》第一卷中论述资本主义劳动过程时，就分析了生产要素对生产过程的影响，指出：“在劳动过程中，人的活动借助于劳动资料使劳动对象发生预定的变化。”[②] 经济发展中的生产要素包括劳动者、生产资料、劳动对象三个部分，其中人是经济发展的主体，也是经济发展的最活跃的要素。生产资料、劳动对象是经济发展的物质要素，是人的劳动借以进行的社会关系的指示器。同时，科学技术

① 戴跃侬．人的全面发展理论与马克思主义中国化［J］．马克思主义与现实．2007（5）．

② ［德］马克思．资本论：第一卷［M］．北京：人民出版社，2004：205．

也是生产力，科学技术决定着生产力要素中劳动者的素质，也决定着生产工具和劳动资料的水平。马克思在《资本论》的分工与协作中，还分析了协作生产力对经济发展的作用，协作生产力实际上通过劳动者与生产资料相结合的社会形式对经济发展产生影响。马克思分别研究了简单协作、工场手工业和机器大工业三种协作形式对经济发展的作用。③经济发展的持续性在于按比例协调发展。马克思主义经济发展理论中强调的按比例协调发展包括两个方面：一是国民经济各部门和各个生产环节按比例发展；二是人与自然协调发展。在再生产理论中他把社会生产划分为两大部类，认为两大部类之间相互影响、互为条件、相互制约，两大部类之间只有按比例协调发展，社会再生产才能顺利进行。同时，资本循环依次要经过三个阶段、变换三种职能形式，它们在时间上前后相继，在空间上同时并存，只有这样，资本循环才能顺利进行，这表明国民经济的各个环节必须保持协调关系。同时，马克思主义经济发展理论还论述了人与自然的协调关系，认为人与自然之间存在物质变换关系，在这个物质变换关系中，人与自然之间必须保持协调关系，在经济发展中既要遵循经济规律，又要遵循自然规律。④经济发展的效果取决于经济发展方式。马克思认为生产方式包括外延的扩大再生产和内涵的扩大再生产，前者是指生产场所的扩大，后者则是指生产资料效率的提高，同时，在地租理论中论述了粗放经营和集约化耕作两种方式。这实际上是分析了经济发展的两种方式：一是要素投入驱动型的发展；二是要素使用效率提高型的发展。如果经济发展主要靠要素投入来推动，就是粗放型经济发展方式；如果经济发展主要依靠要素效率的提高，则是集约型经济发展方式。马克思认为提高劳动生产率的途径是变革劳动过程的技术条件和社会条件，从而改变经济发展方式。

（2）中国特色社会主义政治经济学是中国特色发展的政治经济学的理论基础。中国特色社会主义政治经济学与中国特色发展的政治经济学之间既有联系，又有区别。中国特色社会主义政治经济学是对中国经济改革发展的实践经验进行系统总结而形成的系统化学说，是研究和揭示中国经济发展和运行规律的科学，是最高层次的经济理论。中国特色社会主义政治经济学在方向性、基础性、战略性层面研究中国生产力、生产关系以及生产方式的发展规律和趋势，为新时代中国特色发展的政治经济学的创新提供理论指导。例如，新时代理论，解放、发展和保护生产力理论，创新驱动理论，共同富裕理论，社会主义市场经济理论，新常态理论，供给侧结构性改革理论，五大发展理念理论等，这些都是新时代中国特色发展的政治经济学创新要坚持的基本原则。而新时代中国特色发展的政治经济学是中国特色政治经济学的重要组成部分，新时代中国特色发展的政治经济学的创新可以深化中国特色社会主义政治经济学中经济发展理论的研究。新时代中国特色发展的政治经济学要依据中国特色社会主义政治经济学，研究“什么是现代化发展”“现代化发展为了什么”“为谁实现现代化发展”等问题。进入新时代，中国经济发展面临一系列的新问题，需要从理论上加以阐释，包括中国特色的市场经济道路、中国的现代化道路、中国特色的工业化道路、中国特色的市场经济道路、中国特色的城镇化道路、中国特色的“三农”现代化道路等，对这些问题的研究既要以中国特色社会主义政治经济学为指导，其研究成果又可以丰富和发展中国特色社会主义政治经济学。

四、中国特色发展的政治经济学的新境界

习近平总书记在全国哲学社会科学工作座谈会上的讲话中指出，构建中国特色哲学社会科学体系应该从我国改革发展的实践中挖掘新材料、发现新问题、提出新观点、构建新理论。同时，应该从学理上“系统总结改革开放以来中国社会主义现代化建设的丰富实践经验，回应我国进入中等收入发展阶段面临的重大发展问题挑战”①。因此，

① 洪银兴．以创新的经济发展理论阐释中国经济发展［J］．中国社会科学，2016（11）．

中国特色发展的政治经济学必须开拓新的境界。

（1）发展观的新境界。五大发展理念是中国特色发展的政治经济学的发展观，开拓了中国特色发展的政治经济学中发展观的新境界，是发展观的一次重大创新。具体表现在：①创新发展体现了发展动力理论的新境界，创新是引领发展的第一动力，发展动力决定了经济发展的速度、效能以及可持续性。②协调发展的理念开拓了发展结构理论的新境界。我国进入中等收入阶段后，经济发展中的不平衡问题更加突出，需要转向协调发展，以增强新时代发展的整体性，使新时代的产业结构、供求结构、区域空间结构以及相应的发展战略趋向均衡。③绿色发展理念开拓了新时代经济发展财富理论的新境界，传统发展经济学的财富仅是指物质财富，绿色发展理念依据人—自然—社会复合生态系统的整体性观点形成新的财富论，进一步强调了自然资源的重要性。④开放发展的理念开拓了经济全球化理论的新境界，开放发展强调从融入全球化到主导全球化的转变，使我国由经济全球化的从属地位转变为主导地位。⑤共享发展的理念开拓了发展目的理论的新境界，体现了人的全面发展思想，要在新时代实现改革和发展成果全民共享。由此可见，五大发展理念开拓了中国特色发展的政治经济学中发展观的新境界，是发展观的一次重大创新。

（2）发展目标的新境界。党的十九大报告中指出，我国经济已经由高速发展阶段向高质量发展阶段转变，新时代中国特色发展的政治经济学要开拓发展目标的新境界，研究高质量发展。高质量发展要求以提高全要素生产率为目标，通过质量变革、效率变革、动力变革打造中国经济发展的升级版。质量变革是高质量发展的前提和基础，是高质量发展的环境保障。质量变革是指实现产品质量、生产质量和生活质量的提升，其关键是提升生产质量，增加有效供给，减少无效供给，提高供给体系的质量。效率变革主要包括生产效率、市场效率和协调效率三个方面。其中，生产效率强调要素配置效率、企业运行效率和生产组织效率；市场效率关注市场准入效率、市场匹配效率和市场交易效率；协同效率是经济与社会、经济与生态之间的协同运行效率。动力变革是指经济发展动力的调整，包括创新发展动力和结构发展动力。创新发展是高质量发展的第一驱动力，是提升生产能力、提高市场效率、增强企业竞争、实现协调发展的第一支撑力。结构发展动力是高质量发展的战略支撑，须通过产业结构、动力结构和要素结构的全面优化实现高质量的经济发展。

（3）经济发展任务的新境界。新中国成立之后，中国经济发展的目标是实现国家的繁荣富强，也就是实现国家富裕。进入新时代以后，国家富裕的任务已经基本完成，无论是经济发展、经济改革，还是现代化都应当考虑“富民”，即能不能给人民带来利益，能否使人民群众分享经济发展的成果，这既是新时代中国特色发展的政治经济学的任务，又是新时代中国特色发展的政治经济学经济发展任务的新境界。中国特色发展的政治经济学以“富民”为目标，不仅涉及加快经济发展问题，还涉及经济发展成果如何分配，才能使人民群众得到最大收益、最大的社会福利问题[①]。即一方面要实现经济又好又快发展，“快”是指速度，“好”是指质量，“好”放在前面，是发展观的新境界，也就是经济发展由数量型、速度型转向高质量发展型；另一方面，让人民富裕，不但要扩大中等收入者的比重，还要在收入普遍提高的基础上缩小收入差距，让居民生活质量普遍得到提高。

（4）经济发展模式的新境界。进入新时代意味着我们必须摒弃过去数量型的经济发展模式，探索质量型的发展路径，以提高经济发展质量为核心，把质量当成基础性和关键性的变量，通过转方式、调结构、创新发展，将中国经济引入高质量发展的轨道。实现从高速增长向高质量发展阶段的转型，必须进行发展模式的创新，开拓经济发展

① 洪银兴. 以人为本的发展观及其理论和实践意义［J］. 经济理论与经济管理，2007（5）.

模式的新境界。新时代背景下的经济发展与过去发展模式最大的区别就是要建立在质量效益的基础上，强调经济结构在诸多领域的全面升级，同时，经济发展方式逐步由粗放型向集约型转变，提高经济发展质量，实现高质量发展。新时代中国经济发展要从单纯的速度提升变为速度与质量效益的同步提升，不能仅以 GDP 为标准，更重要的是要着力解决发展的不平衡和不充分问题，提高居民生活质量，满足人民对美好生活的需求，让居民共同享受经济增长的成果，减少贫富差距和城乡差距。

（5）经济发展动力的新境界。处于低收入发展阶段时，经济发展的主要任务是摆脱贫困和实现快速经济增长，因此经济发展的目标是以规模扩张和要素驱动为动力追求经济发展的规模和数量。进入中等收入国家行列并成为世界第二大经济体以后，我国经济发展的目标由摆脱贫困转向基本实现现代化，由建设经济大国转向建设经济强国，为此，必须实现经济发展动力的转换，从要素驱动彻底转向创新驱动。因此，新时代中国特色发展的政治经济学需要强调经济发展动力的创新，不断强化创新引领新时代发展的动力作用。科技创新是全面创新的引领，应大力推动科技创新成为产业创新的动力，在提升自身在全球价值链上地位的基础上，实现知识创新与技术创新、科技创新与产业创新、产业创新与产品创新的深层次对接。

（6）经济发展动能的新境界。经济发展不同阶段的动能是不同的，当前中国经济正处于新旧动能转换的关键时期，培育经济发展的新动能是适应和引领中国经济新常态的必然要求。培育和发展经济新动能就是要给经济增长注入新的活力、新的动力、新的能量。新动能不仅是经济发展的新引擎，而且是改造提升传统动能、促进质量效益型经济发展的动力。新动能的形成需要供需双侧协调发力。供给方面，通过创新驱动、结构调整、制度变革等手段培育供给侧新动力；需求方面，通过消费、投资、出口需求协同拉动重振需求侧动力。由于新时代经济矛盾1的主要方面集中在供给侧，应将供给侧动力作为新时代现代化发展新动能的核心。概言之，中国特色发展的政治经济学要适应世界新产业革命的趋势，以科技创新为核心，以产业创新为抓手，以制度创新为保障，坚定走创新型经济发展的道路，以创新为抓手实现新动能的培育。

（7）发展战略的新境界。经过新中国70年，特别是40多年的改革开放，中国经济发展进入了新时代，我们面对的已经不再是单纯的发展问题，而是发展起来以后的现代化问题，相应地，中国特色发展的政治经济学必须进行发展战略的创新，开拓发展战略的新境界。具体而言，在战略思路上，新时代中国特色发展的政治经济学要以促进经济增长转向高质量发展为目标，以知识、技术、信息和人力资本等为先进生产要素，以创新为第一驱动力，构建现代化经济体系，实现以新型工业化为核心的新时代经济现代化，以追求效率、秩序、民主为核心的新时代政治现代化，以城市化和城镇化为特征的新时代社会结构现代化，以人的素质提高和生活方式变革为主体的新时代人的现代化。在战略目标上，新时代中国特色发展的政治经济学要由高速增长目标转向高质量发展目标，要由过去的制度创新转向以建设创新国家和现代化强国为内容的综合创新。战略措施上，新时代中国特色发展的政治经济学要由单一市场化路径转向市场化、工业化、城市化和生态化的协调同步发展，以“强起来”为目标构建新时代对外开放新格局，全面提高对外开放水平。

（8）发展型式的新境界。美国发展经济学家钱纳里提出了“发展型式”的概念，他认为“发展型式”就是经济发展过程中在重要领域的系统变化。中国过去的发展型式围绕解决贫穷落后问题而形成，这种发展型式以速度为目标，以要素投入为动力，以规模扩张为方式实现经济发展。进入新时代，我国社会的主要矛盾已经转化为人民日益增长的美好生活需要和不平衡不充分的发展之间的矛盾，中国经济面临的不再是发展问题，而是发展起来以后的现代化问题，此时就要依据变化了的问题和主要矛盾，开拓发展型式的新境界。要以发展质量为目标，以创新为驱动力，以效率提升为主要方式，以满足人民对美好生活的需要为终极目的，以现代化为主线进行发展型式的变革。

五、中国特色发展的政治经济学的理论体系创新

"中国是世界上最大的发展中国家，现在也是经济发展最快、最成功的国家，面临的发展问题最多、困难最大，实践经验和可供研究的资料最丰富，是最能够出发展经济学理论的地方，也是发展经济学研究条件最好、最有利的地方。"① 新中国成立以来特别是改革开放以来我国取得了巨大的发展成绩，有许多成功的经验需要总结，并从学理上上升为系统化的经济学说。因此，新时代中国特色发展的政治经济学创新的任务具有二重性：一是总结研究改革开放以来的新问题、新材料，形成系统化的学说以指导新时代的中国经济发展；二是形成系统化的学说，为世界发展经济学贡献中国方案和中国智慧。依据发展经济学的一般范式，中国特色发展的政治经济学理论体系的创新应该包括以下几个层次。

（1）中国特色发展的政治经济学的"中国特色"。这主要包括两个方面：一是新时代中国经济发展的特殊性。从新时代中国经济发展初始条件和主要矛盾的变化出发，从发展目标、发展模式、发展主题、发展道路等方面研究新时代中国经济发展的特殊性。二是在新时代中国经济发展特殊性分析的基础上，研究新时代中国特色发展的政治经济学的"中国特色"。

（2）中国特色的发展条件。经济发展的条件决定了经济发展的方式和模式，以及经济发展的道路。这一层次主要研究四个方面的问题：

① 简新华．创建中国特色发展经济学［J］．生产力研究，2008（18）．

一是中国发展条件与发达国家的比较；二是中国发展条件与其他发展中国家初始条件的比较；三是在比较的基础上研究中国经济发展的特殊禀赋条件、制度条件、市场条件、技术条件、基础设施条件、经济基础条件、文化条件等方面的中国特色；四是中国经济发展面临的特殊问题，从人口、资源、环境、就业、“三农”、贫穷、地区、城乡、工农差别等方面研究中国新常态经济发展面临的特殊问题。

(3) 中国特色的发展道路。在中国特色发展初始条件研究的基础上，研究中国特色的发展道路，包括：中国特色的市场化道路、中国特色的改革发展道路、中国特色的工业化道路、中国特色的城市化（城镇化）道路、中国特色的信息化道路、中国特色的“三农”现代化道路、中国特色的开放发展道路，并进一步研究中国经济发展在上述“六化”中的特殊规律。

(4) 中国特色的发展过程。这一层次主要研究如何实现新时代现代化发展的问题，依据五大发展理念和新时代主要矛盾的变化，研究五大发展理念的理论贡献，以及在实践上如何推进五大发展。重点研究如何在新时代中国经济发展中落实创新、协调、绿色、开放和共享发展，从而推动中国经济实现高质量发展。

(5) 中国特色的发展模式。这一部分主要研究新中国成立以来以及改革开放以来我国所选择的不同于西方但又适合本国国情的经济发展模式。具体而言，一是中国发展模式的演变，包括计划经济时期的经济发展模式、改革开放以来的发展模式和新常态下的经济发展模式。二是中国发展模式的同质性与异质性，比较研究中国较其他国家发展模式的特殊性。三是中国发展模式的转型，依据世界经济发展的趋势，以及中国进入中等收入国家的现实状况，研究新常态下中国经济发展模式的转型。

(6) 中国特色的发展战略。经济发展战略是指在一定时期内，国家关于国民经济发展的带有全局性、长远性、根本性的总体构想，及其为此实施的总体规划和方针政策。这一层次主要研究：一是中国经济发展战略的历史演变。主要包括：计划经济时期的赶超战略、改革开放时期的追赶战略、新时代的质量效益战略。二是发展战略的中国特色。从具体国情和发展阶段性特征出发，研究中国发展战略在选择、实施等方面的中国特色。三是新时代中国经济发展战略的转型，如何从长期的追赶战略转向质量效益战略。

（7）中国经济发展的前景。这一层次主要研究：一是中国经济发展对人类的贡献。总结大国发展的经验，总结中国发展模式、道路、体制等方面对世界的贡献。二是中国特色发展的政治经济学对世界发展经济学的贡献。总结概括中国经济发展的实践经验及可在发展中国家推广的理论。三是中国经济发展前景的估计。在对世界上各种关于中国经济发展前景分析的观点进行评价的基础上，估计新时代中国经济发展的未来前景。

六、“发展的政治经济学与新中国70年”丛书简介

“发展的政治经济学与新中国70年”丛书是教育部人文社会科学重点研究基地——西北大学中国西部经济发展研究中心和西北大学经济管理学院理论经济学科共同完成的一套系列丛书，也是我们在理论经济学建设方面的新成果。

西北大学理论经济学科过去以政治经济学的教学与研究见长，后来何炼成教授又提出了中国发展经济学的构想，政治经济学与中国发展经济学成为西北大学理论经济学科的主要研究领域。近年来，我们在研究理论经济学，特别是习近平总书记提出的中国特色社会主义发展政治经济学的过程中，逐渐形成了一个新的思想认识，即中国的问题是发展问题，而发展问题需要运用政治经济学的理论与方法来研究。在这种思想认识的基础上，我们把政治经济学与发展经济学相结合，提出了建立“发展的政治经济学”理论体系的思想认识。

在这一认识的指导下，我们首先开始写文章逐步阐释这一思想。2012 年我和我的学生钞小静在 2012 年第 11 期《经济学家》上发表了《从数量型增长向质量型增长转变的政治经济学分析》，逐渐通过经济增长问题来研究发展的政治经济学。在 2013 年第 5 期《经济学家》上，何爱平教授发表了《发展的政治经济学：一个理论分析框架》，阐释了发展的政治经济学的基本框架。2015 年我和我的博士生马强文又写了《经济发展方式转变的政治经济学分析》，在云南召开的第一届公共经济学论坛上我讲了这篇文章，阐释了发展的政治经济学的基本思想。在 2015 年第 3 期《黑龙江社会科学》上，我发表了《学好用好政治经济学 把握时代发展规律》的文章，指出“中国改革开放所面临的很多问题都是政治经济学问题，都需要用现代政治经济学予以回答。学好用好政治经济学对把握中国经济发展和改革的规律意义重大”。

2016 年，《西部论坛》杂志主编黄志亮教授专访孟捷、周文和我三人，专访稿发表在《西部论坛》2016 年第 5 期上，在我的专访稿《中国经济学的形成基础与体系构建》中，我提出中国特色社会主义政治经济学理论体系构建要抓住“发展”这个主题，中国经济学首先应研究中国发展的经济学，甚至可以称之为中国发展的政治经济学。

我在 2016 年第 6 期《中国高校社会科学》上发表了《“中国发展的政治经济学”理论体系构建研究》的文章，系统阐释了发展的政治经济学的思想，文中指出“当代中国马克思主义政治经济学的构建应该以中国特色经济发展道路为研究对象，主线是发展经济学与马克思主义政治经济学结合而形成的‘中国发展的政治经济学’。在理论逻辑上，‘中国发展的政治经济学’以马克思主义政治经济学为理论基础，既反映人类经济发展的一般规律，又反映中国经济发展的特殊规律，还能有效解释当代中国经济发展现象、指导中国经济发展实践。在实践逻辑上，‘中国发展的政治经济学’要有效解释中国特色的发展道路，抓住‘经济发展’这个主题，并直面中国经济发展的大问题、大矛盾。在发展经济学和政治经济学的结合中构建的‘中国发展的政治经济学’理论体系，应该研究中国经济发展的初始条件、中国宏观经济发展的政治经济学、中国中观经济发展的政治经济学、中国微观经济发展的政治经济学、中国与世界合作发展的政治经济学等五个层次问题”。我在2018年第3期《天津社会科学》上发表了《创新中国特色社会主义发展经济学 阐释新时代中国高质量的发展》的文章，阐释了发展经济学与政治经济学相结合的问题，同时我多次在全国性的学术研讨会上介绍了我的这篇文章的思路。2018年我们给本科生开设了一门课程“中国特色社会主义政治经济学18讲”，把讲授内容组织大家写成文章，在《西北大学学报》连续发表，我的文章和师博教授的文章都体现了发展的政治经济学的思想，文章发表后先后被人大报刊复印资料和中国社会科学文摘转载。

围绕这些文章的思路，我们经过认真研究，提出了组织这套丛书的研究设想，恰好2019年是新中国成立70周年，所以我们把这套丛书的名称定位于“发展的政治经济学与新中国70年”，一方面，这套书是发展经济学与政治经济学相结合的产物；另一方面，这套书是新中国70年的经验总结和概括。

这套丛书包括：《中国特色发展的政治经济学》《发展的政治经济学：理论框架与分析范式》《中国宏观经济发展的政治经济学》《中国中观经济发展的政治经济学》《中国微观经济发展的政治经济学》《中国与世界合作发展的政治经济学》《中国特色发展道路的政治经济学》《中国特色生态文明建设的政治经济学》《中国特色绿色发展的政治经济学》《中国特色的企业发展理论》。

本套丛书得到了西北大学社科处的高度重视，同时，教育部人文社会科学重点研究基地——西北大学中国西部经济发展研究中心和经济管理学院共同完成了这套丛书。在丛书写作的过程中，我从经济管理学院院长转任到了西北大学研究生院院长的位置，但是我仍然担任教育部人文社会科学重点研究基地——西北大学中国西部经济发展研究中心主任，利用中心平台，在西北大学经济管理学院副院长师博教授的协助下，我们继续完成了这套丛书。本丛书的出版感谢西北大学各级校领导的支持，感谢社科处、学科办和研究生院的支持。感谢我的老师南京大学洪银兴教授等师长的支持，我的思路得到了老师们的支持和鼓励。同时，这套丛书的出版也得到了中国经济出版社霍宏涛副总编辑和贺静副编审的大力支持，在书稿修改、封面设计等方面他们也做了大量的工作。

“发展的政治经济学”是我们的一个新的构想，我们期待着学术界同人的关注和批评，我们将在这个领域中不断开拓，争取多出高质量的研究成果。

西北大学研究生院院长

教育部人文社会科学重点研究基地

——西北大学中国西部经济发展研究中心主任

任保平敬序

2019 年 1 月于缥缃居

目　录

1 导　论

1.1 研究背景与研究意义

1.1.1 研究背景

从时间角度来看，2019 年是新中国成立 70 周年，同时也迎来改革开放 40 周年，即将迎来 2020 年全面建成小康社会以及中国共产党成立 100 周年，这些重大历史阶段与中国特色发展道路探索、形成与深化的过程是密不可分的。在重大时间节点上，系统性地回顾过往、总结经验，是当前与未来事业顺利推进的重要保障，同时也是马克思主义者应有的世界观与方法论。因此，分析回顾中国特色发展道路 70 年的发展历程，是当前重要的时代议题。70 年来，在中国共产党的带领下，我们的社会主义建设事业沿着正确道路阔步前行，中国特色社会主义制度不断完善，综合国力不断提升，实事求是、百折不挠，其间虽历经波折，但最终依然实现了社会主义建设事业阶段性的伟大胜利，这不仅体现在经济建设上取得了举世瞩目的发展成就，更为重要的是，我们创造出了一套具有中国特色的、不同于西方的、科学的发展模式，开辟出中国特色社会主义发展道路。值此新中国 70 华诞之际，本书立足于 70 年建设历程，以马克思主义政治经济学的分析方法对中国特色发展道路进行剖析与梳理，为新中国 70 周年华诞献礼。

从理论角度来看，时代呼唤构建中国特色社会主义政治经济学。自党的十八大以来，习近平总书记在多个场合着重强调学好用好政治经济学的重要性。他指出："要按照立足中国、借鉴国外，挖掘历史、把握当代，关怀人类、面向未来的思路，着力构建中国特色哲学社会科学，在指导思想、学科体系、学术体系、话语体系等方面充分体现中国特色、中国风格、中国气派[①]。"同时，进一步"要立足我国国情和我国发展实践，揭示新特点新规律，提炼和总结我国经济发展实践的规律性成果，把实践经验上升为系统化的经济学说，不断开拓当代中国马克思主义政治经济学新境界"[②]。当前，不断发展当代马克思主义政治经济学、构建中国特色社会主义政治经济学，不仅仅是贯彻落实习近平总书记关于哲学社会科学话语体系建设重要论述的要求，更是坚持和发展中国特色社会主义的必然选择。70年经济建设的宏伟历史，蕴藏着理论创新的巨大活力、动力和潜力，我们有必要也有能力通过概括、总结、提炼、拓展将70年的实践成果转化为理论成果，推动中国特色社会主义政治经济学的构建与完善，提升这一科学理论分析中国问题、解释中国成就、指导未来发展的能力，同时也通过这一理论加快向世界传播和分享"中国轨迹"，坚定道路自信、理论自信、制度自信与文化自信。

从现实角度来看，当前中国经济面临转型升级。改革开放以来，中国始终坚持正确的改革方向与发展路线，综合国力得到极大增强。中国国内生产总值由1978年的0.37万亿元增至2018年的90万亿元，稳居世界第二大经济体。扣除价格因素，中国年均经济增长率近9.5%，远超世界同期2.8%的经济增速；人均国内生产总值超过8000美元，迈入中高收入国家行列[③]；对外贸易持续提升，是世界首屈一指的贸易大国。我国国内生产总值占世界生产总值的比重由改革开放之初的1.8%上升到15.2%，多

① 习近平．在哲学社会科学工作座谈会上的讲话(2016年5月17日)[N]．人民日报,2016-05-19.

② 习近平．立足我国国情和我国发展实践发展当代中国马克思主义政治经济学(2015年11月25日)[N]．人民日报,2015-11-26.

③ 数据来自世界银行数据库,https://data.worldbank.org.cn/。

年来对世界经济增长贡献率超过30%①。但同时，经历改革开放40年的高速增长后，中国经济面临从高速度增长转向高质量发展的艰巨任务。特别是2008年金融危机爆发后，受对外贸易增速放缓、传统发展动能调整等因素的影响，中国经济进入以中高速增长、结构转型升级、创新驱动等为特征的"新常态"，并进入追求经济发展质量的"新时代"。从总体上看，这是中国转向经济形态更高级、经济分工更深化、经济结构更合理的一个新阶段。因此，通过对已有发展道路的分析，从中提炼规律性认识，把握符合中国实际情况的经济发展脉络，消减中国经济转型升级面临的阵痛，以期顺利达到2035年基本实现社会主义现代化以及2050年把我国建成社会主义现代化强国的目标。

1.1.2 研究意义

（1）厘清中国特色发展道路的演进过程

在过去的70年里，中国取得了举世瞩目的建设成就，逐步实现了从贫穷、落后、封闭到富强、文明、开放的伟大历史转折。在历经一次次机遇与挑战、探索与创新的洗礼之后，中国的发展之路被深深地烙上了属于中国特色的印记。从历史演进的角度对中国特色发展道路进行阶段的标识、划分和概述，从政治经济学的角度建立包含经济制度、经济体制等在内的分析框架，阐释中国特色发展道路上各个阶段的理论基础、内涵特征、演进逻辑，是对新中国成立以来中国发展和转型的经验进行较为全面的总结，也是对中国经济高速增长之谜的有益探索。本书系统地介绍了中国特色发展道路的演进历程，分析了中国特色发展道路的演进模式，较为完整地展示了这条具有中国特色、时代特征的发展道路上清晰而坚实的发展足迹，力求有助于读者把握中国特色发展道路的历史脉络，厘清中国特色发展道路的生成逻辑。

（2）丰富中国特色社会主义政治经济学

政治经济学不仅要指导和促进实践发展，还应该从实践发展中不断汲

① 习近平．在庆祝改革开放40周年大会上的讲话（2018年12月18日）[N]．人民日报，2018-12-19.

取养分，以丰富和完善自身的理论内涵和理论深度。新时代中国特色社会主义政治经济学需要坚持马克思主义为指导，不断进行理论的创新和完善。这也呼吁更多的政治经济学者进行理论的中国化探索，以中国理论解读中国实践，以中国特色实践发展中国特色理论。本书构建了政治经济学的分析框架，从经济制度、经济体制改革、政府与市场关系、中央与地方关系及开放道路五个方面分析中国特色发展道路，研究它们在中国特色发展道路中所表现出的一般性和特殊性，联系中国特色的政治、文化、社会环境，从基本的理论层次揭示中国特色发展道路的规律。因此，在坚持马克思主义政治经济学本质规定和基本原理的基础上，本书的研究进一步拓宽了中国特色社会主义政治经济学的研究对象和研究深度，为中国特色社会主义政治经济学的理论体系补充新的内容。通过政治经济学分析解读中国特色发展问题，揭示其内在演变规律，既是对马克思主义政治经济学研究的时代化、中国化创新，又是对中国特色社会主义政治经济学的丰富和完善。

（3）为深化改革提供理论探索

“经世济民”始终是政治经济学的实践归宿，这要求政治经济学分析要站到时代和改革发展的前沿。当前，中国经济发展已从追求高增长转向追求高质量发展的新时代，新时代经济发展的路径变革需要更加关注发展质量、发展效率和发展动力。如何明确政府与市场的角色定位，如何完善社会主义市场经济体制，发挥市场在配置资源中的决定性作用，如何实现收入分配的公平公正等深层次的矛盾和问题成为全面深化改革、发展中国特色社会主义经济的难点和关键。因此，在理论层面上更深入地理解社会主义市场经济中经济制度与经济体制的内涵，明晰政府与市场之间、中央与地方之间的关系，领会更高层次对外开放的意义，是全面深化改革的必然要求。本书系统地回顾了新中国成立以来中国曲折前进、革故鼎新的发展道路，以政治经济学的分析框架总结中国特色发展道路的宝贵经验和教训，为继续全面深化改革提供了理论探索。

1.2 研究对象与研究方法

1.2.1 研究对象

本书在全球经济格局发生深刻变革、中国经济社会发展面临的机遇与挑战并存的背景下，在新中国成立70周年之际，对中国特色发展道路进行深入的政治经济学分析，主要包括中国特色发展道路的内涵、基本特征、历史演进和基本内容等。中国特色发展道路既是我国在长期“摸着石头过河”的实践中形成的伟大理论，也是引领我国经济社会持续稳定健康发展的重要指导，只有与时俱进，不断丰富和完善中国特色发展道路的内涵和体系等，才能为社会主义现代化建设、实现共同富裕提供强大的理论支撑和有效的现实指导。在全面把握中国特色社会主义发展背景的基础上，我们从中国发展的实践出发，科学界定中国特色发展道路的内涵与特征，系统梳理了中国特色发展道路的历史演进过程，认为中国特色发展道路应该包含经济制度、经济体制、政府与市场关系、央地关系、开放道路五个基本内容，并对其作了全面深入的政治经济学分析，以进一步完善中国特色发展道路的理论体系。

1.2.2 研究方法

第一，历史分析与逻辑分析相结合。历史分析法是按照历史发展的真实进程来把握社会经济发展和变化。逻辑分析法是按照思维逻辑，从简单到复杂，从低级到高级，展开对社会经济现象的分析。历史和思想开始的起点应该相同，但是思想的进一步发展是对历史的反映，这种反映是按照现实的历史过程加以修正后的反映。中国特色发展道路是对过去发展历史的总结，从历史的角度系统而又全面地分析中国特色发展道路的演进过程是准确而又深入地把握中国特色发展道路的基础。但历史发展只是现象，要真正将历史现象转变为今后的实践经验和理论指导，需要我们深刻把握事物的内涵、特征、历史演进、主要内容等演变的内在逻辑，并依托时代变化，对其进行重新组织和归纳。本书在写作过程中，采用历史分析与逻辑分析相结合的方法，先从总体上分析了中国特色发展道路的历史演进，随后在具体分析中国特色发展道路的五个基本内容时，又分析了各部分的演变历程，在此基础上总结出了中国特色发展道路。

第二，理论研究与现实分析相结合。对中国特色发展道路的正确认识不仅需要我们透过中国社会经济发展的纷繁复杂的表象去了解事物发展的本质，而且需要系统、科学的理论体系作支撑。要准确把握中国特色发展道路的内涵、特征和基本内容，不仅需要政治经济学为我们提供强大的理论指导，而且需要结合学术界已有的研究成果。本书对中国特色发展道路的分析是在政治经济学基本理论的指导下进行的，第二章对关于中国特色发展道路的内涵和特征、发展历程、主要内容的相关文献进行了系统而全面的梳理，为之后的研究奠定了坚实的理论基础。同时，本书基于中国发展实践，对中国特色发展道路的历史演进进行了详细分析，总结实践经验，以实现对理论的进一步升华。

第三，静态分析与动态分析相结合。静态分析是研究某一时点、某一截面上事物的发展特征，而动态分析是研究事物随时间变化而表现出来的发展规律。由于各个阶段我国社会、政治、经济等方面的差异，中国特色发展道路的各项内容在不同阶段所表现出来的特点也不相同，因此我们不仅要把握每个阶段的特征，而且要从时间先后的角度分析其演变的规律，只有将静态分析和动态分析结合起来，才能全面而深入地总结出中国特色发展道路，并为后续发展提供有益指导。

第四，坚持科学抽象法。由于社会经济发展所表现出的现象纷繁复杂，现象与本质有时候会出现不一致的情况，这就要求我们应用科学的抽象方法，去伪存真、由表及里，从客观经济事实出发，透过经济现象分析其背后的本质联系及其发展规律。一是要从具体到抽象，应用抽象力揭示现象之间的内在联系，形成理论概念和范畴；二是要从抽象到具体，用本质来解释现象，利用前一步形成的理论概念和范畴，说明社会经济过程的发展和变化，使认识更加系统和科学。本书应用科学抽象法，在分析中国社会经济各方面发展变化的基础上，形成了中国特色发展道路的内涵、特征和基本内容，同时应用已经形成的理论概念和范畴指导后续中国特色发展道路五个基本内容的分析，使得本书对中国特色发展道路的研究更加系统化和科学化。

1.3 基本思路与框架结构

1.3.1 基本思路

本书在新中国成立70周年之际，对中国特色发展道路的内涵与特征、历史演进和基本内容进行了系统研究。首先，本书对中国特色发展道路的基本内涵、特征、发展历程以及主要内容等方面的已有研究成果进行了系统梳理，为全书研究提供了理论基础；其次，在已有研究的基础上，鉴定了中国特色发展道路的内涵和特征，确立了中国特色发展道路的分析框架和五大基本内容；再次，梳理了中国特色发展道路的演进过程，每个阶段分别从经济制度、经济体制、政府—市场关系、央地关系和开放道路五个基本内容入手加以分析；复次，从政治经济学角度对中国特色发展道路的五个基本内容一一加以详细分析；最后，基于全书的研究，对中国特色发展道路进行总结和展望。

1.3.2 框架结构

第一章：导论。阐述全书的研究背景与研究意义，界定研究对象与研究方法，明确研究思路与框架结构，并提出本书的创新之处。

第二章：中国特色发展道路的认识演进与发展。从中国特色发展道路的基本内涵和特征、演进与发展历程、主要内容三个方面，对中国特色发展道路的相关研究文献进行梳理。

第三章：中国特色发展道路的内涵与基本内容。首先分析了中国特色发展道路的内涵与特征；其次确立了中国特色发展道路的分析框架；最后提出了中国特色发展道路的五个基本内容，即经济制度、经济体制、政府与市场关系、央地关系和开放道路。

第四章：新中国70年中国特色发展道路历史演进的政治经济学分析。

将新中国成立以来中国特色发展道路的演进划分为摸索、形成和深化三个阶段，分析了每个阶段中国特色发展道路的经济制度、经济体制、政府—市场关系、央地关系和开放道路的演进过程。

第五章：新中国 70 年中国特色经济制度的政治经济学分析。首先，从中国特色社会主义基本经济制度的内涵与演变、中国特色公有制经济和中国特色非公有制经济三个方面分析了中国特色社会主义基本经济制度；其次，分析了中国特色基本分配制度的内涵、演变和发展趋势。

第六章：新中国 70 年中国特色经济体制改革的政治经济学分析。首先，对中国特色经济体制改革作了理论分析，明确了中国特色经济体制改革的内涵和分析框架；其次，从改革开放前时期、引入并建立社会主义市场经济时期、完善社会主义市场经济体制时期、全面深化改革时期四个阶段对中国特色经济体制改革作了历史分析；最后，提出了对中国特色经济体制改革的未来展望。

第七章：新中国 70 年中国特色政府与市场关系的政治经济学分析。首先，归纳了中国特色政府与市场关系历史演进的四个阶段，即计划经济体制建立初期与全面实施阶段、计划经济体制内引入市场经济阶段、建立与完善社会主义市场经济体制阶段、全面深化改革阶段；其次，明确了中国特色经济体制改革的内涵和基本特征；最后，提出了对中国特色政府与市场关系的展望。

第八章：新中国 70 年中国特色央地关系的政治经济学分析。首先，确立了中央与地方关系的理论基础、中国模式、现实意义；其次，确立了中央与地方关系的政治经济学分析框架，提出了中央双集权、地方双集权、中央财权集中与事权下放、中央财权下放与事权集中四种央地关系模式；再次，梳理了新中国成立以来央地关系演变的四个阶段，即改革开放前的权力收放循环、改革开放初期的放权让利、确立市场化改革下的分权与集权并行、新时代以来共享型央地关系的建立；复次，总结了坚持发展是为了人民的中心思想、渐进式的央地模式改革、选择性的集权与分权、多样化的政策实施工具四条中国特色央地关系发展的经验；最后，提出了对中国特色央地关系的展望。

第九章：新中国70年中国特色开放道路的政治经济学分析。首先，明确了中国特色对外开放道路的内涵与特点；其次，以改革开放为界总结了对外开放道路的历史进程；再次，提出了中国特色开放道路的演进逻辑，即与国际政治环境、国内经济发展水平、技术发展水平相适应，且与中国的世界地位和使命担当相结合；最后，分析了新时代建设中国特色开放型经济强国的挑战与路径。

第十章：新中国70年中国特色发展道路的成效经验、世界意义与未来展望。总结了中国特色发展道路取得的成效、特征性事实、成功经验以及世界意义，并提出了中国特色发展道路的未来展望。

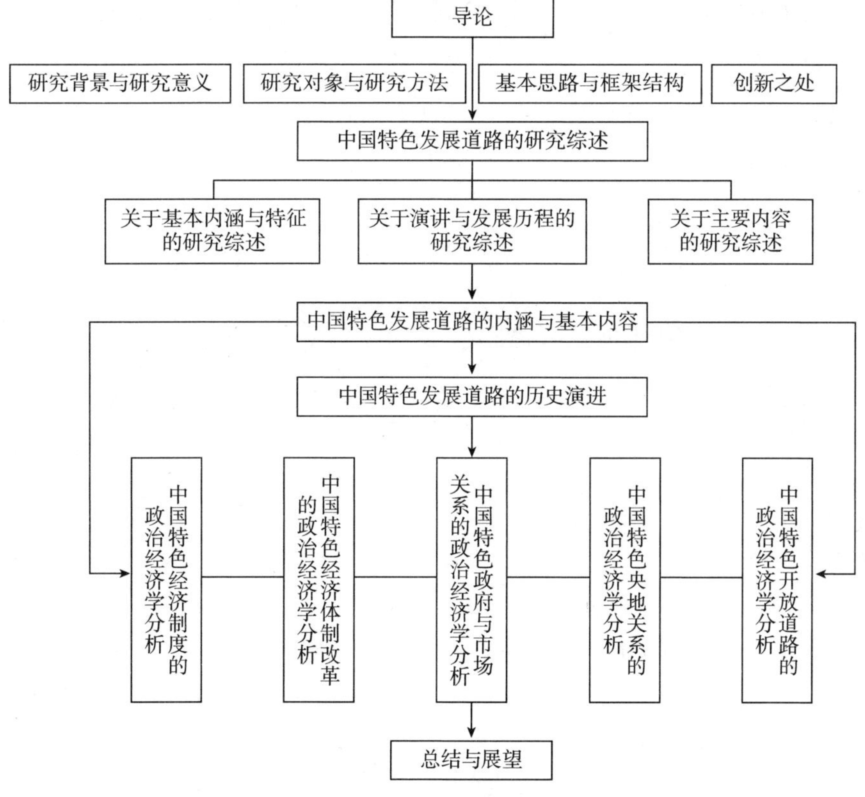

图1－1 本书的框架结构

2 中国特色发展道路的认识演进与发展

回顾新中国70年发展历程，中国的成功取决于对中国特色发展道路的选择：在改革开放中，将社会主义优势同市场经济活力结合起来，将中国发展同世界发展结合起来，在开放中谋发展，在发展中谋公平。站在新时代的历史节点上，全面总结学术界对于中国特色发展道路的研究成果，对中国特色发展道路的内涵、特征与内容做出系统梳理，有助于后来者站在前人的肩膀上更好地把握中国特色发展道路这一命题，继承创新，使中国特色发展道路在新时代中更进一步地迸发出强烈的生命力。

2.1 中国特色发展道路的基本内涵和特征的研究综述

2.1.1 中国特色发展道路的基本内涵的研究综述

对于中国特色社会主义道路的内涵，胡锦涛（2012）在党的第十八次全国代表大会中指出："中国特色发展道路，就是在中国共产党领导下，立足基本国情，以经济建设为中心，坚持四项基本原则，坚持改革开放，解放和发展社会生产力，建设社会主义市场经济、社会主义民主政治、社会主义先进文化、社会主义和谐社会、社会主义生态文明，促进人的全面发展，逐步实现全体人民共同富裕，建设富强民主文明和谐的社会主义现代化国家。"①

---

① 胡锦涛. 坚定不移沿着中国特色社会主义道路前进　为全面建成小康社会而奋斗——在中国共产党第十八次全国代表大会上的报告[J]. 前线,2012(12).

围绕党的十八大对于中国特色社会主义道路内涵的描述，学者们主要从中国特色发展道路形成的视角、中国特色发展道路的内容视角对中国特色发展道路的内涵给出了定义。

从中国特色发展道路形成的视角研究上讲。陈晋（2013）认为中国特色发展道路是在实践中摸索出来的理论与制度；这条道路的形成与完善伴随着中国特色发展道路的总布局的形成与完善；其基本原则是在坚持党的领导与以人为本的根本原则下，在经济建设中，解放和发展生产力，以维护社会公平正义为前提，在改革开放中，走共同富裕与和谐社会的和平发展之路。具体来讲，中国特色发展道路是由不同方面、不同层面的若干具体道路组成的。[①] 李健（2015）认为中国特色发展道路是在实践中检验与发展理论而产生的历史之路。具体来说，就是在中国革命、建设、改革过程中，以实现中华民族伟大复兴为目标，以中国传统文化为底蕴，将马克思主义与中国发展实践结合起来。[②] 郑德荣等（2009）认为中国特色发展道路是政治方向、前进路径、基本路线、总体布局和目标指引的统一，是党的现阶段基本理论、基本纲领、基本路线、基本经验的集中体现与实践。[③] 朱宗友（2009）认为中国特色发展道路是中国共产党所领导的以改革开放为手段的特色发展道路；是一条为实现共同富裕而坚持的立足于基本国情的社会主义发展道路；是一条社会主义市场经济同全球化相结合的和平发展道路。[④] 秦宣（2007）认为中国特色发展道路就是在实践中探索出来的适合中国的科学发展之路、改革开放之路、和平发展之路。[⑤] 程恩富（2009）认为中国特色发展道路就是中国特色社会主义市场经济道路，其内涵在于政府建立的不同种类的市场，发挥市场的配置资源的作用，相

---

① 陈晋. 关于中国道路的几个认识[J]. 党的文献,2013(2):22 – 33.

② 李健."中国道路"的全面内涵及其经验总结[J]. 社会主义研究,2015(1):58 – 63.

③ 郑德荣,梁继超. 中国特色社会主义道路的社会形态和基本特征[J]. 东北师大学报哲学(社会科学版),2009(6):1 – 6.

④ 朱宗友. 中国特色社会主义道路的内涵解析[J]. 当代世界与社会主义,2008(3):75 – 78.

⑤ 秦宣. 中国特色社会主义道路的科学内涵[J]. 思想理论教育导刊,2007(12):17 – 21.

互协调；落实基本经济制度与基本分配制度。① 杨世文等（2012）认为中国特色发展道路就是在主体领导与布局下，以基本制度为前提，走基本路线；就是在改革开放的大背景下，在中国共产党的带领下，以经济建设为中心，发展生产力，带动政治建设、文化建设、社会建设总布局的形成。② 刘友忠（2008）将中国特色发展道路的科学内涵分为“前提性规定”“过程性规定”和“目标性规定”三个类别。前提性规定即党的领导是前提、立足国情是基础、基本路线是保障；过程性规定包含了解放和发展生产力是核心、发展内涵是关键、社会制度是根本；目标性规定就是中国特色发展道路的目标和结果，即建设富强民主文明和谐的社会主义现代化国家。③ 徐崇温（2012）认为中国特色发展道路就是在中国共产党的领导下，以社会主义初级阶段和改革开放为时代背景，以经济建设为中心，坚持四项基本原则。④

从中国特色发展道路的内容视角研究上讲。汪青松（2007）认为中国特色发展道路的内涵可以从路向、路标、路径维度进行把握。具体来说，路向就是建设社会主义现代化国家，实现中华民族伟大复兴；路标就是在社会主义初级阶段的大背景下，坚持党的领导；路径就是以基本纲领为基础，坚持中国特色社会主义基本路线。⑤ 包心鉴（2015）认为中国特色发展道路是在社会主义初级阶段的条件下与和平与发展的时代主题下，在以人为本的理论指导下，走经济、政治、文化、社会、生态文明的独立自主与开放包容之路。⑥ 朱炳元等（2011）认为中国特色发展道路是经济基础与政治、文化、社会等上层建筑的结合体，即经济上以中国特色市场经济的方式解放和发展生产力，促进国民经济高质量增长；政治上坚持党的领

---

① 程恩富．中国模式的经济体制特征和内涵[J]．经济学动态，2009(12)：50－54.

② 杨世文，李娟．中国特色社会主义道路的理论内涵与现实意义[J]．求实，2012(1)：66－69.

③ 刘友忠．中国特色社会主义道路科学内涵解读[J]．当代世界与社会主义，2008(4)：69－71.

④ 徐崇温．中国特色社会主义道路是人类文明史上的伟大创举[J]．求是，2012(13)：63.

⑤ 汪青松．马克思主义中国化与中国特色社会主义道路[J]．当代世界与社会主义，2007(6)：34－37.

⑥ 包心鉴．关于中国道路研究若干基本问题辨析[J]．理论视野，2015(6)：5－10，16.

导与人民当家做主，使社会主义民主与法制通过社会主义法制社会的确立与完善深入人心；文化上坚持马克思主义的指导，使社会主义文化与时俱进，成为面向全球的、民主的、科学的、大众的文化；社会上按照和谐社会的基本要求，建立与完善社会主义和谐社会。① 肖贵清等（2008）认为中国特色发展道路就是一条特色经济、政治、文化之路，即在经济上，坚持基本经济制度与分配制度的对应统一，在社会主义市场经济体制的建设上，坚持以经济建设为中心、改革开放为动力，走又好又快发展之路；在政治上，以四项基本原则为前提，在坚持中国共产党的领导下，依法治国的过程中，发挥人民当家做主的权利；文化上，建设社会主义精神文明、文化，形成中国独有的以马克思思想为指导的社会主义核心价值体系。②

2.1.2 中国特色发展道路的特征的研究综述

关于中国特色发展道路的主要特征，学界主要从中国特色发展道路的背景及发展历程、中国特色发展道路的发展目标、中国特色发展道路的基本原则、中国特色发展道路的内容等角度给出了界定。

从中国特色发展道路的背景及历程上讲。徐勇（2016）认为中国道路的鲜明特点是历史延续性而不是断裂性，而延续性的主要力量在于内在的动力与活力。③ 刘云山（2008）认为中国特色发展道路的基本特征是在时代背景下社会主义社会的基本原则与民族特色、实践特色的结合。④ 房宁（2014）认为中国道路的特征为在经济社会的发展中，兼顾保障人权与集中国家权力；在社会主义现代化建设中，将协商民主作为民主政治建设的着手点和重点；在经济社会发展的历程中，逐渐扩大和发展人权；在建设

① 朱炳元，史春燕．中国道路的理论价值、基本内涵和实践特色［J］．当代世界与社会主义，2011(6)：177－181.

② 肖贵清，刘爱武．中国特色社会主义道路的内涵及其特征［J］．中国特色社会主义研究，2008(2)：19－23.

③ 徐勇．历史延续性视角下的中国道路［J］．中国社会科学，2016(7)：4－25，204.

④ 刘云山．毫不动摇地高举中国特色社会主义伟大旗帜——学习党的十七大报告的体会［J］．求是，2008(2)：3－14.

民主政治与改革政体中，兼顾问题推动与试点推进的策略。①

从中国特色发展道路的发展目标上讲。肖贵清等（2008）认为中国特色发展道路的特征在于发展，其本质是在以人为本的前提下，全面、和谐、协调、和平的内涵。② 张雷声（2013）认为中国特色发展道路的特点为在共同富裕的目标驱动下，以人为前提，创建社会主义现代化国家。③

从中国特色发展道路的基本原则上讲。包心鉴（2013）认为中国特色发展道路的特征体现为马克思主义的中国化；兼顾经济与政治建设，发展文化事业，同时推进社会与生态文明建设，实现重点突破与全面推进的统一；两个“基本点”的相互结合与统一，即在改革开放的基本背景与原则下，坚持四项基本原则；以解放和发展生产力为前提，大力发展经济，使经济发展的成果、共同富裕与社会的发展成果、人的全面发展相结合；将立足中国实际与开放道路相结合，将国情与时代潮流相结合。④ 郑德荣等（2015）认为中国特色社会主义道路的基本特征为在改革开放的大背景下实行中国特色市场经济体制；以党的领导为基础，在依法治国的前提下实现人民当家做主；坚持以马克思主义为指导的、社会主义核心价值体系为引导的多元化社会思潮；建设符合时代潮流的科学的、民族的、大众的社会主义先进文化；创建改善民生、创新社会治理的社会主义和谐社会；以美丽中国为目的的社会主义生态文明建设。⑤ 陈前（2015）将中国特色社会发展道路的特征确立为立足四项基本原则实行改革开放、坚持党的领导人民当家做主与依法治国相统一、中国特色市场经济、以马克思主义引导

① 房宁．中国道路的民主经验[J]．红旗文稿，2014(6)：1，4－8．

② 肖贵清．刘爱武．中国特色社会主义道路的内涵及其特征[J]．中国特色社会主义研究，2008(2)：19－23．

③ 张雷声．论中国特色社会主义道路、理论体系、制度的统一[J]．高校理论战线，2013(1)：4－9．

④ 包心鉴．论中国特色社会主义道路的历史地位和本质特征[J]．理论视野，2013(7)：5－8．

⑤ 郑德荣，彭波．中国特色社会主义道路基本特征论析[J]．东北师大学报(哲学社会科学版)，2015(4)：18－21．

的多元社会思潮、“五位一体”总布局。[①] 刘友忠（2008）认为中国特色发展道路的特征主要体现在：马克思主义与基本国情的有机统一；对于党的基本路线、纲领、经验的相通性；中国特色社会主义理论体系的一致延续性。[②] 贾龙飞（2018）认为中国道路的最本质特征是中国共产党领导，最显著特征是以人民为中心的思想，最鲜明特征是改革开放。中国道路是实现中华民族伟大复兴的必由之路。[③] 程恩富（2009）认为中国特色发展道路的体制特征是经济发展的四主型制度，即以公有制为主体的多种产权制度、以按劳分配为主体的多种要素分配制度、国家主导的宏观调控的多层次市场制度、独立自主的全方位开放制度。[④] 张宇（2009）认为中国特色发展道路最根本的特征就是社会主义市场经济体制，就是在建设中兼顾以人为本与推进市场经济，以公有制为主体的经济兼顾多种所有制经济，使国家宏观调控和市场调节同时发挥作用，在提升效率的同时兼顾社会公平，在经济全球化的背景下，坚持独立自主，在中央集权的同时兼顾地方分权，利用市场对经济信号的灵敏反应，通过宏观调控，发挥市场在资源配置中的基础性作用，促进经济又好又快发展。[⑤] 朱炳元等（2011）认为中国经济发展道路的特征是基本经济制度与基本分配制度的结合，在实践中坚持社会主义市场经济体制，坚持独立自主，积极参与国际的经济竞争与合作。[⑥] 陈平（2012）认为中国道路的特征在于：混合经济的良性发展；政府对市场的宏观调控的定位；将价格作为国际竞争的手段而非发展战略的主导；社会主义市场经济的民主制衡；新的公平模式的创新。[⑦] 徐崇温（2012）认为中国特色发展道路的主要特征是：将经济发展作为中心点，

---

① 陈前．中国特色社会主义道路基本特征的历史逻辑[J]．东北师大学报(哲学社会科学版),2015(4):22－25.

② 刘友忠．中国特色社会主义道路科学内涵解读[J]．当代世界与社会主义,2008(4):69－71.

③ 贾龙飞．中国道路的基本特征研究[D]．北京:中共中央党校,2018.

④ 程恩富．中国模式的经济体制特征和内涵[J]．经济学动态,2009(12):50－54.

⑤ 张宇．金融危机、新自由主义与中国的道路[J]．经济学动态,2009(4):17－21,37.

⑥ 朱炳元,史春燕．中国道路的理论价值、基本内涵和实践特色[J]．当代世界与社会主义,2011(6):177－181.

⑦ 陈平．中国道路的本质和中国未来的选择[J]．经济社会体制比较,2012(3):1－23.

在实践中解放和发展生产力；在以人为本的前提下，实行全面协调可持续发展；以社会公平正义为基础，维护社会和谐；以调动人民积极性与创造性为目的，保障人民权利，促进人的全面发展。① 刘应杰（2012）认为中国道路的十个基本特征是：实事求是思想路线、以经济建设为中心、中国特色市场经济体制、改革开放、差异化发展战略、以公有制为主体的多种所有制经济制度、国家宏观调控、中国特色政治发展道路、“和平统一、一国两制”和坚持走和平发展道路。② 姚洋（2010）认为中国特色发展道路的特征包含四方面：以社会平等为基础，以贤能机制为国家选拔人才，强调制度的有效性，从而使中性政府的市场才能得到发挥。其中，社会平等为中国经济现代化转型奠定了基础；贤能体制使有能力、德行的人进入政府，并通过其表现衡量能力；制度的有效性创造了制度转型的平稳条件，并为新的制度形态的诞生提供了可能；中性政府保证了政府的独立性，从而使政策的选取利于经济增长。③

从中国特色发展道路的内容上讲。郭万超（2013）认为中国特色发展道路的特征是自主性、人民性、创造性、实践性、整体性、稳定性的有机统一。立足中国国情、从实际出发，坚持以人为本，调动人民群众的积极性，在“五位一体”的布局上实现发展合力最大化。④ 张丽红等（2015）认为中国特色发展道路的特征为，在社会主义市场经济中坚持四项基本原则的改革开放的背景下，坚持推进社会主义政治、文化、社会、生态，推进依法治国与党的领导、在创新社会治理下的和谐社会建设、人与自然和谐相处指导下的生态文明建设。⑤

---

① 徐崇温．中国特色社会主义道路是人类文明史上的伟大创举[J]．马克思主义研究，2012(4):32－37.

② 刘应杰．中国道路和中国经验的十个特征[J]．人民论坛，2012(15):65－67.

③ 姚洋．中国道路的世界意义[J]．国际经济评论，2010(1):7－18.

④ 郭万超．论中国道路的五大特性[J]．党建，2013(9):34－36.

⑤ 张丽红，姜淑兰．中国特色社会主义道路基本特征体系论析[J]．东北师大学报(哲学社会科学版)，2015(4):30－33.

2.2 中国特色发展道路的演进与发展历程的研究综述

关于中国特色发展道路的发展历程的研究，学界主要以中国特色发展道路的党的核心领导集体的思想演进、中国特色发展道路的经济制度及体制演进、中国特色发展道路的目标演进为依据进行了相应分析。

从中国特色发展道路的党的核心领导集体的思想演进上讲。中共中央文献研究室（2012）认为中国特色发展道路可以分为五个阶段：选择阶段、奠基阶段、开辟阶段、突破阶段、发展阶段。“选择”阶段，主要讲选择马克思主义与走社会主义道路的原因及中国共产党的起源；“奠基”阶段，主要讲中国社会主义实践、毛泽东思想与马克思主义相结合，形成中国特色社会主义理论体系；“开辟”阶段，即中国特色发展道路的开辟，主要内容是邓小平提出的改革开放理论；“突破”阶段，即中国特色发展道路中经济体制的提出，主要内容是江泽民提出的“三个代表”重要思想；“发展”阶段，即中国特色发展道路进入新发展，主要内容是胡锦涛提出的科学发展观与小康社会论。[①] 韩振峰（2007）认为中国特色发展道路可划分为四个阶段：奠基阶段、开创阶段、继续开拓阶段、继往开来阶段。各阶段中央领导集体的代表及开拓人物分别为：毛泽东、邓小平、江泽民、胡锦涛。[②] 王建（2012）认为中国特色社会主义道路分为四个阶段：道路路径探索阶段，以毛泽东为代表的领导人为建立中国特色社会主义理论体系奠定了基础；道路开辟阶段，以邓小平为代表的领导人将工作重心转移到经济建设上；道路推进阶段，以江泽民为核心党的第三代中央领导集体把中国特色社会主义道路在21世纪中得到更进一步的延伸；道路的拓展阶段，以胡锦涛为代表的领导人在21世纪对中国特色发展道路进行了全面拓展。[③] 秦刚（2008）认为中国特色社会主义道路经历了开创阶段、继

---

① 中共中央文献研究室．中国道路——中国共产党的思想历程[J]．党的文献，2012(4)：23－36.

② 韩振峰．论走中国特色社会主义道路的历史必然性[J]．河北学刊，2007(5)：137－140.

③ 王建．论中国特色社会主义道路的演进与历史性经验生成[J]．学术论坛，2012，35(8)：5－8，16.

往开来阶段、开拓奋进阶段。具体来说，开创于邓小平时期，继往开来，开拓奋进于江泽民时期和以胡锦涛为总书记的时期。①

从中国特色发展道路的经济制度及体制演进上讲。张宇（2008）认为中国道路的发展经过了三个阶段：经济转型初期，从1978年中共十一届三中全会到1992年中共十四大，这一阶段在摸索中逐渐确立了经济改革目标；经济转型的中期，从1992年党的十四大到2003年党的十六届三中全会，确立了社会主义市场经济体制；经济转型的后期，2003年党的十六届三中全会至今，逐步完善社会主义市场经济体制。②

从中国特色发展道路的目标演进上讲。苏世隆（2015）认为中国特色发展道路可以分为三个"22年"阶段：艰辛探索的"22年"阶段，从1956年毛泽东发表《论十大关系》到1978年12月党的十一届三中全会；成功实践的"22年"，从1978年12月党的十一届三中全会到2000年10月党的十五届五中全会"基本小康"的实现；越走越宽广的"22年"，也是实现全面建设小康社会宏伟目标的"22年"，从2000年10月党的十五届五中全会宣布实现"基本小康"到2021年中国共产党成立100周年。③唐丽丽（2009）认为中国特色发展道路可分为三个阶段：开辟阶段，这一阶段是从1978年十一届三中全会到1992年邓小平南方谈话；中国特色社会主义道路的形成阶段，这一阶段是从1989年党的十三届四中全会到2002年党的十六次代表大会的召开；中国特色社会主义道路的开拓阶段，自2002年党的第十六次代表大会召开以来，我国改革开放进入21世纪新阶段。④ 桑学成（2011）将中国特色发展道路分为四个阶段：改革开放起步及确定主题阶段，从党的十一届三中全会到党的十二大；初步开辟阶段，从党的十二大到党的十三大；基本形成和不断完善阶段，从党的十三

① 秦刚．中国特色社会主义：道路与理论体系的关系[J]．中国特色社会主义研究，2008(1)：15－19.

② 张宇．中国模式的含义与意义[J]．经济学动态，2008(11)：25－29.

③ 苏世隆．历史眼光视阈下的中国特色社会主义发展道路[J]．黑龙江史志，2015(3)：304－306.

④ 唐丽丽．论中国特色社会主义发展道路的探索[J]．科学社会主义，2009(5)：128－131.

大到党的十六大；继续深化和拓展阶段，党的十六大以后。[①]

2.3 中国特色发展道路的主要内容的研究综述

2.3.1 中国特色经济制度的研究综述

（1）中国特色经济制度内涵及构成与特征的研究综述

党的十八大指出："要毫不动摇巩固和发展公有制经济，推行公有制多种实现形式，推动国有资本更多投向关系国家安全和国民经济命脉的重要行业和关键领域，不断增强国有经济活力、控制力、影响力。毫不动摇鼓励、支持、引导非公有制经济发展，保证各种所有制经济依法平等使用生产要素、公平参与市场竞争、同等受到法律保护。"

关于中国特色社会主义经济制度的内涵及构成，学界主要从初级阶段基本经济制度与其运行机制、初级阶段基本经济制度具体表现等角度做出了定义。

从初级阶段基本经济制度与运行机制上讲。荣兆梓（2019）认为中国特色基本经济制度就是以对生产资料集体占有的劳动者的相互分工的经济基础为主体，结合私有制生产资料的占有形式，两者互相补充、竞争，共同促进生产力的发展。[②] 杨承训（2016）认为中国特色基本经济制度为国民经济命脉，由国有经济掌握，渗透于各个产业中，同时存在劳动者集合的集体经济和多种形式的混合经济。[③] 周新城（2009）认为中国特色经济制度由基本经济制度和运行机制组成。就是以公有制为主体，多种所有制并存的经济制度；就是指中国特色社会主义市场经济体制。[④] 乔惠波

① 桑学成．中国特色社会主义道路的形成发展和基本经验[J]．南京大学学报(哲学·人文科学·社会科学版)，2011，48(4)：11－18.

② 荣兆梓．公有制为主体的基本经济制度：基于中国特色社会主义实践的理论诠释[J]．人文杂志，2019(3)：1－13.

③ 杨承训．社会主义质的规定性与中国特色社会主义基本经济制度[J]．毛泽东邓小平理论研究，2016(6)：12－18，92.

④ 周新城．怎样研究中国特色社会主义制度[J]．山西财经大学学报，2009(4).

（2013）认为中国特色经济制度分为三个层面：基本经济制度、基本分配制度、社会主义市场经济体制。[①] 程恩富（2007）认为中国特色经济制度由产权制度、分配制度、市场制度、开放制度构成，即公有制为主体、按劳分配为主体、政府主导、独立自主的制度。[②]

从初级阶段基本经济制度具体表现上讲。李太淼（2009）认为中国特色经济制度以中国特色的分配制度为基础，以非公有制经济发展的制度作支撑，建立中国特色的农村土地产权制度与自然资源、环境产权制度，完善国有企业制度，推进中国特色的生产、经营、消费制度。[③] 李晓新等（2011）从宪法的角度认为经济制度包括三个方面：分配制度、经济体制、产权制度，即在按劳分配或按其他分配方式的初次分配制度及财政、转移支付等再分配方式的基础上，政府依靠其对经济管理的职权、原则，对不同产权的财产给予法律意义上的保护。[④]

对于中国特色经济制度的特征。孙蚌珠（2011）认为中国特色社会主义经济制度的特征是在历史发展过程中，符合中国实际的进步性。[⑤] 张宇（2016）认为中国特色经济制度的特征是中国特色社会主义市场经济。[⑥] 冯根福（2017）认为中国特色经济制度的特征由经济主体及相关利益的双重多元化构成。[⑦] 李成勋（2010）认为社会主义初级阶段基本经济制度的特征包括五点：一是多元化的所有制结构；二是以公有制为主体；三是国有经济在国民经济中起主导作用；四是国有经济对经济增长起主要作用；五

① 乔惠波. 中国特色社会主义基本经济制度的内涵与定位[J]. 中国特色社会主义研究,2013(4):25－29.

② 程恩富. 中国特色社会主义的内涵及其经济制度[J]. 中国城市经济,2007(10):6－9.

③ 李太淼. 中国特色社会主义经济制度论[M]. 北京:人民出版社,2009:3.

④ 李晓新,王永杰. 论中国经济制度的宪法规范[J]. 学海,2011(3):13－17.

⑤ 孙蚌珠. 论中国特色社会主义经济制度的内涵、特征和优势[J]. 思想理论教育导刊,2011(10).

⑥ 张宇. 论公有制与市场经济的有机结合[J]. 经济研究,2016,51(6):4－16.

⑦ 冯根福. 中国特色基本经济制度:攻克人类“公平与效率”难题的中国贡献[J]. 当代经济科学,2017,39(6):1－6,122.

是坚持两个“毫不动摇”。①

（2）中国特色经济制度演进与发展历程的研究综述

孙居涛（2010）认为中国经济制度建设可分为三个时期：一是从中华人民共和国成立到生产资料社会主义改造完成；二是从生产资料社会主义改造完成以后到党的十一届三中全会召开；三是从党的十一届三中全会到党的十五大中国经济制度的创新和发展。② 卢现祥等（2018）认为中国经济制度可分为两个阶段：第一阶段是1978—1994年，这一阶段的特征是制度自发演化，以家庭联产承包责任制为代表的从下而上推行的制度更迭；第二阶段是1994年分税制改革至今阶段，其特征是以政府为动力，进行制度改革。③ 黄新华（2004）认为农村经济制度的变迁经历了土地改革与价格改革，即从人民公社制度到家庭联产承包责任制、从统购统销到开放价格的过程；城市经济制度则由国有企业改革的制度变迁贯穿始终，即由1978—1983年的放权让利，到1983—1986年的利改税改革，再到1987—1991年的国企经营承包责任制，从而达到1992年至今的现代企业制度。此外，贯穿城市与农村制度改革的是就业制度的改革，即从计划就业到市场就业。在此背景下，开放金融市场制度、分税制改革的财政制度也应运而生。④ 从中国工业化角度看，安立仁（2007）认为中国制度变迁就是中国工业化过程，这个过程可以分为两个阶段：第一阶段是从多元化经济向一元化经济的变迁过程（1956—1978年），形成了计划经济体制及其原始资本积累，这是经济制度由分散到集中、从市场化到计划化的过程，这一阶段又可分为原始积累体制的形成阶段（1953—1956年）、原始积累体制的运行阶段（1956—1978年）；第二阶段为由集中到分散、从计划化到市

---

① 李成勋．论社会主义初级阶段基本经济制度的机理与特征[J]．毛泽东邓小平理论研究，2010(2):35-37,85.

② 孙居涛．中国特色社会主义基本经济制度的创新与发展[J]．学习论坛,2010,26(6):11-15.

③ 卢现祥,朱迪．中国制度变迁40年:回顾与展望——基于新制度经济学视角[J]．人文杂志,2018(10):13-20.

④ 黄新华．市场化改革以来中国经济制度变迁的内容探析[J]．经济纵横,2004(8):23-27.

场化过程（1978 年至今），这一阶段标志着传统原始积累体制的终结。[①]

2.3.2 中国特色经济体制的研究综述

（1）中国特色经济体制内涵即构成与特征的研究综述

关于中国特色经济体制的内涵，中国社会科学院经济体制改革 30 年研究课题组（2008）认为中国特色经济体制就是社会主义市场经济体制。[②]王健（2018）认为中国特色经济体制就是在基本经济制度下，发挥市场优势，利用产权制度，使要素自由流动，激发各类市场主体目标能动性，实现自由发展。[③] 余文烈等（1999）认为当代社会主义市场经济体制是以提倡公有制及限制资本权力为基础，以市场经济为手段实现社会主义价值目标，即经济民主、分配平等、选择自由、消灭剥削等，使社会主义因素发展壮大。[④] 程恩富（2013）认为社会主义市场经济体制可以定义为公有制主体型市场经济。[⑤]

关于中国特色经济体制的特征，学界主要从中国特色经济体制的制度前提、中国特色经济体制的具体表现角度进行了总结。

从中国特色经济体制的制度前提来讲。中国社会科学院经济体制改革 30 年研究课题组（2008）认为，中国特色经济体制的特征主要表现在所有制结构与分配制度上。在分配原则上，鼓励一部分地区、一部分人先富起来，利用先富起来的地区与人群，带动未富地区的发展，最终达到共同富裕。对于市场经济的共性特征，市场在资源配置中起调节作用；从市场经济运行机制上看，注重发挥价格在供给与需求之间的作用；从宏观层面上看，政府将经济手段、法律手段与行政手段相结合，对经济活动进行适当

---

① 安立仁. 中国经济制度变迁动力分析[J]. 西北大学学报(哲学社会科学版),2007(5):41 - 46.

② 中国社会科学院经济体制改革 30 年研究课题组. 论中国特色经济体制改革道路(下)[J]. 经济研究,2008,43(10):26 - 36.

③ 王健. 市场导向经济体制改革的六个发展阶段[J]. 人民论坛,2018(33):21 - 23.

④ 余文烈,吕薇洲. 关于市场社会主义的发展阶段及其定义[J]. 教学与研究,1999(11):58 - 60.

⑤ 本刊记者. 经济体制改革的顶层设计与未来发展走向——访中国社会科学院马克思主义研究学部主任程恩富教授[J]. 马克思主义研究,2013(8):16 - 21.

的调节。[①] 汪兴益（1998）认为社会主义市场经济体制特征包含自身的制度特征与市场经济的共性两方面，即在经济管理法制化的前提下，政府适度干预市场，使市场中各主体间的经济关系平等化，企业进行自主化决策。[②]

从中国特色经济体制的具体表现上讲。余文烈等（2009）认为当代市场社会主义体制的六大特征为：改良或替代资本主义的社会政治目标、市场主导的经济运行机制、形式多样的社会所有制结构、兼顾公平与效率的价值取向、突出政治民主和经济民主、浓厚的乌托邦色彩。[③] 黄范章（2008）认为中国社会主义市场经济体制的特征为：属于世界新兴市场经济的一部分、政府在经济改革与发展中的主导作用，最本质特征为：基本经济制度与市场经济相结合。[④] 胡钧（2014）认为，中国特色经济体制的特征是坚持党的领导，发挥党在社会主义事业建设中带头人的作用。[⑤]

（2）中国特色经济体制演进与发展历程的研究综述

关于中国特色经济体制演进与发展历程，主要有两种观点：从中国特色经济体制理论角度上讲，蔡继明（2018）认为我国经济体制的变革历程主要为，从单一的公有制转变为以公有制为主体的混合所有制；从按劳分配转变为按各种生产要素的共享分配；从封闭半封闭状态转变为全方位对外开放；从计划经济体制转为社会主义市场经济体制。[⑥] 从中国特色经济体制实践角度上讲，张卓元（1998）认为中国特色经济体制演进始于农村改革，随后蔓延到城市；先重点发展市场特征明显的非国有制经济，而后着重推进国有经济的市场化；先开放商品市场，接着重点发展生产要素市场；价格改革先调后放，调放结合，并逐步在开放中与国际市场价格接

---

① 中国社会科学院经济体制改革 30 年研究课题组．论中国特色经济体制改革道路（下）[J]．经济研究，2008，43（10）：26－36.

② 汪兴益．论建立和完善社会主义市场经济体制[J]．财政研究，1998（11）：3－9.

③ 余文烈，吕薇洲．关于市场社会主义的发展阶段及其定义[J]．教学与研究，1999（11）：58－60.

④ 黄范章．探索、建设社会主义市场经济体制的 30 年——兼论创立中国特色的转轨经济学和社会主义市场经济学[J]．经济学动态，2008（8）：17－23.

⑤ 胡钧．正确认识政府作用和市场作用的关系[J]．政治经济学评论，2014，5（3）：3－15.

⑥ 蔡继明．我国经济体制变革历程及其理论分析[J]．改革，2018（6）：26－37.

轨；先在重点易施行领域实行价格双轨制，逐步放开管制，接着向价格单轨制靠拢；先在沿海城市、经济特区实行改革开放，逐步向内推进，进行多领域开放；在改革开放的实践中，以“摸着石头过河”为指导原则，先局部，后整体。先在改革易于施行领域推进，在实践中总结经验，后主攻改革的“硬骨头”与困难区域，如国有企业改革。[①] 唐杰等（2003）认为经济体制改革可以大致分为三个阶段：承认剩余索取权阶段，通过对地方政府实行财政包干制，调整中央和地方的财政分配关系，从而造成在城市、农村范围内获取剩余索取权的激励机制；引入市场定价机制阶段，通过设立经济特区和采用价格双轨制的转轨实验，创造计划价格和市场价格间的价格差；政府管制从直接控制向间接控制的转变阶段，行政审批从作为政府直接控制资源配置的工具转变为间接控制资源配置的工具。[②] 范恒山（2008）认为中国经济体制改革经过了四个阶段：改革的启动和局部试验阶段（1978—1984 年）、以城市为重点的改革的全面展开阶段（1984—1992 年）、社会主义市场经济体制的初步建立阶段（1992—2002 年）、推进社会主义市场经济体制不断完善阶段（2002—2020 年）。[③] 崔友平（2018）认为中国经济体制改革经历了五个阶段：经济体制改革的启动阶段（1978—1984 年），改革首先从农村开始，逐步向城市推进；经济体制改革的探索推进阶段（1984—1992 年），改革的重点从农村向城市转移，搞活国有企业成了改革的中心环节；经济体制改革的目标确立及框架初步建立阶段（1992—2002 年），企业改革初见成效，市场体系进一步完善；社会主义市场经济体制的逐步完善阶段（2003—2011 年），取消了农业税、牧业税、特产税，为非公经济的发展进一步扫清了障碍；全面深化改革阶段（2012 年至今），经济体制改革的维度放开，深度加大。[④]

---

① 张卓元．中国经济体制改革的总体回顾与展望[J]．经济研究，1998(3)：17－24.

② 唐杰，蔡增正．渐进式改革的博弈分析——兼论从经济体制改革到渐进式政治体制改革[J]．南开经济研究，2003(4)：28－35.

③ 范恒山．30 年来中国经济体制改革进程、经验和展望[J]．改革，2008(9)：5－14.

④ 崔友平．中国经济体制改革：历程、特点及全面深化——纪念改革开放 40 周年[J]．经济与管理评论，2018，34(6)：5－14.

2.3.3 中国特色政府与市场关系的研究综述

（1）中国特色政府与市场关系内涵及构成与特征的研究综述

关于中国特色政府与市场的关系内涵及构成，学者主要从政府与市场的作用领域、政府与市场作用特征的角度进行定义。

从政府与市场的作用领域上讲。刘国光等（2014）认为在微观层次中，政府与市场的关系主要体现在市场对资源配置起决定性作用，政府通过行政审批等方式对资源进行配置的职能开始缩减；在宏观层次中，政府应对市场进行引导，使市场发挥其应有的职能。此外，对市场提供服务、实施监管，府责无旁贷。① 张宇（2014）认为在政府与市场的关系中，市场主要在微观领域发挥作用，政府主要在宏观领域引导经济发展。② 卫兴华等（2014）认为在政府与市场的关系中，从宏观与微观层面上讲，政府与市场所发挥的职能各有特征，互不相同。即在宏观领域，政府应发挥其资源配置的能力，引导社会发展；在微观领域，市场应发挥其配置资源的功能。③ 洪银兴（2018）认为政府与市场分别在不同层面对经济运行发挥着作用，政府的作用体现在为市场有效运行创造更适合的环境、配置公共资源、推动发展；市场决定资源配置，就是在市场中依据供求关系，由市场决定价格与供给，实现市场中各个主体的效益最大化。④ 白永秀（2013）认为政府与市场的关系本质就是政府、中介组织、企业的结构关系。其核心是依托中介组织搭建政府与企业之间的桥梁。在“政府—中介组织—企业”的组织架构下，政府为中介组织与企业制定制度与法律框架并确保其有效运行，将其主要职能限定在调控宏观经济、维护市场环境与公共产品的供给领域，退出微观经营活动，中介机构作为政府与企业的中间人，其

① 刘国光，程恩富．全面准确理解市场与政府的关系[J]．毛泽东邓小平理论研究，2014(2)：11－16,91.

② 张宇．市场有效，党政有为，根基牢固——正确认识社会主义市场经济中政府和市场的关系[J]．红旗文稿，2014(8)：4－8,1.

③ 卫兴华，闫盼．论宏观资源配置与微观资源配置的不同性质——兼论市场“决定性作用”的含义和范围[J]．政治经济学评论，2014，5(4)：3－14.

④ 洪银兴．市场化导向的政府和市场关系改革40年[J]．政治经济学评论，2018，9(6)：28－38.

作用在于政府通过中介机构间接调控市场与微观企业行为，促进市场经济与企业健康、平稳发展。①

从政府与市场作用特征上讲。程恩富（2014）提出，政府与市场的关系在资源配置上是相互统一，区别又联系的。中国经济的稳定发展离不开政府与市场的相互调节与促进。② 冒佩华、王朝科（2014）认为：“政府与市场的关系不是一个简单的谁多谁少、谁强谁弱、谁大谁小的问题，政府与市场之间的关系不是一个简单的此消彼长或者非此即彼的关系，而是一个分工与合作、共生互补的关系。”③ 彭俞超、张雷声（2014）认为政府与市场的关系在资源配置中的体现为市场起决定性作用、政府起积极作用。为了使政府与市场的作用正常发挥，政府必须加大政策执行与宏观调控的力度。④ 李俊生、姚东旻（2018）认为政府与市场的关系就是“强政府—强市场”模式：“强政府”即一国政府在行政中具有较高的执行能力，“强市场”指在经济中市场机制发挥较大的作用。政府是实现强政府与强市场有机结合的关键：强政府建立和维护市场秩序，强市场为使强政府符合其功能需求，迫使强政府做出相应符合发展的改变，变革后的强政府又会在更高层面与强市场达到统一与平衡。⑤ 程霖、陈旭东（2018）认为在政府与市场的关系中应遵循市场在资源配置中发挥决定性作用，政府向公共服务的提供者、市场秩序维护者、宏观经济稳定者、结构调整引领者的角色转换，目的是在经济运行中更好地发挥政府的作用。在尊重市场规律的基础上，使用改革的方式更进一步地激发市场活力，使用宏观政策的方式引导市场预期，使用规划的方式明确投资方向，使用法治的方式规范市场行

---

① 白永秀．市场在资源配置中的决定性：计划与市场关系述论[J]．改革，2013(11)：5－16.

② 程恩富．在全面深化改革中处理好政府和市场关系[N]．经济日报，2014－09－12.

③ 冒佩华，王朝科．“使市场在资源配置中起决定性作用和更好发挥政府作用”的内在逻辑[J]．毛泽东邓小平理论研究，2014(2)：17－23，91－92.

④ 彭俞超，张雷声．正确认识和处理政府与市场关系的创新与发展[J]．山东社会科学，2014(1)：10－14.

⑤ 李俊生，姚东旻．重构政府与市场的关系——新市场财政学的“国家观”“政府观”及其理论渊源[J]．财政研究，2018(1)：20－32.

为，让市场在资源配置中发挥决定性作用，为生产目的服务。[①] 张晓晶等（2018）认为在政府与市场的关系中，政府的作用是引导，即把市场对资源配置的决定作用引导到党和政府制定的发展战略和长远目标上。[②] 张志元、马雷（2014）认为政府和市场既相互对立，又相互统一，都为社会资源配置发挥功能。政府利用其广泛集中、强制的方式对资源进行调配；市场利用理性人追逐效益最大化的决策方式自主进行资源调配。[③] 杨静（2016）认为政府在市场经济的形成与发展中起着推动作用。政府和市场关系不是二元对立的，而是辩证统一、协调互补的。[④]

关于中国特色政府与市场的关系特征，学界主要从强调政府职能、政府与市场职能并重的角度划分。

从强调政府职能的角度上讲。周逸（2011）认为政府与市场的关系特征主要体现为政府对市场有较强的控制力、政府与市场各自力量都还较为薄弱、政府向市场稳步放权、政府改革滞后于市场发展。[⑤] 杜磊（2017）认为在新时代下我国政府与市场关系的具体特征为保民生、扩增量，即在民生领域转变传统发展方式，扩大收入存量与改善分配方式。[⑥]

从政府与市场并重的角度上讲。庞明川（2013）认为在社会主义市场经济中，政府与市场关系体现出强政府、强市场特征，表现在政府对资源配置的统领性、集中性、协调性等优势特征，市场对资源配置的自主性与决定性等特征。[⑦] 刘国光等（2014）认为政府与市场关系特征主要表现为五点：政府的宏观调控与市场的微观调控相结合；市场对资源的配置仅限

---

① 程霖，陈旭东．改革开放 40 年中国特色社会主义市场经济理论的发展与创新[J]．经济学动态，2018(12)：37 – 47.

② 张晓晶，李成，李育．扭曲、赶超与可持续增长——对政府与市场关系的重新审视[J]．经济研究，2018，53(1)：4 – 20.

③ 张志元，马雷．经济金融发展视野的政府与市场关系再定位[J]．改革，2014(1)：25 – 32.

④ 杨静．坚持马克思主义经济思想的指导地位[J]．经济研究，2016，51(3)：48 – 50，80.

⑤ 周逸．我国经济发展中政府与市场关系的特征[J]．决策与信息：下旬，2011(9)：256 – 257

⑥ 杜磊．新中国成立后我国政府与市场关系特征的演化[J]．智库时代，2017(16)：20 – 21.

⑦ 庞明川．转轨经济中政府与市场关系中国范式的形成与演进——基于体制基础、制度变迁与文化传统的一种阐释[J]．财经问题研究，2013(12)：3 – 10.

于短期与一般资源层面，政府对于资源的调控集中于特殊资源的长期配置；政府决定市场非物质资源等文化资源的引入与调控；在市场活动与市场经济体系领域中坚持公有制为主体、国有经济为主导；在收入的分配与再分配中，让市场在财富初次分配中起主要作用，让政府在财富再分配中起主要作用。[①] 雷美霞（2015）认为政府与市场关系显示的特征为动态性，即政府与市场相互作用的职能边界，随着经济发展的不同时期、不同阶段变化，政府与市场发挥作用边界必须根据实际情况进行调整和修正。[②]

（2）中国特色政府与市场关系演进与发展历程的研究综述

关于中国特色政府与市场关系演进，洪银兴（2018）认为政府与市场关系的改革和完善可分为四个阶段：计划和市场关系的探讨阶段，从改革初期到1992年，在社会主义有计划商品经济的框架内逐步扩大市场经济调节的范围；在国家的宏观调控下让市场对资源配置起基础性作用阶段，从1992年确立社会主义市场经济到2013年党的十八届三中全会；市场对资源配置起决定性作用和更好地发挥政府作用阶段，从党的十八届三中全会到2017年党的十九大；加快社会主义市场经济体制建设阶段，从党的十九大召开至今。[③] 白永秀（2013）根据社会主义市场经济体制的发展认为可以将政府与市场关系划分为四个阶段，即计划经济体制内引入市场调节阶段（1978—1984年）、建立有计划商品经济的阶段（1984—1992年）、建立社会主义市场经济体制阶段（1992—2003年）、完善社会主义市场经济体制阶段（2003年至今）。[④] 胡拥军（2014）认为政府与市场的关系可分为：城镇化恢复发展阶段（1978—1992年），核心是政府对城乡二元经济的松绑、市场搞活；城镇化加速发展阶段（1992—2001年），核心是政府起主导作用、市场起引导作用；城镇化统筹发展阶段（2001—2013年）：

---

① 刘国光，程恩富. 全面准确理解市场与政府的关系[J]. 毛泽东邓小平理论研究，2014(2)：11－16，91.

② 雷美霞. 重构政府与市场关系的前提和切入点[J]. 成都大学学报(社会科学版)，2015(3)：31－36.

③ 洪银兴. 市场化导向的政府和市场关系改革40年[J]. 政治经济学评论，2018，9(6)：28－38.

④ 白永秀. 市场在资源配置中的决定性：计划与市场关系述论[J]. 改革，2013(11)：5－16.

核心是政府起调控作用、市场起调节作用。[①]

2.3.4 中国特色央地关系的研究综述

（1）中国特色央地关系内涵及构成与特征的研究综述

关于中国特色央地关系的内涵及构成，学界主要从行政性分权、经济性分权、行政性与经济性分权结合角度进行划分。

从行政性分权上讲。张斌（2018）认为中央与地方关系实质是国家公共权力在中央与地方间的分配，包括各地方行政区域划分、财权划分等。[②] 潘小娟（1997）认为中央与地方关系的实质就是中央政府与地方政府的权限划分和中央政府对地方政府的监督。[③] 谢志岿（1998）认为中央与地方关系就是两次分权的关系，第一次是国家与社会分权，第二次是中央与地方分权，第一次分权为第二次的基础。[④] 杨小云（2002）认为中央与地方关系的含义是中央权力机构与地方权力机构之间的关系，其实质是一个社会法定的社会公共利益的分配关系，即中央与地方的关系应该是国家权力行使权在国家机构体系内的纵向分配关系。[⑤] 蔡德发等（2005）认为中央与地方的关系可看作利益和权力分配过程中的"零和博弈"关系。[⑥] 周雪光（2014）认为中央与地方关系集中体现在官僚体制内部的权威关系上。

从经济性分权上讲。单学勇（2001）认为中央与地方关系的内涵就是经济财政标准和政治标准。[⑦] 张文魁（2015）认为央地关系包含三个内涵：财政和公共服务及事责、国有企业和国有资产、权力分配和民主治理。

从行政与经济分权结合上讲。郭为桂（2000）认为中央与地方关系是

---

① 胡拥军．新型城镇化条件下政府与市场关系再解构：观照国际经验[J]．改革，2014(2)：120－130.

② 张斌．央地关系的演进脉络[J]．人民论坛，2018(33)：32－33.

③ 潘小娟．中央与地方关系的若干思考[J]．政治学研究，1997(3)：16－21.

④ 谢志岿．协调中央与地方关系需要两次分权——对协调中央与地方关系的一项新的探索[J]．江海学刊，1998(1)：37－45.

⑤ 杨小云．近期中国中央与地方关系研究的若干理论问题[J]．湖南师范大学社会科学学报，2002(1)：38－45.

⑥ 蔡德发，王曙光．关于科学划分我国中央与地方税权的研究[J]．财政研究，2005(7)：35－37.

⑦ 单学勇．合理分权：中央与地方税收关系的必然选择[J]．改革，2001(6)：85－91.

一国政、经体制的结合部，政治与经济体制之间是动态的变动关系，就是在动态中求平衡。① 周富祥（1994）认为中央与地方的关系从经济方面讲就是事权、财权、产权、管理权。② 朱旭峰、吴冠生（2018）认为央地关系的实质就是国家权力与资源配置间的分配关系，就是立法权、人事权、事权、财权的结合。③

关于中国特色央地关系的特征，从行政性分权上讲，常明（1992）认为中央与地方关系的特征是集中性和代表性、复杂性和双重性双向逆动性、不平衡性。④ 易承志（2009）认为中央与地方的关系是一个在动态运动中取得平衡的过程，由初始的零和博弈运动到良性协调关系；在运动中中央给予地方的权限增长态势，造成中央权威的上涨；地方权限的增长造成地方责任的扩大。⑤ 宣晓伟（2018）认为央地关系的特征为中央权力很大，但中央政府的自身规模又很小；中央进行决策，但具体事务大多交由地方来执行；中央的各种法律、规章和命令严格细密，但在执行政策的过程中，地方拥有自由裁量权，中央往往需要采取强激励的委托代理方式以促使地方完成任务；中央和地方总是处于“收权—放权”进退失据的困局之中。⑥ 朱旭峰等（2018）认为中国特色央地关系的特征是渐进式集权、选择性集权、差异化集权。⑦ 从经济性分权上讲，单学勇（2001）认为中央与地方税收管理合理分权体制的主要特征是：纵向分权与横向分权有机结合、内涵民主价值的地方分权化改革、社会转型时期规范权限划分任务的繁重性和复杂性。⑧ 张启聪（1993）认为从财政角度讲央地关系的特征

---

① 郭为桂．中央与地方关系50年略考：体制变迁的视角[J]．中共福建省委党校学报，2000(3)：23－27．

② 周富祥．理顺中央与地方经济关系的几个争论性问题[J]．管理世界，1994(6)：93－97．

③ 朱旭峰，吴冠生．中国特色的央地关系：演变与特点[J]．治理研究，2018，34(2)：50－57．

④ 常明．论新形势下中央与地方关系的协调[J]．经济科学，1992(3)：10－13．

⑤ 易承志．转型期我国中央与地方关系的协调：特征、趋势与路径分析[J]．湘潭大学学报（哲学社会科学版），2009，33(5)：31－35．

⑥ 宣晓伟．治理现代化视角下的中国中央和地方关系——从泛化治理到分化治理[J]．管理世界，2018，34(11)：52－64．

⑦ 朱旭峰，吴冠生．中国特色的央地关系：演变与特点[J]．治理研究，2018，34(2)：50－57．

⑧ 单学勇．合理分权：中央与地方税收关系的必然选择[J]．改革，2001(6)：85－91．

为政企分开、进一步划清中央与地方政府的事权、权力分层、负担分担。[①]

(2) 中国特色央地关系演进与发展历程的研究综述

关于中国特色央地关系演进，学界的研究主要分为两阶段论与三阶段论。从两阶段论上讲，主要以改革开放、分税制改革作为时间节点。刘承礼（2008）认为央地关系划分为两个阶段：一是新中国成立以来的计划经济阶段，中央与地方的权力经历若干次收放，但每次权力收放范围、特征各有不同；二是改革开放以来阶段：随着经济增长、经济结构转型，中央与地方的关系呈现出多样化的特征。[②] 郭为桂（2000）认为央地关系分为两个大的阶段，即改革开放前 30 年：政经一体化构架下的中央与地方关系，其中又可细分为大区分权阶段（1949—1952 年）、中央集权阶段（1953—1957 年）、统与放的循环阶段（1958—1978 年）；改革开放后 20 年：政经分离过程中的中央与地方关系，即经济与行政双分权阶段（1979—1991 年）、政治、经济二元化阶段（1992 年至今）。[③] 彭向刚等（2006）认为中央与地方关系的变迁分为两个阶段：第一个阶段，1978—1992 年，中央通过放权让利的政策让地方获得更大的权利；第二个阶段，1992 年至今，形成了政治集权与经济分权相结合的中央与地方关系模式。[④] 谢志岿（1998）认为我国中央与地方关系调整经历了两个阶段：对于中央与地方收权、放权试验阶段（1978—1994 年）；规范的分税制改革阶段（1994 年至今）。[⑤]

从三阶段论上讲。张斌（2018）认为中国特色央地关系经历了“放权让利”改革阶段（1978—1992 年）、完善社会主义市场经济体制改革阶段

---

① 张启聪．社会主义市场经济的中央与地方财政之关系[J]．财政研究，1993(12)：24－28.

② 刘承礼．理解当代中国的中央与地方关系[J]．当代经济科学，2008(5)：26－36，124.

③ 郭为桂．中央与地方关系 50 年略考：体制变迁的视角[J]．中共福建省委党校学报，2000(3)：23－27.

④ 彭向刚，梁学伟．以公共服务为主旨构建当代中央与地方关系[J]．社会科学战线，2006(6)：182－185.

⑤ 谢志岿．协调中央与地方关系需要两次分权——对协调中央与地方关系的一项新的探索[J]．江海学刊，1998(1)：37－45.

(1992—2012 年)、国家治理能力现代化阶段（2012 年至今)。[①] 闫帅(2012）认为我国的央地关系相继走过了“集权制”下的“央主地从”、“分权制”下的“地方主义”以及“分权—合作制”下的“央地共治”等三个阶段。[②] 任剑涛（2007）认为中央与地方的关系经历了从 20 世纪 50—80 年代，中央与地方的权利呈分权与集权交替更迭变化；到 20 世纪 80—90 年代，随着市场经济的逐步发展，中央与地方的权利界限逐渐明晰，职能边界逐渐确定，中央与地方呈分权态势；再到 2000 年之后中央与地方的关系呈多样化发展。[③] 杨小云（1997）认为我国中央与地方的关系分为三个阶段：改革初期阶段（1978—1984 年)，中央向地方不同程度放权，分为特区与非特区，沿海与内陆非平衡放权；有计划商品经济历史阶段（1985—1991 年)，中央与地方的行政权限已经有较为合理的划分，同时中央向地方和企业进行双向市场放权；体制转型中阶段（1992 年以后)，中央以市场为取向，强调中央自觉的主动性，注意协调地方之间的关系。[④] 朱旭峰（2018）认为中国特色央地关系可分为 1949—1978 年的两次权力收放循环阶段、1978—1992 年以放权让利为目的的地方分权阶段、1992 年至今的市场化改革下的分权与集权阶段。[⑤] 刘尚希等（2018）通过财政事权将央地关系分为三个阶段：改革开放之前高度集中的财政体制、“分灶吃饭”与“分级包干”的财政体制（1978—1993 年)、分税制财政体制改革（1994 年至今)。[⑥]

2.3.5 中国特色开放道路的研究综述

（1）中国特色开放道路内涵及构成与特征的研究综述

关于中国特色开放道路的内涵及构成，学界主要从全球化维度与国家

---

① 张斌．央地关系的演进脉络[J]．人民论坛，2018(33)：32－33.

② 闫帅．公共决策机制中的“央地共治”——兼论当代中国央地关系发展的三个阶段[J]．华中科技大学学报(社会科学版)，2012，26(4)：68－74.

③ 任剑涛．宪政分权视野中的央地关系[J]．学海，2007(1)：55－66.

④ 杨小云．论我国中央与地方关系的改革[J]．政治学研究，1997(3)：22－28.

⑤ 朱旭峰，吴冠生．中国特色的央地关系：演变与特点[J]．治理研究，2018，34(2)：50－57.

⑥ 刘尚希，石英华，武靖州．公共风险视角下中央与地方财政事权划分研究[J]．改革，2018(8)：15－24.

维度进行定义。从全球化维度上看，裴长洪等（2018）认为习近平对外开放新思想主要体现在四个方面：第一，推动形成全面开放新格局；第二，建设开放型世界经济与经济全球化新理念；第三，改革全球经济治理体系；第四，构建人类命运共同体。① 朱延福（2015）认为对外开放的新局面就是以优化全球资源配置为纽带，实现中国资本、中国产能和中国技术的国际合作；以创建国际组织为平台，推动中国规则、中国标准和中国惯例走上国际舞台；以加强人文交流为契机，推进中国文化、中国精神和中国价值融入世界价值主流。② 从国家维度上看，孙玉宗（1989）认为对外开放就是在独立自主、自力更生的前提下，坚持平等互利的原则，发展对外贸易。引进先进技术，借用外国资金，积极开展对外经济合作，促进我国的现代化建设。③ 蔡北华（1988）认为，对外开放从实质上说，就是我国社会主义商品经济同世界资本主义商品经济的相互联系、交错和竞争。④ 王玉森等（1991）认为，对外开放从宏观层面上看，是对外国的开放，开放的内涵就是取消封锁、禁令、限制等。从国家维度上看，邓小平同志讲："对外是开放，对内也是开放"，二者"实际上都叫开放政策"。对外开放只能是对国外的开放，国内的开放只能是对内搞活或者对内开放。⑤ 唐任伍、马骥（2008）认为对外开放政策是从现在到未来坚定的国策，其内涵是对社会主义国家与资本主义国家、发达国家与发展中国家同时开放。⑥ 张成思等（2013）认为中国的对外开放即贸易开放与金融开放。⑦

关于中国特色开放道路的特征，学界主要从中国特色开放道路基本原

---

① 裴长洪，刘洪愧．习近平新时代对外开放思想的经济学分析［J］．经济研究，2018，53（2）：4－19.

② 朱延福．全面输出中国元素　丰富对外开放内涵［N］．湖北日报，2015－11－28.

③ 孙玉宗．对外开放与对外贸易［M］．北京：对外贸易教育出版社，1989.

④ 蔡北华．论对外开放［M］．上海：上海人民出版社，1988.

⑤ 王玉森，等．对外开放指南［M］．北京：中国经济出版社，1991.

⑥ 唐任伍，马骥．中国经济改革30年：1978—2008对外开放卷［M］．重庆：重庆大学出版社，2008.

⑦ 张成思，朱越腾，芦哲．对外开放对金融发展的抑制效应之谜［J］．金融研究，2013（6）：16－30.

则、中国特色开放道路内容角度进行界定。从中国特色开放道路基本原则上讲，杨柳（2016）认为中国特色开放道路特征为：向度要求更高、领域要求更宽、水平要求更高、开放措施更新、反对保护主义更坚决、法制保障更健全、主导影响更扩大。[①] 张松涛（2003）认为对外开放的特点是在经济技术领域发挥比较优势的同时，拓宽其他领域的开放程度，将“引进来”与“走出去”战略相结合；多种形式的对外经济关系不断加强，外部经济环境进一步改善。[②] 孙玉宗（1989）认为实行对外开放的政策，是以系列性、经济性、传统性为特点的。系列性说明对外开放的概念含义，经济性说明对外开放的基本内容，传统性说明对外开放的实践过程。[③]

从中国特色开放道路内容上讲，魏杰、汪浩（2016）认为对外开放以双向型和自由化为特征。双向型特征由贸易双向型、投资双向型构成。贸易双向型是指中国经济结构由出口导向与进口导向并重组成；投资导向型是指中国的经济资本由对外投资与引进外资组成。自由化特征是在经济发展与结构转型中，政府将资源调控的职能下放到市场与企业，发挥市场主体的创造性。[④] 杨帆（2015）认为对外开放的特征包括：在崛起过程中重新确认中美新的大国关系、积极参与国际规则、积极进行自由贸易区试验、走向对外投资大国、积极推动人民币国际化。[⑤] 张磐（1994）认为中国特色开放道路特征由如下十个方面组成：中国通过恢复关贸总协定，进一步提升国际地位，使得在亚太地区经济贸易的作用大大加深；在国际贸易中，中国通过产品多元化、大力发展优质产品取得在国际市场的优势地位；通过国际贸易，中国与世界经济的联动与交融程度进一步加深；在经济发展中，利用外资大力发展技术密集型、资本密集型产业，为产业结构转型做好铺垫；在对外经济交流中，技术、资金、劳动相互结合，使得

---

① 杨柳．习近平开放发展理念与中国开放道路的总结展望[J]．探索,2016(5):17-24.

② 张松涛．关于新世纪新阶段中国对外开放和对外经济的政策选择[J]．经济学动态,2003(7):3-7.

③ 孙玉宗．对外开放与对外贸易[M]．北京:对外贸易教育出版社,1989.

④ 魏杰,汪浩．论双向型与自由化的对外开放战略[J]．学术月刊,2016,48(8):52-60.

⑤ 杨帆．中国对外开放的历史与展望[J]．管理世界,2015(4):172-173.

“大经贸”格局的发展得到保障；开放由沿海到内地，由点到线到面，逐渐由特区扩展到全国范围；加大与港、澳、台地区的经济互通力度，使区域间贸易联动更紧密，形成华南地区经济共同发展的局面；在对外开放中，形成以贸易、工业为首的企业集团为主干的发展基础；开放国内市场与国际市场，转变政府职能，减少政府对进出口贸易的直接干预；政府负责宏观经济运行，制定相应的宏观政策，企业在市场的调控下自己控制对资源的调配，自主经营；商会对各企业的诉求进行调节，提供新的对外经贸体系与管理原则。①

（2）中国特色开放道路演进与发展历程的研究综述

关于中国特色开放道路演进与发展历程，学界对中国开放经济道路的认识主要有二阶段论、三阶段论、四阶段论。魏杰、汪浩（2016）认为中国对外开放经过了两个阶段：1978 年至 21 世纪初，以单向型和政府管制为特征的对外开放阶段；新常态时期，以双向型和自由化为特征的对外开放阶段。② 杨帆（2015）认为中国开放道路经过了两个阶段：第一阶段，1978—2000 年加入 WTO（世界贸易组织），其特点是局部突破，以开放促改革；第二阶段，2000 年至今，以加入 WTO 为标志，其特点是全面市场准入，引入国际竞争，促进产业升级。③ 王娟（2018）认为对外开放可分为三个阶段：第一阶段，初步开放阶段（1978—1998 年）；第二阶段，融入全球生产网络阶段（1998—2008 年）；第三阶段：融入全球创新网络阶段（2009—2017 年）。④ 史本叶、马晓丽（2018）认为，按照开放程度的变化，我国对外开放进程大致可以划分为四个阶段：一是局部开放的经验探索阶段（1978—1991 年）；二是全方位开放格局形成阶段（1992—2000 年）；三是体制性开放融入世界经济阶段（2001—2012 年）；四是推动形成

① 张磐．对外开放新阶段的主要特征[J]．管理世界，1994(2)：8 - 13.

② 魏杰，汪浩．论双向型与自由化的对外开放战略[J]．学术月刊，2016，48(8)：52 - 60.

③ 杨帆．中国对外开放的历史与展望[J]．管理世界，2015(4)：172 - 173.

④ 王娟．对外开放与技术创新——基于改革开放四十年的经验[J]．经济体制改革，2018(5)：12 - 17.

全面开放新格局阶段（2013 年至今）。[①] 张晨等（2017）通过对重大历史事件的分析，认为中国特色对外关系可以分为四个阶段：1949—1978 年，新中国成立初期，西方帝国主义通过对中国在经济、政治、文化、外交上的封锁，世界政治格局呈美苏争霸的局面。中国争取到苏联在经济、技术上的支持，建立了工业体系，使得中国经济得以恢复；1978—2001 年，中国在党的十一届三中全会上确立了对外开放战略，在解放和发展国内生产力中，加大参与国际分工力度，积极推进对外经济与对外关系；2001—2008 年，中国参与世界分工体系的能力有了明显提升；2008 年至今，2008 年次贷危机发生后，世界经济形势走低，但中国经济增长依然为世界经济复苏做出了重要贡献。[②]

---

① 史本叶，马晓丽．中国特色对外开放道路研究——中国对外开放 40 年回顾与展望[J]．学习与探索，2018(10)：118 - 125.

② 张晨，卢江，周端明．增强中国特色社会主义政治经济学对中国对外开放和参与全球治理的理论阐释力[J]．政治经济学评论，2017，8(2)：50 - 72.

3 中国特色发展道路的内涵与基本内容

新中国成立70年来，特别是改革开放40年来，中国走过了不平凡的路程。我们将中国经历的这一系列复杂的具有历史独创性的社会经济变迁概括为中国特色发展道路。这一道路以马克思主义为指导，继承了中华民族的优良传统，并且在改革开放以后顺应了现代市场经济逻辑的要求，因而具有丰富的内涵。本章阐释了中国特色发展道路的内涵与特征，构建了中国特色发展道路的分析框架。

3.1 中国特色发展道路的内涵与特征

3.1.1 中国特色发展道路的内涵

如何推进现代化是一个国家在实现民族独立、政治稳定后需要考虑的首要问题。中国特色发展道路就是在中国共产党领导下基于本国国情而探索出来的一条既能保证国家的独立自主又能实现人民共同富裕和现代化的社会主义发展道路。这一道路是对新中国70年发展历程，特别是改革开放40年以来发展和转型经验的归纳与总结。它不同于海外学者所总结的中国模式，不是一种已经定型的用于推广至其他国家的模板，而是永远处在不断发展与改革过程中的。当然，中国特色发展道路也具有相对稳定、贯穿始终的特征，正是这些特征定义了中国特色发展道路：中国特色发展道路是在马克思主义的指导下，坚持以中国共产党为领导核心，坚持以共同富裕为共同目标，坚持以人民为中心的发展理念，坚持以经济转型为发展动力的社会主义发展道路。

3.1.2 中国特色发展道路的特征

（1）坚持马克思主义理论指导

中国的发展以马克思主义为指导。马克思主义确定了中国特色发展道路的基本形态，决定着它的演进方向，也正是这一点，衍生出它的其他具体表现。中国化的马克思主义，从来没有照搬马克思主义原理的模板，也不是其他社会主义国家的翻版，而是创造性地将马克思主义与中国的实际情况进行了结合。这种“结合”形成了一系列宝贵的理论成果：毛泽东思想、邓小平理论、“三个代表”重要思想、科学发展观和习近平新时代中国特色社会主义思想。

形成于新民主主义革命时期的毛泽东思想对中国的经济建设实践起到了重要的指导作用。新中国成立以后，党的第一代领导人集体研判当时的政治经济局势，决定采取“一化三改”同时推进的战略，首次在一个底子薄、人口众多的大国建立起了社会主义制度。在社会主义建设时期，党中央逐渐发现苏联的建设经验并不完全适用于中国的实际情况。1955 年，毛泽东首次提出了如何“以苏为鉴”、走适合中国情况的社会主义建设道路的问题。1956 年，毛泽东发表了《论十大关系》的讲话。《论十大关系》中蕴含了深刻的辩证法思想，确立了党和国家在社会主义建设时期的根本指导思想和战略方针，即“调动一切积极因素，建设社会主义伟大国家”。1957 年，毛泽东指出社会主义社会的基本矛盾仍然没有变，这种矛盾不是对抗性的，应当借助对社会主义的不断创新和完善来调和。[①] 毛泽东的这一分析，为社会主义制度下的改革奠定了哲学基础。

改革开放以来，以邓小平同志为核心的共产党人把马克思主义原理同中国建设的实际经验和新的时代背景相结合，开创了中国特色社会主义理论。邓小平正确总结了新中国成立以来的历史经验，并重新确立了“解放思想，实事求是”的思想路线。在这个新的历史阶段，思想解放的关键是

---

① 毛泽东．毛泽东选集：第五卷[M]．北京：人民出版社，1977：363－402.

在“什么是社会主义、怎样建设社会主义”这一问题上的思想解放。邓小平强调，社会主义的本质，是解放和发展生产力，消灭剥削，消灭两极分化，最终达到共同富裕。[①] 而实事求是的关键是牢牢把握社会主义初级阶段这一中国当前最大的国情。马克思主义理论认为，社会主义是共产主义的初级阶段，在这一阶段，商品货币关系仍未消亡，劳动仍然是谋生手段，价值规律仍然起作用。邓小平发展了以上观点，进一步指出中国处于社会主义的初级阶段，即经济发展不发达的社会主义，并就我国社会主义初级阶段的基本特征、发展历程和根本任务等作了系统的论述。

进入21世纪以后，江泽民和胡锦涛分别围绕党的建设、发展理念两个重大问题，各自创立了“三个代表”重要思想和科学发展观，不断将中国特色社会主义向前推进。“三个代表”重要思想是对马克思主义中生产力—生产关系原理、社会存在—社会意识原理和人民群众推动历史前进原理的重新阐发，它详细论述了我们党保持先进性的三个重要途径，并将其上升为党的性质、宗旨和指导思想。科学发展观是对马克思主义社会发展理论的具体化、时代化，是对中国共产党发展思想的提炼与升华。科学发展观强调坚持以人为本、全面协调可持续，提出构建和谐社会、加快生态文明建设，将我们对社会主义规律的认识提高到新的水平。这两大理论运用马克思主义回应了时代的挑战，是中国特色社会主义的有机组成部分。

党的十九大以来，以习近平同志为核心的党中央在新的历史节点上继往开来，提出了新时代中国特色社会主义思想。这一新理论将马克思主义运用于当前的时代课题，以全新的视野深化对社会主义建设规律、共产党执政规律、人类社会发展规律的认识，将马克思主义中国化提升到了一个新高度。[②] 首先，做出了中国特色社会主义进入新时代、我国社会主要矛盾发生转化等重大判断。这一新的历史方位科学概括了当前中国特色社会主义发展的阶段、现状、方向和要求，赋予了党的历史使命、理论遵循、

---

① 中共中央文献研究室．邓小平文选：第三卷［M］．北京：人民出版社，1993：373.

② 梁波．习近平总书记系列讲话对中国特色社会主义的新发展［J］．科学社会主义，2014（2）：14－18.

目标任务以新的时代内容。① 这一变化要求党和国家的工作更加注重各个领域协调联动，加强顶层设计，并且将当前任务和长远目标结合起来。其次，明确中国共产党的初心和使命，就是为中国人民谋幸福、为中国民族谋复兴。进入新时代，共产党应该不忘初心、继续前进，努力完成新的历史使命：实现中华民族伟大复兴的中国梦。为实现这一伟大梦想，我们必须进行伟大斗争，建设伟大工程，推进伟大事业。再次，强调应当理顺社会发展中时代性与阶段性的区别与联系。人类社会的发展是一个自然历史过程。尽管已进入新时代，但我国仍处于社会主义初级阶段，仍是最大发展中国家。这意味着党的基本路线不会发生动摇，经济建设仍是党和国家的工作中心，发展仍是第一要务。最后，坚持和发展中国特色社会主义是新时代中国特色社会主义思想的核心要义。“八个明确”“十四个坚持”是这一重大思想的核心内容。“八个明确”从理论层面系统地回答了新时代坚持和发展什么样的中国特色社会主义这一问题，详细阐述了新时代中国特色社会主义的总体布局、战略布局、总目标以及保障条件，揭示了这一重大思想最基本的科学理论价值。“十四个坚持”是新时代的基本方略，高度概括了实现“两个一百年”奋斗目标和中国梦的重要举措，从具体实践出发，系统回答了新时代怎样坚持和发展中国特色社会主义的问题。②

（2）坚持社会主义的本质属性

坚持社会主义是中国特色发展道路的本质属性。有学者认为中国发展过程中的经验与困境并不特殊，因此质疑中国模式、中国道路是否存在③。这种观点忽视了中国特色发展道路的社会主义属性。社会主义属性是中国与其他资本主义国家的发展模式在实践层面最根本的区别。

中国对社会主义的坚持，体现在不断使社会主义具体化、时代化。新

① 中共中央宣传部．习近平新时代中国特色社会主义思想三十讲[M]．北京：学习出版社，2018：52.

② 《中国特色社会主义理论与实践研究》编写组．中国特色社会主义理论与实践研究[M]．北京：高等教育出版社，2018：13.

③ 黄亚生．中国模式到底有多独特——基于中国、印度、巴西经济数据的比较分析[J]．深圳大学学报（人文社会科学版），2012，29（1）：57－61.

中国成立之初，中国在苏联的指导和帮助下完成了社会主义改造，建立起了社会主义制度，并成功开启了工业化进程。第一代领导人集体在坚持和发展社会主义制度方面做出了有益尝试。例如，毛泽东提出要“以苏为鉴”，通过地方分权来调动积极性。[①] 刘少奇提出社会主义经济要既有计划性，又有灵活性和多样性，充分利用市场和价值规律来调节生产。[②] 改革开放以来，党和国家在社会主义制度方面的最大创新就是将社会主义基本制度和体制区分开来。邓小平认为，社会主义优越性体现在它能够在促进生产力发展的同时，使人民的生活水平与生产力同步提升[③]。然而，新中国经过30年的发展并未缩小与世界主要国家的差距，这表明社会主义的优越性并未得到充分发挥。这是因为以往我们把基本制度与具体体制混淆起来，认为社会主义就是“一大二公三纯”，就是计划经济体制。这种认识阻碍了社会主义具体体制随着环境和人们的需要发生调整，限制了社会主义优越性从一种可能转变为现实。实际上，社会主义并不等价于公有制，公有制的实现形式是有多种可能性的，社会主义经济可以采用的运行机制也不止计划经济一种。改革开放以来，中国在毫不动摇地坚持社会主义制度的基础上不断创新制度的实现形式，成功将社会主义制度与市场经济有机结合，解放和发展了生产力，使中国的社会主义制度焕然一新。

党的十九大以来，我国的社会主义事业进入了新时代。这意味着我国面临的世情、国情、党情正在发生深刻变革。这一变革是全方位、多领域的，这些变革互相联动，将带来深远的影响。因此，新时代的社会主义建设更加注重顶层设计，从全局的高度对党和国家在新时代所面临的问题进行了深刻而系统的回应。当前我国的制度和政策创新主要有：贯彻新发展理念，建设现代化经济体系；健全人民当家做主制度体系，发展社会主义民主政治；坚定文化自信，推动社会主义文化繁荣兴盛；提高保障和改善民生水平，加强和创新社会治理；加快生态文明体制改革，建设美丽中

---

① 毛泽东．论十大关系[M]．北京：人民出版社，1976.

② 习近平．在纪念刘少奇同志诞辰120周年座谈会上的讲话[N]．人民日报，2018－11－24.

③ 邓小平．建设有中国特色的社会主义[M]．北京：人民出版社，1987.

国；坚持和平发展道路，推动构建人类命运共同体；坚定不移全面从严治党，不断提高党的执政能力和领导水平等。①

（3）坚持中国共产党的核心领导

历史表明，任何国家的现代化发展都存在一个作为领导核心的中坚力量。领导核心的代表性、整合能力和成熟度，直接影响着这个国家现代化的发展速度和质量。② 在英国和美国，这一核心是商人阶层，在法国、德国和日本，这一核心是官僚体系。③ 中国的领导核心是共产党。中国共产党的领导为我国的发展提供了强有力的凝聚力和向心力。

在民主革命时期，许多阶级和利益集团都探索过民族独立、国家富强的道路，但他们采取的措施均是改良主义的，并且始终摆脱不了官僚买办、帝国主义等反动势力的控制，因而没能成功带领中华民族走向独立。只有中国共产党建立起了坚强的领导核心，它与西方资产阶级政党具有完全不同的性质，是依据列宁主义原则组织起来的先锋队政党，具有广泛的代表性。中国共产党极具吸引力的意识形态、特殊的党员选择标准以及严格的纪律，使得它能以纵向整合的方式动员广泛的革命力量，并且在军队的各个层级上建立严密的党组织，形成了“党指挥枪”的党—军关系，最终利用革命的方式建立了新的国家秩序。新中国成立后，共产党将革命时期的党—军关系自然地转换为党—政关系，从而建立了党和国家的领导体制。新中国成立至改革开放以前，党的领导原则是党政不分、以党代政的一元化领导。1949 年，虽然中华民族获得了独立，但是我们面临的仍是一个民生凋敝、百废待兴的国家，社会内生的整体性不够，工业基础薄弱，现代化进程亟须启动。为了克服这些“后发劣势”，只有以政党为核心强

① 习近平．决胜全面建成小康社会，夺取新时代中国特色社会主义伟大胜利［N］．人民日报，2017－10－28．

② 弓联兵．政治吸纳与组织嵌入［D］．上海：复旦大学，2012．

③ 杨光斌．制度变迁中的政党中心主义［J］．西华大学学报（哲学社会科学版），2010，29（2）：1－6，31．

势统合国家与社会，而这也是现代化逻辑在中国的具体体现。[①] 中国共产党通过党委、党组、党管干部、归口管理等制度实现对国家政权机关的领导，党和国家通过人民公社体制和单位体制实现对社会的领导。在社会主义改造与随后的经济建设中，党的一元化领导发挥了重要作用。首先，纪律严明、权力高度统一集中的政党组织体系为现代化进程提供了稳定的政治社会秩序。其次，中国共产党的组织网络对国家与社会的全面覆盖使党具有强大的资源动员能力，使社会主义集中力量办大事的优势得以充分发挥。最后，利用国家政权的力量，中国共产党得以引导各种新民主主义的经济成分向社会主义的方向发展，将它们转变为公有制基础上的公共部门，并且通过国家政权对所有社会资源进行指令性配置，从而为实行赶超战略提供了体制支撑。[②]

改革开放以来，中国共产党继续保持了其全面领导和直接领导的地位，但发挥领导作用的具体形式不断适应经济社会发展的需要。这一领导形式的不断探索在社会经济领域集中体现为：

首先，党对国家与社会的领导日益制度化与法制化。党通过各级人大推荐自己的政府领导人选，同时组织竞争性的选举，保证所荐人选以法律程序参与组织、领导政府；党对社会不再采取行政式和运动式的全面干预——人民公社体制取消，城市单位制的行政功能和社会功能也逐步弱化，而是通过人大立法或者以第三组织为中介管理社会。[③] 其次，不断加强国有企业的党建工作。1992 年，党的十四大修订的党章规定国有企业中的党组织应发挥政治核心作用。[④] 此后，关于国企党组织参与企业重大问题决策、发挥政治核心作用的问题被不断明确和细化。2015 年，习近平总

---

① 林尚立．政党、政党制度与现代国家——对中国政党制度的理论反思[J]．复旦政治学评论,2009:1 - 17.

② 何增科．从党治国家到政党政府——深化党和国家领导体制改革问题研究[J]．复旦政治学评论,2016(2):3 - 88.

③ 陈明明．在革命与现代化之间——关于党治国家的一个观察与讨论[M]．上海:复旦大学出版社,2015:56 - 57.

④ 中共中央文献研究室．十四大以来重要文献选编(上)[M]．北京:中央文献出版社,2011:49.

书记在《关于在深化国有企业改革中坚持党的领导加强党的建设的若干意见》中，提出了“两个同步”“四个对接”[①] 的工作部署，确保党在国企改革中的领导作用。国企党建工作会议明确提出国有企业党组织发挥领导核心和政治核心作用，并把其任务聚焦为把方向、管大局、保落实。[②] 最后，通过“吸纳与嵌入”将非公有制企业整合到政党国家体系中：一是提出了“三个代表”重要思想，指出新兴的社会阶层——企业主也属于社会主义的建设者，解决了私营企业家在政治上被边缘化的问题，打开了企业家入党的通道；二是把具有代表性的企业家有组织地安排为不同层级的人大代表、政协委员，或者一定行政级别的党内外领导；三是在有条件的民企和外企成立党支部，以此引导非公企业的发展。[③]

（4）坚持共同富裕的共同目标

马克思曾指出，在新的社会制度中，“社会生产力的发展将如此迅速，……生产将以所有的人富裕为目的”[④]。由此可见，共同富裕是科学社会主义理论对未来社会的基本判断，因而也是中国发展的共同目标。

共同富裕作为一种长远目标，是不可能一蹴即至的。中国应当在发展的过程中时刻注意促进共同富裕。中国共产党的经济政策始终将促进共同富裕作为一项重要内容。新中国成立之初，毛泽东指出：农村工作的核心，就是要使农民远离绝对贫困，进而取得共同富裕和普遍繁荣。[⑤] 1955年，毛泽东又强调，对整个农业实行社会主义改造，就是要消灭富农经济制度和个体经济制度，使全体农民共同富裕起来。由此可见，毛泽东将社会主义改造、建立社会主义制度作为促进共同富裕的有效手段，并且认为促进共同富裕与发展生产力是有机统一的。共同富裕的思想在改革开放时

---

① “两个同步”指的是“党的建设与国有企业改革同步谋划、党的组织及工作机构同步设置”，“四个对接”指的是“体制对接、机制对接、制度对接、工作对接”。

② 张国．习近平有关国有企业改革的重要论述及其贯彻执行[J]．毛泽东邓小平理论研究，2018(12):6－12,104.

③ 国晓光．秩序、吸纳与权力重构[D]．长春:吉林大学,2016.

④ 中共中央马克思恩格斯列宁斯大林著作编译局,编译．马克思恩格斯全集:第3卷[M]．北京:人民出版社,2002.

⑤ 毛泽东．毛泽东文集:第六卷[M]．北京:人民出版社,1999:442.

期得到了进一步的体现和发展。共同富裕被确认为社会主义的应有之义。同时，邓小平对于社会主义初级阶段的长期性有着深刻的认识，明确了共同富裕不是同等富裕，也不是同时富裕。因此他主张先富带动后富，逐步实现共同富裕。[①]

进入21世纪以后，共同富裕思想逐渐深化，被历届领导人集体进一步表述为“共享发展”。党的十六大指出要“促进社会全面进步，不断提高人民生活水平”。[②] 党的十七大延续了这一表述，强调要“走共同富裕道路”。[③] 党的十八大以来，习近平总书记科学、系统地阐述了什么是“共享发展”。他指出，共享发展就是所有人都有充分发展的机会，并且享有平等参与发展过程和共享发展成果的权利。[④] 习近平总书记认为提高人民生活水平、推动社会向共同富裕的方向发展是党的使命。[⑤]“四个全面”总体布局为推进共享发展提供了有力保障：全面建成小康社会确保人民能够享受的发展成果是多领域、全方位的；全面深化改革打破了利益固化的樊篱，重塑利益分配格局，促进社会公平正义[⑥]；全面依法治国用法律保障人民公平参与发展过程、享受发展成果的权力；全面从严治党通过“打虎”“拍蝇”清除非法占有发展成果的腐败分子，增强党和人民的联系。为了将“共享发展”落到实处，党和政府推行了一系列新举措：一是坚守扶贫脱贫和社会保障安全网两个底线；二是突出增加公共服务共建共享和缩小收入差距两个重点；三是完善贯彻落实共享发展理念的体制机制；四是完善教育、就业、医疗等基本民生。[⑦]

---

① 邓小平．邓小平文选[M]．北京：人民出版社，1994.

② 江泽民．全面建设小康社会 开创中国特色社会主义事业新局面——在中国共产党第十六次全国代表大会上的报告[J]．求是，2002(22)：3－19.

③ 胡锦涛．高举中国特色社会主义伟大旗帜 为夺取全面建设小康社会新胜利而奋斗——在中国共产党第十七次全国代表大会上的报告[J]．求是，2007，466(21)：3－22.

④ 习近平．在中法建交五十周年纪念大会上的讲话[N]．人民日报，2014－03－29.

⑤ 习近平．愿同各国一道构建新型国际关系坚持中美新型大国关系正确方向[N]．人民日报(海外版)，2015－09－24.

⑥ 蔡克文．从毛泽东到习近平：共享发展理念的演进[J]．改革与战略，2017，33(2)：31－34.

⑦ 刘武根，艾四林．论共享发展理念[J]．思想理论教育导刊，2016(1)：91－95.

（5）坚持以人民为中心的发展理念

以人民为中心的发展理念，发端于毛泽东，形成于邓小平，并经过了几代领导集体的发展与完善，是中国在经济发展的理论与实践中始终贯彻的价值取向。毛泽东虽没有明确提出以人民为中心的发展思想，但在革命与建设的实践中处处都表现着对人民的重视。从 20 世纪 40 年代初到抗日战争结束，毛泽东逐渐将以人为本的思想与党的政治路线结合在一起，强调“共产党的路线，就是人民的路线”。新中国成立以后，中国面临照搬苏联还是走自己道路的选择。在“一五”期间，中国的现代化建设就是整个按照苏联的中央计划经济体制来制定的。毛泽东意识到这种计划体制必然使得所有经济工作都依赖于少数中央计划部门和技术专家，会将广大人民排除到工业化与现代化进程之外①，这样不仅容易忽视人民群众的首创精神，而且会滋生官僚主义。为了杜绝这种情况的发生，毛泽东发起了两次以向地方放权为目的的运动。到了邓小平时代，改革开放承认了个人的物质利益的重要性，肯定人的现实性和人的物质需求的合理性，这是一种对“以人民为中心”思想的确认和发展。② 邓小平防止两极分化、消灭贫富差别的思想，使以人民为中心的发展理念基本形成。

党的十八大以来，这一发展理念日臻完善，被习近平集中表述为“以人民为中心”的发展理念。“以人民为中心”的发展理念作为发展的首要原则和根本立场被明确提了出来，成为贯穿五大发展理念的一条红线。“以人民为中心”的发展理念被赋予了“发展为了人民、发展依靠人民、发展成果由人民共享”的丰富内涵。“发展为了人民”点明了发展的目的和受益者。“发展依靠人民”体现了发展的根本动力来自充分调动人民的积极性，从人民的实践创造中汲取智慧和力量③。“发展成果由人民共享”

---

① 甘阳．中国道路：三十年与六十年［J］．读书，2007（6）：3－13.

② 宝成关．中国特色社会主义人本思想研究论纲［J］．吉林大学社会科学学报，2013，53（1）：19－28，175.

③ 姜淑萍．“以人民为中心的发展思想”的深刻内涵和重大意义［J］．党的文献，2016（6）：20－26.

体现了评价发展的标准是是否保障了人民利益①。

（6）坚持经济转型发展动力

中国在面临不同的国内外环境时，采取了不同的经济转型来解决发展问题：20 世纪 50 年代初，我们从自然经济、简单商品经济转向了计划经济，成功开启了工业化进程；70 年代末，我们又开始了从计划经济逐步向社会主义市场经济转轨的探索，成功激发了中国经济的潜力。从这一角度看，中国的发展动力来自经济转型。

二战结束以后，工业化成为新生民族国家的一致追求，工业化几乎成为经济发展的代名词。对于新中国而言，工业化对于打破帝国主义的封锁、建立足以保家卫国的国防体系和实现共同富裕均具有重要意义。作为一个后发展国家，中国的工业化无法像发达国家一样依靠市场力量而自发实现：第一，由于长期受到官僚买办和帝国主义的压迫，中国的民族资产阶级实力弱小；第二，国际政治、经济和军事环境还不够稳定，无法为这种缓慢的市场发育提供有力保障；第三，资本具有不可分性，在工业化初期，资本形成需要大量的互补性投资，由于产业发展的不确定性极强，市场价格难以负载足够的信息，后发国家普遍存在协调失灵现象②；第四，重工业的投资规模大、回报周期长，而我国的经济剩余十分有限，私有产权主体缺乏足够的激励进行重工业投资。幸运的是，中国共产党已经建立了新的国家权威，而且同苏联保持了比较良好的关系，我国有充足的条件通过国家行政指令和发展计划推动工业化进程。历史证明，计划经济为新中国成立后的经济发展提供了强有力的动力。经过“三大改造”，我国建立了“一大二公三纯”的社会主义所有制，有效解决了不同产权主体面临的协调失灵问题。党和政府利用行政命令统一调配生产资料，降低农产品的价格，保证了有限的经济剩余充分用于建设重工业。截至 1976 年，中国的工业总产值增长了 38 倍，其中重工业增长 90 倍，中国已经成为世界上

① 蒋永穆，张晓磊．共享发展与全面建成小康社会[J]．思想理论教育导刊，2016(3)：74－78.

② 罗来武，雷蔚．工业化、高速经济增长与协调分工的制度安排[J]．中国工业经济，2006(12)：21－28.

六个最大的工业国之一。①

计划经济体制使我国建立起了较为完备的工业体系，为新中国前30年的经济发展做出了卓越贡献。但随着经济水平逐步提高、经济结构日趋复杂，计划经济已经不再适应我国经济发展的需要。计划经济体制下，对重工业的补贴迟迟无法终止，平均主义的分配方式无法调动积极性，国民经济缺乏活力，社会主义的优越性无法得到充分发挥。20世纪70年代末，随着国际社会主义阵营的计划经济面临普遍困境、和平与发展成为时代主题、现代市场经济范式逐步显示出其生命力，我国新一轮的经济转型已经初步酝酿。因此，党中央明确提出了经济体制改革的任务。实践证明，社会主义市场经济体制释放了中国经济的潜力，使中国的生产力水平得到极大的提升。党的十八大以来，中国特色社会主义市场经济正面临另一种意义上的“转型”：从高速增长转向高质量发展。为顺应这一转型要求，党和政府提出要建设现代化经济体系和深化供给侧结构性改革。

值得注意的是，中国特色发展道路在不断转型的同时也十分注意传承以往的发展成果。例如，新中国前30年的发展为市场经济改革提供了以下初始条件：第一，中国的经济管理体制一直存在分权的因素。计划经济时代进行的两次行政性放权运动，使中国经济形成了一种多层次多地区的M型层级制结构，这与苏联等社会主义国家的U型组织结构完全不同②。正是这种组织结构的差异使中国可以将政治集权和经济分权相结合，从而避免了俄罗斯转轨导致的“有休克无疗法”的局面。改革开放以后，中央政府在这种M型结构上进一步调动地方政府的积极性，使它们具有强有力的激励去建立或支持地方企业，这才使乡镇企业如雨后春笋般涌现。第二，新中国前30年的发展为对外开放提供了产业基础和要素条件。虽然价值链分工为发展中国家参与国际分工降低了条件，但如果一国的工业化水平太

① ［美］梅斯纳．毛泽东的中国及其发展［M］．张瑛，等，译．北京：社会科学文献出版社，1992：438－486.

② 钱颖一，许成钢，董彦彬．中国的经济改革为什么与众不同——M型的层级制和非国有部门的进入与扩张［J］．经济社会体制比较，1993(1)：29－40.

低，只有人口和资源，那么该国的“开放红利”可能不会很高，而且面临随时被取代的危险。改革开放以前的重工业优先发展战略使中国具有了完备的工业体系，部门、产业之间的分工专业化程度强，拥有了大量的专门化生产要素。[①] 这大大增加了中国被国际高级要素整合的可能性，增强了中国承接发达国家产业转移的能力。

3.2 中国特色发展道路的分析框架

我们认为，中国特色发展道路由以下五大基本要素构成：经济制度、经济体制、央地关系、政府—市场关系和开放道路。本节将着重说明这五个要素对中国经济发展的重要性以及要素之间的关系，并尝试以这五个要素为基础搭建一个分析框架来分析中国特色发展道路的具体内容。

3.2.1 五大要素在经济发展中的作用

在经济活动中，制度构成了约束微观主体行为的外部环境。制度环境要求微观主体采用那些被外界公认、赞同的组织形式和做法，而不能仅仅根据效率准则进行决策。在一个社会的所有制度中，经济制度处于核心地位，它包括了基本经济制度即所有制，以及由此衍生而来的基本分配制度。经济制度规定了社会的经济活动的本质属性，决定着生产、分配、交换和消费等环节，进而决定着政治制度等其他制度。因此，我们将经济制度作为理解中国特色发展道路的逻辑起点，其他各个要素均在经济制度这一框架下相互作用、不断演进。

经济体制是社会在一定的经济制度基础上建立起来的运行机制和具体关系。经济体制是经济制度的表现形式，经济制度是经济体制的实际内容，经济体制的作用可以在它与经济制度的联系与区别当中得到体现。经济制度表示了一个社会的基本生产关系，决定了经济运行中存在哪些不同的经济主体。而经济体制说明了信息和知识是如何在这些经济主体之间传递

① 方勇．开放发展的政治经济学分析[J]．南京大学学报(哲学·人文科学·社会科学)，2017,54(3):33－38,158.

的，进而决定了它们进行决策的方式。设计经济制度的目的是规定经济活动的本质属性，是对经济活动提出合法性要求。而经济体制将经济制度的这些合法性要求进一步具体化，使之更符合实际和更易于实施。换言之，经济体制的设计着眼于提高经济活动的效率，促进资源的合理配置和利用。

政府—市场关系既描述了社会中的经济活动的决策权在政府和市场上的经济主体之间是如何分配的，又描述了商品的价格是由政府的行政指令决定的还是由市场上的经济主体之间的竞争决定的。中国经济的转型与发展需要政府和市场的密切配合，二者的作用缺一不可。在经济转型的过程中，不可能一次性去除所有的经济扭曲，此时如果矫正了某一种扭曲，可能会出现比矫正前效率还差的情况。换言之，转型过程中的政府干预有利于经济的平稳运行和效率改进。同时，中国是一个发展中国家，这意味着政府的经济职能不只是弥补市场失灵、维持宏观经济稳定，还包括解决工业化初期的协调失灵问题、引导产业发展和促进经济结构转变等。然而，政府和市场都不是万能的，两者都存在失灵现象，经济发展需要厘清政府与市场的边界，理顺政府和市场的关系。因此，处理好政府—市场关系是充分发挥政府在经济发展中的作用的前提条件，也是中国特色经济体制演变的主线之一。

央地关系指的是不同层级的政府之间的关系，描述了在政府内部经济活动和公共政策的决策权是如何分布的。央地关系是政府推动经济发展的关键实现机制。信息和知识在组织中的分布是分散性的，中央政府掌握所有公共决策的权力是不现实的。因此，分权是一种国家治理的必要手段，无论是西方还是中国，都十分重视利用恰当的分权治理国家、发展经济。政府对经济运行的调控、对经济发展的推动实际上是借助政府间的分权实现的。中国是一个幅员辽阔、发展不平衡问题突出的大国，幅员辽阔要求不同层级的政府密切分工与配合来执行庞杂的经济政策与发展战略，而地区间发展水平的差异性要求中央政府在保持自己对全局的掌控力的基础上充分发挥地方政府的积极性。

对外经济关系是指中国经济与世界经济之间的关系。由于世界经济的复杂性，本书主要研究的是中国处理对外经济关系的总体性战略：中国特色开放道路。开放道路是中国经济转型与发展的必然选择。对于我国而言，对外开放不仅可以缓解我国经济发展过程中资本短缺、技术落后等矛盾，而且将促进我国历史融入世界历史当中，因此也是实现共产主义的前提条件。[①] 20 世纪 70 年代末，对外开放成为中国的一项基本国策。作为一种发展战略，开放道路借助第三波经济全球化浪潮，通过将我国的比较优势与国际高级生产要素相结合，成功培育了我国的国际竞争优势，极大地推动了中国经济的发展。

3.2.2 五大要素之间的内在关联

经济制度与经济体制之间的相互作用可以从内容与形式的关系去理解。作为内容，经济制度规定着经济体制的根本性质和主要特点，当然，一种经济制度所能够采取的经济体制是存在多种可能性的，两者并不是一一对应的关系。作为形式，经济体制将反作用于经济制度：一方面，适合的经济体制能够使经济制度的优势得到充分的展开与实现；另一方面，经济体制的不断演进也将促进或阻碍着经济制度的自我完善。

政府—市场关系、央地关系和对外经济关系反映了中国特色发展道路的不同侧面，它们的演进均是以经济体制的变革为基础的。

经济体制与政府—市场关系、央地关系之间的相互作用，可以从劳动分工和知识分立的角度加以理解。一个有效率的经济体制必须使关于经济活动的知识与经济决策的权力相互匹配。在经济发展的初期，劳动分工程度不高，知识的分布较为集中和确定，因此可以采用集中式的资源配置方式，进而衍生出集权的组织结构。[②] 具体而言，就是政府掌握大部分的经济决策权，而政府内部的决策权主要集中于中央政府。随着分工的深化，经济逐步发展，经济活动日趋复杂和多样化，知识的分布也变得越来越分

---

① 张宇，谢地，任保平，蒋永穆．中国特色社会主义政治经济学[M]．北京：高等教育出版社，2017：269.

② 刘瑞明．哈耶克诘难、权威转变与经济成长：中国分权式改革的逻辑[J]．经济学家，2010(2)：12－20.

散和不确定，这时如果逐步将决策权分解，就会极大地提高效率。这种分权一般在两个层面上进行：一是政府与微观主体之间的分权；二是不同层级政府之间的分权。在中国经济的发展进程中，前者表现为政府—市场关系的演变，后者表现为央地关系的演变。总之，经济体制所采取的资源配置方式的集散性既决定了政府和经济主体之间的决策权的分布情况，也决定了不同层级政府之间的权力分布。

国际竞争归根到底是制度与体制的竞争，因此，经济制度与体制决定了中国在世界经济中的地位。作为一种体制架构，开放道路与经济体制改革之间存在双向互动关系：一方面，市场化的特征之一就是产品和要素的自由流通，这种流通范围逐渐扩大到国际领域，就是开放道路；另一方面，进一步的开放又对改革的深化提出了新的要求，过去的开放历程可能形成对未来改革的约束条件。

结合以上的分析，我们可以利用五个要素之间的关系将本书的分析框架表示为图 3 - 1。

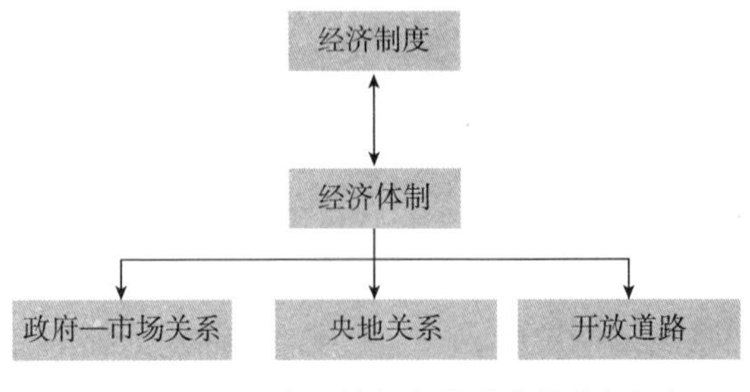

图 3 - 1　中国特色发展道路的分析框架

3.3　中国特色发展道路的基本内容

3.3.1　中国特色经济制度

（1）基本经济制度

新中国成立初期，我国的所有制结构是国营经济领导下的多种具有新民主主义性质的经济成分并存。经过短暂的过渡之后，我国建立起了“一大二公三纯”的社会主义公有制。传统公有制为开启工业化提供了制度保障，但它的弊端是效率低下、国民经济缺乏活力。1978 年的“真理标准大讨论”，突破了社会主义就是单一公有制的思维定式。同时，家庭联产承包责任制在农村实行，国企的放权让利在城市实行，我国开始了对公有制实现形式的探索。党的十三大报告中首次明确了“私营经济是公有制经济必要的和有益的补充”①，非公有制经济在实践中得到承认。1997 年，党的十五大对所有制改革中的两大创新进行了理论上的确认。一是首次提出了“公有制为主体，多种所有制经济共同发展，是我国社会主义初级阶段的基本经济制度”②，正式将非公有制经济纳入“制度内”，并且拓宽了公有制的概念，认为公有制不仅包括国有经济和集体经济，而且混合所有制经济中的国有成分和集体成分也属于公有制。二是首次提出公有制实现形式可以而且应当多样化。2002 年，党的十六大对基本经济制度进行了进一步完善，提出了“两个毫不动摇、一个统一”的思想，指出多种所有制经济应该“相互促进，共同发展”。③ 2003 年，我国进入完善经济体制阶段，党的十六届三中全会提出要大力发展混合所有制经济并使股份制成为公有制的主要实现形式，而党的十七大在“两个毫不动摇”的基础上提出要平等保护物权，使各种所有制经济平等竞争、相互促进。

党的十八大以来，我国经济发展进入全面深化改革阶段，党中央采取了一系列坚持和完善基本经济制度的新举措。第一，在功能定位上强调公有制和非公有制经济同等重要的地位，在产权保护和政策待遇上平等对待公有制经济和非公有制经济。第二，提出要积极发展国有资本、集体资本、非公有资本等交叉持股、相互融合的混合所有制经济，强调混合所有制经济是基本经济制度的重要实现形式。④ 第三，在国企改革方面：一是

---

① 沿着有中国特色的社会主义道路前进——在中国共产党第十三次全国代表大会上的报告[J]. 党的建设,1987(Z1):3－23.

② 江泽民. 高举邓小平理论伟大旗帜,把建设有中国特色社会主义事业全面推向二十一世纪——在中国共产党第十五次全国代表大会上的报告[J]. 求是,1997(18):2－23.

③ 江泽民. 全面建设小康社会,开创中国特色社会主义事业新局面——在中国共产党第十六次全国代表大会上的报告[J]. 求是,2002(22):3－19.

④ 习近平. 中共中央关于全面深化改革若干重大问题的决定(2013 年 11 月 12 日中国共产党第十八届中央委员会第三次全体会议通过)[J]. 求是,2013,611(22):3－18.

以规范经营决策、资产保值增值、公平参与竞争、提高企业效率、增强企业活力、承担社会责任为重点，进一步深化国有企业改革；二是加强以管资本为主的国有资本监管，明确了国有资本的五大功能领域，准确界定了国有企业功能以实现分类管理。

（2）基本分配制度

中国特色基本分配制度围绕两个主题不断演进：一是收入分配的方式；二是分配的原则，即如何处理效率与公平的关系。在改革开放前的社会主义建设时期，由于我国实行的是单一公有制，理论上我国的基本分配制度应当是按劳分配，但在实践中，分配的原则逐渐演变为平均主义的“大锅饭”。为了避免平均主义的弊端，在改革开放初期，我国的分配制度重新贯彻按劳分配原则，同时兼顾效率和公平。随着经济体制改革的推进，分配方式也相应进行调整。党的十三大明确提出了以按劳分配为主体、其他分配方式为补充的分配制度。① 党的十四届三中全会将“其他分配方式为补充”提升为“多种分配方式并存”，进一步强调了分配方式的多样性，并且提出了“效率优先，兼顾公平”的原则。党的十六大明确了生产要素参与分配的方式是“按贡献参与分配”，而分配原则的实现形式是“初次分配注重效率，再分配注重公平”。② 党的十七大将生产要素“按贡献参与分配”上升到了制度的层面，强调“初次分配和再分配都要处理好效率和公平的关系，再分配更加注重公平”。③

自党的十八大以来，党和政府继续坚持和完善中国特色基本分配制度。党的十八大继续坚持了“初次分配和再分配都要兼顾效率和公平，再分配更加注重公平”的原则。④ 在分配方式上，党的十九大产生了重大理

① 沿着有中国特色的社会主义道路前进——在中国共产党第十三次全国代表大会上的报告[J]. 党的建设，1987(Z1)：3-23.

② 江泽民. 全面建设小康社会，开创中国特色社会主义事业新局面——在中国共产党第十六次全国代表大会上的报告[J]. 求是，2002(22)：3-19.

③ 胡锦涛. 高举中国特色社会主义伟大旗帜，为夺取全面建设小康社会新胜利而奋斗——在中国共产党第十七次全国代表大会上的报告[J]. 求是，2007，466(21)：3-22.

④ 胡锦涛. 坚定不移沿着中国特色社会主义道路前进 为全面建成小康社会而奋斗——在中国共产党第十八次全国代表大会上的报告[J]. 求是，2012，587(22)：3-25.

论突破，强调“坚持按劳分配原则，完善按要素分配的体制机制，促进收入分配更合理、更有序”①，将按劳分配提升为一种分配性正义原则。

2019 年 10 月，党的十九届四中全会在所有制层面的基本经济制度的基础上，将收入分配制度和社会主义市场经济体制上升为基本经济制度，形成了一个新的具有中国特色社会主义特征的基本经济制度框架。这三项制度都是社会主义基本经济制度，三者相互联系、相互支撑、相互促进。将这三项制度都纳入社会主义基本经济制度的框架中，标志着社会主义基本经济制度内涵的极大扩充与完善，表明我们已经从对生产资料所有制的重点关注转向对生产、分配、交换关系的全面关注。这一变动使得基本经济制度在生产关系层面的内容得到了极大的丰富，使我们能够更好地把握生产力与生产关系的协调，更有效地解放和发展生产力，反映了中国共产党和中国人民对基本经济制度的伟大探索和创造。

相应地，党中央从新的基本经济制度出发，对下一步如何更好地解放和发展生产力、实现共同富裕做出了新的制度安排。第一，要继续坚持“两个毫不动摇”，就是毫不动摇巩固和发展公有制经济，毫不动摇鼓励、支持、引导非公有制经济发展。第二，要继续坚持按劳分配为主体、多种分配方式并存，既要不断做大蛋糕，又要分好蛋糕。第三，要加快完善社会主义市场经济体制，充分发挥市场在资源配置中的决定性作用，更好发挥政府作用，让“看得见的手”和“看不见的手”相得益彰。

3.3.2 中国特色经济体制

考虑到严峻的国际形势和薄弱的经济基础，我国在新中国成立之后采取了计划经济体制。在这一体制中，计划成为主要的资源配置手段，市场的作用很小，货币与价格只作为记账和经济核算的符号。改革开放初期，政府在农产品等计划经济的薄弱环节引入市场，经济体制的特点是“计划经济为主，市场调节为辅”。1984 年，党的十二届三中全会指出我国实行

① 习近平．决胜全面建成小康社会，夺取新时代中国特色社会主义伟大胜利[N]．人民日报，2017-10-28.

的是“有计划的商品经济”，这一阶段的经济体制改革以城市为重点。1992年，党的十四大明确了社会主义市场经济体制是我国经济体制改革的目标，市场化改革开始全面推进，劳动力市场逐步建立，宏观调控体系初步形成。2002年召开的党的十六大提出，当前改革的主要任务是完善社会主义市场经济体制。这一时期的改革更加注重深层经济社会问题和复杂利益关系的调整；更加注重统筹协调和整体推进[①]。

自党的十四大以来，我国社会主义市场经济体制已初步建立，但仍然存在市场秩序不规范、生产要素市场化滞后、市场规则不统一、市场竞争不充分等问题，仍需要不断改革和完善。党的十八大和十八届三中全会的召开，标志着我国进入全面深化改革阶段。党的十八大首次指出经济体制改革的核心问题是处理好政府与市场的关系。党的十八届三中全会进一步指出要“使市场在资源配置中起决定性作用和更好发挥政府作用”[②]，必须从深度和广度上推进市场化改革。总结该阶段的改革举措，分为以下两点：一是激发市场主体活力。转变政府职能，积极简政放权，更好地发挥政府作用；完善产权保护制度，深化产权制度改革；全面实施准入负面清单制度，清理废除妨碍统一市场和公平竞争的各种规定和做法；完善主要由市场决定价格的机制，加快要素价格市场化改革。[③] 二是创新和完善宏观调控。发挥国家发展规划的战略导向作用；健全宏观调控政策体系；完善宏观经济政策的协调机制；注重引导市场行为和社会预期。[④]

3.3.3 中国特色的政府与市场关系

新中国成立之初，为了恢复经济和推进工业化，中国采取了计划经济的方式分配物资，形成了“全能型”政府。这一阶段的政府—市场关系的

---

① 陈佳贵. 中国经济体制改革30年研究[M]. 北京:经济管理出版社,2008:400.

② 习近平. 中共中央关于全面深化改革若干重大问题的决定(2013年11月12日中国共产党第十八届中央委员会第三次全体会议通过)[J]. 求是,2013,611(22):3－18.

③ 习近平. 决胜全面建成小康社会 夺取新时代中国特色社会主义伟大胜利[N]. 人民日报,2017－10－28.

④《中国特色社会主义理论与实践研究》编写组. 中国特色社会主义理论与实践研究[M]. 北京:高等教育出版社, 2018:89－92

特点是政府全面代替市场。改革开放初期，政府—市场关系的特点是两者板块结合[①]：政府通过经济性放权，将市场调节作为辅助手段引入计划经济体制，政府的行政指令依然是配置资源的主要方式，政府机构中仍存在大量行业经济部门，市场机制只能决定计划外的价格。1992 年，我国明确了市场经济体制的改革目标，政府—市场关系进入“政府调节市场，市场引导企业”阶段[②]。在这一阶段我国实行了政企分开，政府对微观主体的直接干预逐步消除，宏观调控体系初步建立；各类商品、要素的市场化程度加深，市场在资源配置中发挥基础性作用。2002 年，改革进入完善市场经济体制阶段，政府—市场关系进一步理顺。政府职能开始集中于“经济调节、市场监管、社会管理和公共服务”四个方面。

党的十八大以来，改革进入全面深化阶段。党的十八大将政府—市场关系定位为经济体制改革的核心问题。党的十八届三中全会明确表述了政府—市场关系调整的方向——使市场在资源配置中起决定性作用和更好地发挥政府作用。这一阶段出台了一系列厘清政府与市场边界的举措：最大限度地放开竞争性领域和环节价格，完善农产品、能源、交通运输、环境、医疗等重点领域价格形成机制，着力解决要素市场化滞后的问题；政府定价范围主要限定在重要公用事业、公益性服务、网络型自然垄断环节，提高透明度，接受社会监督。[③] 推行行政体制“放管服”改革，进一步激发市场活力。[④]

3.3.4 中国特色央地关系

自新中国成立以来，中央与地方的关系便处于一个复杂而灵活的动态调整的过程当中。“一五”计划期间，中国的央地关系效仿的是高度集中

---

① 卫兴华. 中国特色社会主义经济理论的坚持、发展与创新问题[J]. 马克思主义研究，2015(10)：5－16，159.

② 刘志彪. 中国改革开放的核心逻辑、精神和取向——为纪念改革开放 40 周年而作[J]. 东南学术，2018(4)：60－66，247.

③ 王磊，伍业君. 我国价格改革的历程及展望[J]. 价格理论与实践，2018(12)：22－28.

④ 马宝成. 推进放管服协调发展 更好发挥政府作用[J]. 行政管理改革，2015(7)：86－90.

的斯大林模式。在毛泽东推动的两次行政性放权运动下，中国的政府间权力配置有了分散化的趋势，逐步形成了 M 型层级制行政管理结构①。改革开放初期的央地关系调整以向地方放权让利为主。在财权的处理上采用了分灶吃饭的财政包干制，同时，大范围地将经济管理的事权下放给地方。对地方的干部任免权进行了扩大，形成了“下管一级，备案一级”的干部管理体制。并且首次将完全集中于中央的立法权下放到地方。1992 年邓小平南方谈话以后，央地关系的调整表现为不同领域的集权与分权并存。一是利用分税制改革再度将财权大幅上收到中央。二是利用部门垂直化改革和行政审批权下放和取消来调整事权分配②。三是立法权分配遵从了法制化的途径。四是灵活运用干部交流和考核指标等制度来调整人事权，以遏制地方主义的倾向③。

党的十八大以来，央地关系调整的一个重点就是逐步对中央政府和地方政府的财政事权和支出责任作出科学、清晰的界定。④ 党的十八届三中全会对财政事权和支出责任进行了原则性的划分，提出建立事权和支出责任相适应的制度。2016 年，国务院首次较为系统地对政府间事权与支出责任进行划分，明确了财政事权划分的改革方向：一是适度加强中央的财政事权；二是保障地方履行财政事权；三是减少并规范中央与地方共同财政事权。⑤ 党的十九大以来，央地关系调整逐步细化，政府对不同领域的财权和事权进行了明确的划分。

3.3.5 中国特色开放道路

改革开放之前，由于国际政治形势的影响，我国只同部分国家有着经

① 钱颖一，许成钢，董彦彬. 中国的经济改革为什么与众不同——M 型的层级制和非国有部门的进入与扩张[J]. 经济社会体制比较，1993(1):29－40.

② 李振，鲁宇. 中国的选择性分(集)权模式——以部门垂直管理化和行政审批权限改革为案例的研究[J]. 公共管理学报，2015，12(3):13－22，155.

③ 朱旭峰，吴冠生. 中国特色的央地关系：演变与特点[J]. 治理研究，2018，34(2):50－57.

④ 王丹莉，武力. 改革开放以来中央与地方财政关系的演进与透视[J]. 中共党史研究，2018(12):5－15.

⑤ 关于推进中央与地方财政事权和支出责任划分改革的指导意见[J]. 山西财税，2016(8):29－32.

济来往，对外贸易只是起到调剂余缺的作用。改革开放以来，我国制定了对外开放的基本国策。在开放之初，我国主要通过一系列特殊政策来渐进地推进对外开放，被称为政策性开放。这一开放模式有利于先试点再推广，逐步积累经验，但与封闭性的体制之间存在矛盾。1994 年，随着建立社会主义市场经济体制的目标确立，我国的对外开放进入“入世”的准备阶段，这一阶段的对外开放从靠政策激励逐渐转向依靠完善的法制、高效的管理、优越的投资环境和广阔的市场前景来引导和规范①，逐步形成了多地区、多层次、全方位的开放格局。加入世界贸易组织后，我国逐步取消了不符合 WTO 规定的优惠政策，加快清理和完善我国政府的经济管理文件，主要运用法律、制度来规范对外开放。不过，我国总体上实行的是大力鼓励出口的政策方针，因此这一阶段的特点是有选择的制度性开放。

2012 年以来，我国进入全面制度性开放的新阶段。党的十八大提出要“全面提高开放型经济水平”、实施“更加积极主动的开放战略”，党的十八届三中全会提出“构建开放型经济新体制”，党的十九大提出“推动形成全面开放新格局”，强调“中国开放的大门只会越开越大”。当前阶段的新举措有：①通过自由贸易试验区、开放型经济新体制综合试点、服务业扩大开放综合试点等促进高水平对外开放②。②推进“一带一路”建设，坚持“引进来、走出去”并重，促进基础设施互联互通，加强创新能力开放合作③。③构建人类命运共同体，为完善全球经济治理体系贡献中国智慧、中国理念和中国方案。④

---

① 太平. 中国对外开放模式的演进[J]. 政治经济学评论,2008(2):51 - 69.

② 杨艳红,卢现祥. 中国对外开放与对外贸易制度的变迁[J]. 中南财经政法大学学报,2018(5):12 - 20,162.

③ 《中国特色社会主义理论与实践研究》编写组. 中国特色社会主义理论与实践研究[M]. 北京:高等教育出版社,2018:94 - 96.

④ 张二震,李远本,戴翔. 从融入到推动:中国应对全球化的战略转变——纪念改革开放 40 周年[J]. 国际贸易问题,2018(4):1 - 10.

4 新中国70年中国特色发展道路历史演进的政治经济学分析

中国特色发展道路是随着历史的演进，由一点一滴的成功经验汇聚而成的。中国特色发展道路的探索是一个曲折发展的过程，是我们走向社会主义的必经之路，对这一曲折的过程进行总结分析，从中找寻客观规律，对我国今后特色道路的发展有着重大的意义。新中国成立70年来，中国特色发展道路经历的曲折发展主要可以划分为三个阶段：摸索阶段、形成阶段和深化阶段。这三个阶段均涉及基本经济制度、经济体制、政府与市场的关系、央地关系和对外开放等五个主要方面。

4.1 中国特色发展道路摸索阶段（1949—1978年）

从1949年新中国成立到改革开放前夕1978年的30年，是中国特色发展道路的摸索阶段。这一时期，我国从各方面进行了突破性的尝试和探索，提出了一系列符合中国国情发展的社会主义经济建设理论观点，全国人民在以毛泽东同志为核心的党中央第一代领导集体的领导下，不断探索适合中国国情的经济之策，确立了中国社会主义基本经济制度，成功实现了从新民主主义到社会主义的转变，经过曲折的发展取得了初步成果，为1978年改革开放奠定了坚实的基础。

4.1.1 中国特色经济制度的演进

从新中国成立初期一直到改革开放前夕，我国基本经济制度的所有制结构可以概括为以公有制为主体。这一时期中国经济制度的明显划分是以社会主义改造的完成为标志的，社会主义改造的完成意味着计划经济体制的成功建立，以它为分水岭可以将中国特色经济制度的演进分为从国民经济复苏到社会主义改造完成的过渡时期（1949—1956 年）和公有制占绝对主体时期（1956—1978 年）两个历史阶段。

（1）从国民经济复苏到社会主义改造完成的过渡时期（1949—1956 年）

国民经济复苏时期优先发展社会主义国营经济。1949 年新中国成立后，解决生产关系与生产力之间的矛盾成为我国的首要任务，其关键环节就是生产资料所有制的变革。因此，在新民主主义革命三大纲领的指导下，新中国没收并接管了国民党统治时期的国家垄断资本，从而形成了新中国最初国有经济的主要组成部分，同时通过经济政策调整形成了以国营经济、合作社经济、公私合营经济、私人资本主义经济、个体经济等五种经济成分为主体，多种经济成分并存发展的经济结构。在此期间，国营经济和合作社经济在政府的支持下得到了优先发展，公有制经济在整个经济中的比重显著增加。同时，个体经济和私营经济也迅速发展起来。各种经济成分之间的合理分工符合当时的国情和生产力发展的要求，使整个国民经济迅速复苏，新民主主义经济制度因此得到了全国广大人民的拥护与支持。初步形成了过渡时期的“以社会主义国营经济为主要组成成分，多种经济成分并存”的基本经济制度。

社会主义改造时期形成以公有制为主体的经济制度。1952 年党提出了以“一化三改”为核心的过渡时期总路线。1953 年，政府采用“赎买”的方式对资本主义工业进行社会主义改造，在全行业公私合营完成之后，利用对私股进行定息的办法，把资本家改造为劳动者，还创造性地采用加工订货、收购、包销、统购、统销等形式，对资本主义工商业的各个生产和销售环节也进行了相应的社会主义改造。民族资本主义工商业的社会主义改造消灭了资本主义私有制。在农业与手工业的社会主义改造过程中，以集体化为目标，强调发展农业，为了实现经济组织的集体化，消除了农民可能从事的私营经济。截至 1956 年年底，资本主义工商业、农业以及手工业的社会主义改造都基本完成。社会主义公有制经济在国民经济中逐渐占据了主导地位，个体私营经济则逐渐衰退，以公有制为主体的经济制度基本形成。1954 年，第一届人大会议通过的“54 宪法”规定我国必须保证优先发展国营经济，逐步以全民所有制代替资本家所有制。“54 宪法”还对我国生产资料所有制现状作了总结：“中华人民共和国的生产资料所有制现在主要有下列各种：国家所有制，即全民所有制；合作社所有制，即劳动群众集体所有制；个体劳动者所有制；资本家所有制。”①

（2）公有制占绝对主体时期（1956—1978 年）

截至 1956 年年底，我国基本完成了在所有制方面的社会主义改造，建立起公有制占绝对主体的社会主义基本经济制度，而非公有制经济在我国逐渐消失。在“三大改造”带来巨大成功与国民经济迅速发展的情况下，由于教条式地曲解马克思主义关于社会主义公有制经济的阐述，加之受苏联方面以及国内自然灾害的影响，基本经济制度在付诸实践时出现了与我国生产力发展实际情况的偏离，滋生了较为严重的“左倾”思想，对我国经济发展产生了较大的负面影响。这一时期我国把各种非公有制的组成部分看成社会主义的不稳定因素而采取了极端的排斥手段，追求“一大二公三纯”的所有制形式，违背了生产力水平及其发展的客观规律，严重地阻碍了经济整体运行。据统计，1975 年，在我国社会商品零售额中，国家所有制经济部分占 56. 8%，集体所有制经济部分占 43. 0%；在我国工业生产总值中，国家所有制经济部分占 81. 1%，集体所有制经济部分占 18. 9%。经过社会主义改造，非公有制经济在我国基本消失，公有制经济占据了绝对主体地位②。

改革开放前，中国对于基本经济制度的曲折的探索之路对此后的经济发展有着重要的作用与历史意义。新中国从成立的第一天起，始终坚持从中国的实际出发，经过不断的碰壁与不懈的探索，立志找到一条立足于中

① 毛泽东．毛泽东著作选读(下)[M]．北京:人民出版社,1986.
② 宗寒．中国所有制结构探析[M]．北京:红旗出版社,1996.

国国情的特色道路。

4.1.2 中国特色经济体制的演进

自1949年新中国成立后，我国开始对经济体制进行根本性的改造与变革，并开始探索适合中国国情的经济体制。经过三年的国民经济复苏时期和新中国成立后的第一个五年计划，我国确立了基本经济制度，并开始逐步全面推行公有制经济，初步建立了高度集中的计划经济体制。

（1）计划经济体制建立初期（1949—1956年）

1949年，党的七届二中全会制定了经济发展目标，即由落后的农业国向先进的工业国转变。新中国成立初期，各方面的主客观情况决定了我国必须由重工业起步加速实现由农业国向工业国的转变。要想保障重工业的优先发展，从落后的农业国实现向社会主义工业化的历史性转变，加快经济运行速度，实行社会主义计划经济体制是最为行之有效的手段。在“三大改造”期间，经济运行的全部过程都由政府主导，“三大改造”的完成对计划经济体制的完善具有重大的意义。截至1956年，我国基本上完成了社会主义“三大改造”，在全国范围内成功建立起公有制经济占绝对主体的所有制经济，成功化解了生产的社会化与生产资料私人占有的矛盾。自此，社会主义公有制经济取代了新民主主义经济。政府的权力随着非公有制组成部分的逐渐消除而不断集中，计划经济体制也逐渐形成。在第一个五年计划期间，政府充分调动了全国各族人民的积极性，号召人民“集中力量办大事”，在举国上下的共同努力下超额完成了“一五”计划的原定目标，在鼓舞了人民信心的同时，也验证了计划经济体制在我国当时国情下的可行性。在计划经济体制下，由政府全面计划并管理整个国民经济的运行，具体体现在统购统销政策的实行、市场交易的取消，以及国家管制价格等方面，市场机制在此情况下基本被完全废止。为了保证国家总体建设目标的实现，通过集中决策和统收统付，党和政府逐渐加强了对物资与物价的集中统一管理，也收回了工业管理权、财政金融管理权、基本建设投资管理权等大部分的管理权限，排除了企业自主经营和自负盈亏的可能性，致力于实现国家总体战略目标，高度集中的计划经济体制得到了进一步的强化。

此后，我国用飞速发展的经济实力事实证明，计划经济体制对加速我国的工业化进程具有积极的历史作用。随着工业的快速发展，我国首次出现了工业生产总值赶超农业生产总值的良好势头，标志着中国开始实现由落后的农业国向先进的社会主义工业国家的成功转变。集中管理对整体国民经济的恢复起到了积极的作用，但急于求成的指导思想与过分集权的管理模式导致企业生产效率的低下，弊端也日渐凸显。

（2）计划经济体制的全面实施阶段（1956—1978 年）

到 1956 年，社会主义改造基本完成，我国开始探索适合中国国情的社会主义建设道路，党的八大的召开，对经济体制的改革提出了许多积极的主张。然而，随着 20 世纪 50 年代和 60 年代的“大跃进”运动，农村掀起了人民公社化运动，片面地强调了公有制的唯一性，使经济走向严重偏离我国实际国情，农村自留地和城市个体经济基本被完全取消，适逢遇上严重的自然灾害，国民经济又重新陷入了艰难的困境。对此，政府开始注意到经济杠杆调节作用的重要性，决定加强集中管理力度，制定了加强经济监督的各种管理条例，对体制改革进行了若干探索。

这一时期，我国对经济体制的探索主要经历了三次大调整：第一次调整的中心内容是中央管理权限的下放。1958 年中央发出正式文件，决定实行在中央集中领导下的计划经济管理制度，同时强调以地区综合平衡为基础、专业部门和地区相结合。1961 年，我国进行了第二次调整，强调加强集中统一的计划型经济管理，主张推行“一大二公”的计划经济体制，所有的生产活动由国家统一计划安排。第三次调整主要是计划将原本归属于中央的企事业单位下放给地方管理。由于我国开始进入第三个五年计划后不久，1966 年爆发了“文化大革命”，党中央决定从 1969 年起实行“块块为主，条块结合”的改革制度。

从新中国成立到改革开放前的十几年间，我国实行的是公有制占据绝对主导地位的社会主义经济体制，劳动者的生产积极性被政府计划性的生产与分配所束缚，生产力的发展受到了多方面的制约。随着权力的高度集中，计划经济体制严重阻碍了生产力的发展。在社会主义计划经济体制下，宏观经济与企业生产经营等决策都高度集中于中央计划部门，地方、企业以及个人的积极性被严重抑制，整体国民经济丧失了活力。随之导致了效率低下、经济发展缓慢，人民难以得到实惠，弊端逐渐在经济发展中显现出来，中国不得不另寻适应于中国特色的社会主义经济模式。

4.1.3 中国特色政府和市场关系的演进

在新中国成立前期，在由政府主导资源配置的计划经济时期，探索适应于中国国情的社会主义发展道路经历了复杂而曲折的历程。在党的七届二中全会上毛泽东提出："中国的革命是伟大的，但革命以后的路程更长，工作更伟大，更艰苦。"[①] 这一时期，政府与市场的关系总体可以分为两个阶段，分别为计划经济体制建立初期排斥市场阶段（1949—1956 年）和计划经济体制实施政府全面干预阶段（1956—1978 年）。

（1）计划经济体制建立初期排斥市场阶段（1949—1956 年）

在新中国成立之初，中国是一个经济非常落后的农业国家，农业人口占据很大一部分比例，并且在新中国成立前刚刚结束一段混乱的战争状态，人民经受国民党的疯狂掠夺，经济处于严重的通货膨胀状态，市场调节无法起效。在这一特殊的历史条件下，政府主导的资源配置有其客观必要性，政府主导的资源配置维持了国家的稳定与经济的复苏，在政府的指导下，社会主义经济体制逐步建立起来，社会经济也趋于稳定，相对完整的工业体系已经基本建立起来。

新中国成立后的三年国民经济复苏时期，在《共同纲领》的思想指导下，我国国民经济得到了迅速的复苏。在社会主义改造时期，在过渡时期总路线的指导下，我国进行了生产资料私有制的社会主义改造，政府逐渐提高了对市场的干预力度，停止了此前降低政府对市场干预力度的做法，

---

① 毛泽东．毛泽东选集：第 4 卷[M]．北京：人民出版社，1991：1438.

我国的社会主义经济制度开始建立和发展起来。政府通过经济和行政手段把国家收入的大部分集中在中央，为计划经济体制的建立奠定了坚实的基础。“一五”计划时期，是我国实行计划经济体制以来，第一次系统性计划配置资源的探索实践，政府对市场的干预力度显著增强，政府通过高度集中资源进行生产和分配来维护市场的秩序，有计划的资源配置使市场调节作用在中国完全失效。社会主义“三大改造”的完成和“一五”计划的顺利实行标志着以公有制为主导的社会主义经济制度建立起来，市场被视为资本主义的产物而被排斥。但是，在计划经济体制建立过程中，由于政府宏观调控资源配置的经验不足和市场机制的完全缺失，加之没有考虑中国具体国情而完全照搬苏联模式，出现了诸多问题，为此后的经济建设埋下了重重隐患。

（2）计划经济体制实施政府全面干预阶段（1956—1978 年）

“三大改造”完成后，中国经济的发展速度较快，但是出现过分偏重重工业的发展现象，导致经济结构存在一定的不合理性。“大跃进”时期，毛泽东意识到苏联模式虽然有相当的借鉴价值，但存在较多不适于中国国情的地方，因此不能直接照搬，必须重新探寻适合中国国情的道路。在第二个五年计划中，我国提出当前国情下我们发展经济建设的主要任务，就是发展生产力和实现国家的工业化。为此，中共中央提出了“鼓足干劲，力争上游，多快好省地建设社会主义”的路线。可是在执行过程中出现了宏观管理的问题，由于缺少对基层进行深入细致的调研，没有充分尊重我国经济现状的客观实际，导致制订了远超于实际生产力水平的发展计划。人民公社化运动时期，这种存在严重偏差的发展计划的影响进一步扩大，为了快速向共产主义过渡，人民公社的规模和配置要远远高于以前的合作社，不断扩大公社集体化程度，所有农业生产资料归人民公社，政府对市场的干预力度日益增大。“文化大革命”时期，党的工作重心错误地放在了阶级斗争上，片面强调公有制的唯一性，导致这十年间我国经济严重失衡，各项经济指标全面下降，个体经济、私营经济等非公有制经济所剩无几，政府对市场的干预力度达到了新中国成立以来的顶峰。

在1978年改革开放前，政府主导资源配置的计划经济体制是社会主义建设之初的必经之路，但从生产力的角度看，当时的资源配置方式存在许多弊端。国家完全掌握了生产资料，有计划地组织社会生产，市场能够调节支配的生产要素十分稀少。在计划经济体制下，权利高度集中在中央政府手中，生产什么、生产多少、如何分配都由中央政府单一决定，企业由于生产技术缺少创新能力而停步不前。仅靠政府单一决策市场走向，难以使市场经济克服其周期性波动而趋于平稳，反而使经济波动的幅度更加难以控制，市场活力不足且偏离价值规律使其难以找到正确的发展方向。劳动力资源由国家统一调配，劳动力的自主性被扼制，且在收入分配由政府统一平均分配的制度下，个人无法保持工作积极性。到“文化大革命”结束时，战后的各国已迅速发展起来，世界格局发生了巨大变化，历史的发展推动中国走上改革开放的道路，在世界大格局面前，我国经济体制改革的必要性逐步显现出来，市场经济随之走上中国经济道路的舞台。

4.1.4 中国特色央地关系的演进

中央与地方关系的本质是国家权力在中央地方之间的纵向配置，其内容包括行政区划、政府级次、政府间财政关系等多个方面。1956年毛泽东在《论十大关系》中指出：“目前要注意的是，应当在巩固中央统一领导的前提下，扩大一点地方的权力，给地方更多的独立性，让地方办更多的事情。”① 在新中国成立初期，实行了高度集中的统收统支政策，而到改革开放之前，我国中央与地方关系可以归纳为两次权力收放的循环。

（1）计划经济体制建立初期的权力收放（1956—1966年）

在“三大改造”完成后，计划经济体制在我国初步建立起来，中央与地方的权力配置随之经历了由大规模放权到权力逐步回收的循环，实现了“以党代政”的转变。

1956年，毛泽东提出我国不应片面模仿苏联模式，在反思苏联体制的

① 毛泽东．毛泽东文集：第7卷[M]．北京：人民出版社，1999.

基础上，中央为了发挥地方积极性，决定向下放权，改革行政管理体制，将经济管理权以及各企事业单位的管理权力由中央下放到各省、市地方政府，同时各级地方政府也逐层下放权力。权力的大规模下放使地方政府的自主性与积极性得到了大幅的提高，但也出现了许多权力划分不清导致的“公地悲剧”与重复建设问题，造成了行政系统的混乱。改革走向极端不但造成了严重的资源浪费，而且使中央的统一指挥力度受到了严重的影响。直到 1959 年，题为《全国一盘棋》的社论获得发表，强调了加强集中领导的重要性，这一轮大规模放权才终于以“全国一盘棋”思想的出台得以终结。为了避免分权导致的混乱继续蔓延，政府自 1960 年起对经济进行了大规模调整，在全国范围重新设立了 6 个直属中共中央的中央局，将大部分权力重新收归中央，加强了中央对地方的领导。经过这一轮放权与收权后，最初下放给地方的权力不是收回中央政府及其原本所属部门，而是收归到了党政系统当中。因此，这一轮权力收放循环的特点可以总结为“以党代政”。

（2）计划经济体制全面实施阶段的权力收放（1966—1978 年）

随着前一轮权力重新收归中央，我国进入了“文化大革命”时期，中央与地方之间的权力配置结构再次经历了下放与回收的依次大循环。

1966 年“文化大革命”全面爆发，我国出现了新中国成立后的第二次大规模权力下放。原本属于中央直接管理的一些企事业单位的管理权被下放到了地方，盲目的权力下放导致了混乱的地区分割、部门分割等问题的滋生。到 1976 年“四人帮”被粉碎后，为了重新恢复停滞的经济生产活动、建立独立完整的国防工业体系，以加强中央权力为核心的政治经济改革才在邓小平的领导下得以展开，中央政府又一次对权力进行回收。

从新中国成立到改革开放前的 30 年间，我国的中央与地方关系更多地表现为中央集权的模式，其间经历了多次调整，最为显著的就是这两次大规模的权力收放，政府在这种权力的收与放之间仿佛陷入了反反复复的循环“怪圈”。

4.1.5 中国特色开放道路的演进

（1）逐步开放阶段（1949—1957年）

在新中国成立之初，我国面临来自国家内外的各种反对声音，当时的开放政策只是局部的开放，整体上处于一种相对隔绝的孤立状态。在这一时期，我国并没有放弃与西方各个国家的贸易往来，但美国和其他西方各国开始实行对我国“封锁禁运”的政策。我国在内外压力之下，只能着重发展同苏联、东欧等社会主义国家的经贸关系。同时，我国尝试通过借助与港澳的贸易流通打开来自外部的封锁，并逐步开始与亚非民族独立国家构筑贸易合作关系。这对于恢复国民经济和开拓与西方各国贸易往来起到了积极的作用。在这段时期，我国实行了高度封闭的贸易保护政策。在对外贸易政策中，全国对外贸易的经营均由政府的对外贸易部统一管理，同时设置了较高的贸易壁垒，对外贸易体系的建立以国营外贸企业为经营主体，立足于国内生产发展需要，各项进出口业务均由国有外贸公司垄断管理，对进出口商品的把控严格依照计划进行，在自力更生的原则下，经济发展所需的技术设备和重要物资是通过一部分进出口贸易建成的。

（2）独立发展阶段（1958—1978年）

1958年，我国开始实施第二个五年计划，中苏关系出现逆转，同时受到国内“左”倾思想和冷战思维的影响，我国没有将对外开放与世界经济接轨作为发展经济的战略目标，因此错过了与资本主义国家缓和关系的机会。当时，我国的主流思想将自力更生与对外开放视为对立的存在，甚至回避了与外国进行技术交流的机会，使中国进一步对外封闭。虽然实现了进出口贸易基本平衡的积极成果，但更多的是表现在消极的方面，如国内企业普遍效率低下、外贸规模增长缓慢、国外先进技术无法引进、难以获取国际贸易的比较利益等，使中国在飞速发展的世界经济浪潮中被隔离在不利的边缘化地位。总体上看，这一时期我国基本上已与世界割断了经济联系。

4.2 中国特色发展道路形成阶段（1978—2012 年）

1978—2012 年，是中国特色发展道路的形成阶段。党的十一届三中全会以来，我们党把马克思主义思想同中国改革开放实际情况结合起来，在摸索中确立了具有中国特色的发展道路。改革开放的政策正式实施以来，随着改革开放实践在中国的不断发展，中国特色社会主义理论也在不断发展中形成了诸多理论成果，包括：关于社会主义初级阶段基本经济制度理论、关于经济体制改革理论、关于社会主义市场经济理论、关于对外开放理论等。这些适应于中国国情和当前时代特点的理论成果，有力地指导了我国的经济实践。

4.2.1 中国特色经济制度的演进

新中国成立以来，我国在曲折中不断摸索，中国特色社会主义基本经济制度经历了几次大的变革。从“以公有制为主体、排斥非公有制经济”，到“以公有制经济为主体、非公有制经济作为公有制经济的有益补充”，再到确定“非公有制经济与公有制经济共同发展”，在实事求是思想路线指导下曲折变迁，通过不懈的摸索成功找到一条中国道路。改革开放后，以党的十四大会议与南方谈话为分水岭，可将中国基本经济制度的形成过程分为两个历史阶段。

（1）公有制为主体、其他所有制经济成分为补充阶段（1978—1992 年）

1978 年，在党的十一届三中全会成功召开后，我国的改革开放拉开了帷幕，这意味着我国的基本经济制度将经历新一轮的探索与完善。在党的十一届三中全会后，农村的所有制经济由传统的集体所有制转向了家庭联产承包责任制，土地的所有权和经营权由此被区分开来。1981 年，党的十一届六中全会从生产力与生产关系的角度出发，第一次提出了“非公有制经济是公有制经济补充”的思想。1984 年，党的十二届三中全会对当前所有制方面的问题进行了初步总结后指出，个体经济是公有制经济必要且有益的补充，公有制经济的发展同其他所有制经济成分的发展并不矛盾。这标志着我国对所有制结构的认识进入了一个新的阶段，此后，所有制结构改革作为经济改革的一个重要方面逐步走向深入。1987 年，党的十三大对所有制结构提出了新的观点，由“个体经济是公有制经济的必要且有益的补充”，发展到“私营经济、三资经济等非公有制经济都是公有制经济必要且有益的补充”①。由“补充论”向“共同发展论”的过渡可以看出，改革开放以来，中共中央对所有制结构的认识在实践中逐步深化。党的十三大还对私营企业的性质、作用和地位首次作了全面论述，认为应该尽快制定有利于私营企业发展的相关政策，保护其相应的合法利益②。

至此，形成了“在发展公有制经济的基础上，发展个体经济、私营经济、三资经济作为公有制经济的有益补充”的所有制结构，打破了片面强调公有制的所有制结构，从事实上确认了允许多种所有制经济共同发展的经济格局，是我国社会主义经济发展思想在所有制结构调整过程中一次伟大的飞跃。

（2）公有制为主体、多种所有制经济共同发展阶段（1992—2012 年）

1992 年邓小平在南方谈话中指出，市场经济不等于资本主义，社会主义也需要市场经济，我国要建设社会主义市场经济，市场经济需要多种所有制经济并存，仅靠单一公有制无法实现③。1993 年，党的十四届三中全会正式确认了我国的所有制结构为：公有制为主体，多种经济成分共同发展的所有制结构④。以公有制为主体的多种经济成分共同发展的格局初步形成，标志着我国终于实现了所有制结构由“补充论”到“共同发展论”的转变，是我国所有制结构发展历程中的又一伟大飞跃。

1997 年，党的十五大首次确立了我国社会主义初级阶段的基本经济制

---

① 中国共产党第十三次全国代表大会报告[R]. 北京：人民出版社，1987.

② 中共中央文献研究室. 十三大以来重要文献选编(上)[C]. 北京：中央文献出版社，2011：27.

③ 邓小平. 邓小平文选：第 3 卷[M]. 北京：人民出版社，1993：372.

④ 中共中央文献研究室. 十四大以来重要文献选编(上)[C]. 北京：中央文献出版社，2011：452.

度，是“以公有制为主体，多种所有制经济共同发展”的基本经济制度，大会还强调这一基本经济制度将会是我国在社会主义初级阶段长期坚持的基本经济制度。[①] 所有制结构正式作为国家的一项基本经济制度被确定下来，是从我国实际情况出发，总结了各国经济发展的经验教训而作出的慎重的抉择。社会主义初级阶段的基本经济制度的确立，是对此前所有制结构探索过程的经验教训的总结，为开辟有中国特色的社会主义道路指明了新的发展方向。

2002 年，党的十六大明确提出，必须毫不动摇地巩固和发展公有制经济；必须毫不动摇地鼓励、支持和引导非公有制经济发展；坚持以公有制为主体，同时促进非公有制经济的发展，将二者统一于社会主义现代化建设的进程中，不能把两者对立起来[②]。所有制结构理论在两个“毫不动摇”和一个“统一”方针的基础上又向前发展了一大步。

2007 年，党的十七大报告重申并强调指出，要“坚持和完善公有制为主体、多种所有制经济共同发展的基本经济制度，毫不动摇地巩固和发展公有制经济，毫不动摇地鼓励、支持、引导非公有制经济发展”[③]。同时，党的十七大报告还提出，要坚持法律上的“平等”保护和经济上的“平等”竞争。“两个平等”是对“两个毫不动摇”思想的深化，有助于使我国平等竞争的市场环境逐步趋于完善，在制度上为非公有制经济的发展扫清障碍，以实现公有制经济和非公有制经济共同发展的局面。[④]

改革开放至 2012 年这 34 年间，我国在曲折的探索过程中将基本经济制度逐步完善，推动我国经济进一步更好更快发展，为进一步完善社会主义市场经济打下了坚实的基础。非公有制经济地位的提升也将促进公有制经济的进一步完善与创新。

---

① 江泽民. 江泽民文选(2)[M]. 北京:人民出版社,2006.

② 郑治. 十六大报告辅导读本[C]. 北京:人民出版社,2002.

③ 胡锦涛. 高举中国特色社会主义伟大旗帜 为夺取全面建设小康社会新胜利而奋斗——在中国共产党第十七次全国代表大会上的报告[J]. 时政文献辑览,2008(00):37-60.

④ 魏礼群. 中国经济体制改革 30 年回顾与展望[M]. 北京:人民出版社,2008.

4.2.2 中国特色经济体制的演进

1978年，党的十一届三中全会的召开为中国经济体制迎来了巨大的变革。中国的外部情况与内部需求都要求我们探索出一条符合中国国情的特色社会主义经济体制改革之路。我国开始探索市场机制与社会主义经济体制的结合，并经过向计划经济体制内初步引入市场经济阶段、建立社会主义市场经济阶段，逐步实现了中国特色社会主义市场经济的完善。

（1）计划经济体制内引入市场经济阶段（1978—1992年）

1978年，党的十一届三中全会成功召开后，我国开始逐步认识到市场经济与计划经济都只是经济发展的手段，并开始探索“市场经济”与社会主义经济体制的结合，试探性地寻找适应于我国国情的发展生产力的有效途径。邓小平认为，市场经济不是资本主义特有的产物，应该把计划经济和市场经济结合起来，才能加快我国社会主义经济建设速度。1981年，党的十一届六中全会通过的决议中，首次提出我国社会主义经济体制发展实行“计划经济为主，市场经济为辅”的方针，初步确认了市场经济的地位。1984年，党的十二届三中全会提出了“在公有制基础上有计划的商品经济”的决议，明确肯定了市场经济是社会主义经济的重要组成部分，但在指导思想上仍然要以计划经济为主。1985年，党的十三大就建立社会主义商品经济和发挥市场机制作用等问题进行了阐述，将计划与市场看作同等地位。

从1986年起，市场经济的发展经历了几年小小的波折，原本使中国的政治体制适应于社会主义市场经济体制发展需要的政治体制改革，转向以国有企业改革为主线，回到了依靠命令维持市场的老做法，最后改革因1988年的抢购风波以及1989年的政治风波而中断。

1992年，邓小平的南方谈话中总结了党的十一届三中全会以来社会主义经济体制发展的经验。邓小平指出，党的十一届三中全会以来的“一个中心、两个基本点”基本路线要坚持一百年不动摇。他指出计划与市场的属性问题就是“计划多一点还是市场多一点，不是社会主义与资本主义的本质区别。计划经济不等于社会主义，资本主义也有计划；市场经济不等于资本主义，社会主义也有市场。计划和市场都是经济手段”①。邓小平同志对市场经济的思考与解释，明确了接下来我国开始建设社会主义市场经济体制的改革任务。

（2）建立社会主义市场经济体制阶段（1992—2003 年）

在经历了 1986—1989 年社会主义市场经济探索的短暂曲折后，党中央对于经济改革的目标更加明确。

1992 年，党的十四大提出，中国经济体制改革的目标是建立社会主义市场经济体制。党的十四大明确指出，在我国实行的市场经济体制必须与我国的基本经济制度紧密结合。在所有制结构上，以公有制经济为主体，以非公有制经济为补充，多种经济成分长期共同发展，不同经济成分实行多种形式的自愿联合经营；在分配制度上，以按劳分配为主体、其他分配方式为补充，兼顾效率与公平。党的十四大指出，市场存在其自身无法调节的负面因素，因此有必要以相关政策法规为指导，依据客观现实的规律，以加强政府的宏观调控为辅助，进一步拓展国内市场，引导市场保持健康统一的状态。我国的经济体制改革自此进入了一个整体推进的新阶段。

自 1994 年以来，中国社会主义经济体制改革更进一步深入发展，实现了财税体制改革和国有企业股份化。2002 年，党的十六大指出，社会主义市场经济体制框架已经基本确立。形成了增加民营经济比重和多种所有制经济共同发展的格局，国内统一的商品市场和要素市场体系初步形成，在社会主义市场经济体制下的资源配置中发挥了越来越重要的作用，同时建立了社会主义市场经济体制的宏观经济管理体系，促进了经济增长和社会生产力的长足发展，在随后的反通货膨胀和经济衰退的努力中发挥了重要的调节作用，为社会主义市场经济体制改革开辟了新方向和新思路，我国经济发展水平取得了举世公认的进步。

---

① 邓小平．邓小平文选：第 3 卷[M]．北京：人民出版社，1993：372.

(3) 完善社会主义市场经济体制阶段（2003—2012年）

进入21世纪后，我国社会主义市场经济体制已经初步建立起来，面对新的国内外经济形势，中共中央提出了开创具有中国特色的社会主义事业的伟大目标，进一步完善社会主义市场经济体制，全面建设小康社会的伟大目标。

2002年，党的十六大明确指出，社会主义市场经济体制框架已经基本确立，如何完善社会主义市场经济成为当前问题的关键。2003年，党的十六届三中全会提出，要不断完善社会主义市场经济体制，并对如何进一步深化改革，使中国的社会主义市场经济体制逐步完善作出了明确的指示，建立完备的经济法律制度，健全就业、收入分配和社会保障制度，建设统一开放竞争有序的现代市场体系，完善宏观调控管理体系，形成促进区域经济协调发展的政策，建立有利于维护经济社会可持续发展的机制。2007年，党的十七大报告中指出，“要完善社会主义市场经济体制，推进各方面体制改革创新，加快重要领域和关键环节改革步伐，全面提高开放水平，为发展中国特色社会主义提供强大动力和体制保障”①。提出进一步完善社会主义市场经济体制的要求，在制度建设方面更好地发挥市场机制在资源配置中的基础性作用，形成科学的发展体系和模式，使国家宏观调控与社会主义市场机制实现有机结合，在实践中不断丰富具有中国特色的社会主义市场经济体制的理论体系。党的十七大明确指出，改革开放能成功在中国运行的根本关键就在于，改革开放是顺应民心与时代潮流的，方向和道路是完全正确的，其成效和功绩不容置疑。

4.2.3 中国特色政府与市场关系的演进

1978年，党的十一届三中全会明确指出，党的工作重心是以经济建设为中心，由此开启了我国经济体制改革的新篇章。在经济体制改革方面，我国没有可以借鉴的现成经验，如何把市场机制引进我国当前形势下的社

① 中共中央文献研究室．改革开放三十年重要文献选编[C]．北京：人民出版社，2002：1721.

会主义经济体制里，如何正确发挥市场在资源配置当中的作用，政府与市场在这一阶段应该保持怎样的关系，这些都是党和政府面对的巨大难题。从此，我国开始了社会主义制度下政府与市场关系的探索实践。

（1）局部引入市场与政府放权阶段（1978—1992 年）

1978 年，国内政治局势趋于稳定，国民经济停滞不前甚至下降的局面得以基本扭转。对政府和市场关系的初步认识还没有形成，市场的概念在政府报告中还带有意识形态的属性和计划经济的典型特征。1978 年，党的十一届三中全会的召开拉开了改革开放的序幕，标志着我国对内改革和对外开放政策的正式施行，吹响了经济体制改革市场化方向的号角。1979 年，五届人大二次会议指出，改革开放初期的经济体制改革指导思想是“以计划经济为主，充分发挥市场调节作用”，这一阶段政府将工作重点转移到现代化建设上，并开始意识到我们此前经济管理体制在不少方面违背了经济运行的客观规律，我国对市场的认识逐渐进步。在此后 1980—1982 年我国提出的主张中，从“计划调节与市场调节相结合”到“在计划指导下发挥市场调节的辅助作用”，再到“必须贯彻执行计划经济为主、市场调节为辅”，计划与市场地位的摇摆反映了在处理政府与市场关系的实践中的反复探索。与过去完全听从指令性的计划经济而排斥市场经济相比，这样的反复探索有着建设性的意义，表明政府开始逐渐认同市场调节机制存在的意义。这一时期，虽然政府在经济体制上仍倾向于计划经济，但已经开始了对此前指令性的计划经济体制的反思，在市场上表现为允许部分产品的非计划性，提倡商品的生产和交换，试探地将一部分调节生产和流通的任务交予市场来完成。计划经济与商品经济不再是完全对立的关系，市场对政府来说也不再是完全排斥的存在，总体上可以总结为“计划经济为主、市场调节为辅”。

1984 年，党的十二届三中全会首次正式承认了商品经济的地位，指出要扭转计划经济与商品经济冲突的矛盾，体现了我国政府对市场认识的新的飞跃。大会突出强调了市场的调节作用，并指出社会主义市场经济是建立在公有制基础上的有计划的商品经济。1987 年，党的十三大提出了社会主义初级阶段理论，指出以建立计划与市场内在统一的经济体制为经济体制改革的路线图，商品经济是我国经济发展不可逾越的阶段。1988年，经过改革开放以来十年时间的探索，市场的作用慢慢凸显，政府报告中第一次提出“市场机制在国民经济运行中开始显示出重要作用”，这表明具有中国特色的社会主义市场体系正在逐渐形成。

总的来说，改革开放以来，我国国民经济呈快速发展状态，市场随着时间的推移，在资源配置中发挥了越来越重要的作用，政府对经济活动的干预形式越来越合理。这一时期非公有制经济快速发展，计划经济与市场调节结合的新经济体制初步形成，市场机制在经济调节中的地位越来越高，人们的生活呈现出了新面貌。随着中国国民经济的迅速发展，国民生产总值增长迅速，经济结构得到趋于合理的调整，人民生活水平不断提高，人民温饱问题基本得到解决。

（2）市场起基础性作用阶段（1992—2002年）

1992年，邓小平在视察南方时明确指出：计划经济不等于社会主义，资本主义也有计划；市场经济不等于资本主义，社会主义也有市场，计划和市场都是经济手段①。同年，党的十四大将所有的竞争性经济领域都归入了市场调节范围，提出了建立社会主义市场经济体制的目标。从肯定商品经济到确立建设社会主义市场经济是一次伟大的转变，市场机制开始承担起资源配置的基础性作用，而不再是辅助政府，政府对市场的干预力度进一步下降。1993年，党的十四届三中全会召开，强调了要科学利用政府的宏观调控措施，在政府职能方面作出转变。1991—2001年，我国始终保持着经济的高增长状态，比我国此前的经济增长势头都要迅猛且稳定，市场在资源配置中的广泛的基础性作用越来越重要。但这不仅仅是来自市场机制的自主调控，在市场经济发展的同时，面对市场失衡的情况，政府也不能袖手旁观。在1993年受到通货膨胀影响的经济波动，以及在1997年由于亚洲金融危机受到冲击，政府通过准确判断，在资源配置中行使经济

① 邓小平．邓小平文选：第3卷［M］．北京：人民出版社，1993.

手段，提供有利的财政政策，才能成功应对来自外部的不利冲击。虽然政府对经济的直接干预正在逐步减少，但也需要在适当的时间和区域内及时行使政府的职能。

（3）特色市场经济体制下政府宏观调控体系完善阶段（2002—2012年）

进入21世纪后，中国加入了世界贸易组织，国内市场逐渐与世界市场接轨，这也进一步促使市场在资源配置中发挥基础性作用。政府出台的各项经济政策是完善市场体制、矫正市场失灵的制度保障。到2002年，我国已初步建立起符合中国国情的、具有中国特色的社会主义市场经济体制。在此基础上，党的十六大提出“在更大程度上发挥市场在资源配置中的基础性作用”，在如何处理好政府与市场的关系上有了新的解释，对于政府职能的定位作出了全面的解答，提出政府具有经济调节、市场监管等职能，也重新明确了政府和市场的分工。2005年，政府工作报告中指出：“各级政府抓经济发展，主要是为市场主体服务和创造良好发展环境，不能直接干预企业生产经营活动。”① 一项政策得以正确实施，需要从中央政府到地方政府的层层推进，才能真正形成统一的市场体系，改变计划经济的传统观念和做法。2007年，党的十七大进一步从制度层面强调了市场在资源配置中所起的基础性作用，并坚持不断地完善宏观调控体系，反映出我国对市场的认识和实践正在逐渐趋于理性。此后，经过一系列政府政策与市场机制自主调节，我国市场经济持续繁荣，商品市场快速发展，消费总额连年提高。2008年，政府工作报告在强调政府与市场有机统一发挥作用的基础上，指出要发挥市场配置资源的基础性作用，充分发挥我国社会主义制度决策高效、组织有力、集中力量办大事的优势②，进一步丰富和深化了对政府与市场之间关系的界定。十年间，在具有中国特色的社会主义条件下不断发展市场经济，用市场经济的运行模式充分展现出社会主义

① 林伟杰．改革开放以来政府工作报告：第四册[M]．北京：中国民艺出版社，2007.

② 温家宝．政府工作报告——2008年3月5日在第十一届全国人民代表大会第一次会议上[M]．北京：人民出版社，2008.

制度的强大优势。

4.2.4 中国特色央地关系的演进

改革开放以来，中央与地方关系的演进是以政府与市场关系的变革为基础的。在改革的过程中，面对经济社会各领域的诸多问题，如何通过中央与地方关系适时地调整来适应并推动各领域改革，是改革开放40年来中央与地方关系改革的基本任务。随着改革的深入，简政放权，增强企业和地方的活力，中央向地方放权，地方向企事业单位放权，地方政府权力空前增大，中国逐渐形成了“弱中央、强地方”的局面后，中央收回部分权力，但地方仍然在经济、社会管理和政治领域拥有很大的权力。

（1）改革开放初期的以放权让利为主的地方分权（1978—1992年）

这一时期中央与地方关系改革的具体举措是打破权力的集中、调动地方积极性的“放权让利”。从1978年实施改革开放到1992年明确建立社会主义市场经济这一目标的十几年间，中央与地方之间关系逐步打破了高度集权的壁垒，其关系调整表现为权力向地方倾斜的态势，即“放权让利”。

首先，一个明显的标志就是财权的下放，中央与地方之间开始实行“财政包干制”。在财政体制方面，此前一直在中国实行的“统收统支”高度集权政策，自1980年起进行了改革，转而实行“划分收支、分级包干”的财政体制。中央政府因地制宜，针对不同地区的财政情况与经济发展水平，制定了不同的包干形式，如“收入定额上缴”“总额分成加增长分成”“收入上缴递增包干”等方式，刺激各地政府的积极性，以此来通过经济发展增加财政收入。其次，另一明显的标志就是在财权下放的同时扩大地方经济管理上的事权。主要包括物价管理权、物资分配权、外资审批权、固定资产投资项目和经济建设计划的审批权等。自1980年起，中国沿海地区先后设立了五个经济特区，为了让它们拥有更多的经济发展主动权，中央将省一级的经济管理权限下放给这些经济特区。同时，从1978年党的十一届三中全会以来，中央在党政关系方面作了调整，开始推行党政分离政策，以增强地方政府自主权，扩大地方权限。

放权让利让各地政府有了经济管理自主权，充分激发了地方政府的工作热情，但同时也出现了一些负面情况。地方政府因为互相之间存在经济方面的竞争关系，经济竞赛下地方保护壁垒现象逐渐凸显。财政收入相对富裕的地方政府为了将地方收入最大化而选择减少税收以达到中央上缴收入最小化，导致中央财政收入占总财政收入的比重严重下降①。中央财政收入与支出占国内生产总值的比重在不断下降，中央政府宏观调控能力与地方均衡能力也被大幅削弱②。中央政府不得不依靠地方财政的收入上缴来维持收支平衡，甚至还曾两次出现以基金的形式向地方政府借钱的情况③。1988 年，邓小平曾在讲话中强调，“中央要有权威，宏观管理要体现在中央说话能够算数”④，为中国中央与地方关系的新一轮调整埋下了伏笔。由此可见，到 20 世纪 80 年代末，地方政府各自为政的现象已经引起中央政府的高度重视。

（2）确立市场化改革下的分权与集权并行（1992—2012 年）

1992 年，党的十四大上提出了建立社会主义市场经济体制的新目标，指出要完善国家对经济的宏观调控，并强调了市场机制在资源配置中起的基础性作用。建立与完善中国特色社会主义市场经济体制的这一伟大目标，要求政府与市场在经济发展中的定位发生根本性的转变。与此同时，中央与地方之间的关系也进入了新一轮的调整阶段，面对这样的形势，中央政府必须扛起宏观调控的大旗，以应对市场经济带来的发展不平衡等问题。为了建立统一的全国市场，地方政府必须打破各自为政的经济模式。经历了几次中央与地方之间权利的收放循环，央地间权力与资源的配置呈现出灵活的动态局面，而不再是集权与分权的简单循环。

在财权的分配方面，自 1994 年起中国开始实行分税制财政管理体制，

---

① 张光．十八大以来我国事权和财权划分政策动向：突破还是因循？［J］．地方财政研究，2017(4)：12－18.

② 胡鞍钢，唐啸，杨竺松．中国国家治理现代化［M］．北京：中国人民大学出版社，2014.

③ 周飞舟．分税制十年：制度及其影响［J］．中国社会科学，2006(6)：100－115，205.

④ 邓小平．邓小平文选：第 3 卷［M］．北京：人民出版社，1993.

这一政策的实施极大地增强了中央政府的宏观调控能力。在事权的分配方面，中央政府提出了关于优化配置中央与地方经济管理权限的一系列改革措施，并在实践中逐步尝试。1993年，党的十四届三中全会提出了国有企业改革，中央将大部分企业下放给地方，仅通过财政、金融等渠道与企业进行接触，而不再直接接管国有企业。1994年实行的投资体制改革增加了地方政府投资跨区域性的基础性项目的权限，同时明确了中央与地方的投资范围和投资责任，改善了此前中央投资包揽过多的情况。

总的来说，自确立中国特色社会主义市场经济以来，我国中央与地方之间的关系不再是单纯的集权或分权，而是基于特定目标在不同领域有收有放，表现为市场化改革下分权与集权并行的态势。

4.2.5 中国特色开放道路的演进

改革开放40年来，我国从客观国情出发，实事求是，采取以点带线、以线带面的渐进式开放策略，逐步扩大了改革开放的领域，形成了东西结合、内外联动的对外开放格局。我国的对外开放进程，按照开放程度大致可以划分为以下三个阶段。

（1）局部开放的试验探索阶段（1978—1991年）

1978年，党的十一届三中全会拉开了我国改革开放的帷幕，我国打开了紧闭十几年的大门，经济发展的脚步迈向了海外。这一阶段对外开放的主要任务是打通国内外经济通道，建立中国经济发展对外窗口，解决国内资源短缺问题。改革开放后，首先一项瞩目的举措就是经济特区的建立，这是我国对外开放探索过程中的一次勇敢的实验。1979—1980年，我国先后决定设立四个经济特区，分别为深圳、珠海、汕头、厦门。鼓励引进和利用境外的资本、技术和管理经验，并允许它们实行特殊政策。这一举措收到了显著的成效，我国经济的大门从这四个经济特区开始打开，中国经济分别以这四个城市为圆心，得到了迅猛的发展。紧接着，1984年我国决定进一步开放天津、上海等14个沿海港口城市，允许兴办经济技术开发区以吸引外资，我国对外开放的经济格局开始从经济特区向整个东部沿海地区蔓延，中国的东部大门几乎完全打开。同年，党的十二届三中全会召开，大会上正式宣布对外开放政策将作为我国的基本国策，由此奠定了对外开放的重要地位。随后，我国海南省被打造成为全国最大的经济特区，四个沿海经济开放区也得到进一步的开放，呈现出试验性、渐进性的特征。在这一阶段，我国一步一步形成了完整的由点及面的沿海开放经济带，通过局部试点的探索积累了丰富而宝贵的经验，为接下来的全国对外开放奠定了良好的基础。中国进入了一个新的发展阶段，从此中国打开了对外开放的大门，开始融入世界经济一体化。

（2）全方位开放格局形成阶段（1992—2002 年）

1992 年，党的十四大上正式确立了中国特色社会主义市场经济体制，对外开放随之进入了一个新阶段。1993 年，党的十四届三中全会上指出，要进一步加快对外开放脚步，充分利用国内外市场与资源，以此作为中国特色开放型经济的起步。对外开放道路呈现出市场导向转变、由区域开放转向产业开放、以开放促改革的特点。这一时期我国对外开放进入了一个更高的阶段，完成了由沿海地区向内陆地区的“以线带面”的开放。为适应国际市场的变化，我国学习借鉴来自国外的自由贸易区的做法，兴办了保税区，推行贸易自由化措施，以良好的投资环境应对对外经济发展过程中的重重难题，形成适合我国国情的开放态势。1997 年，党的十五大针对对外开放举措提出了更高的要求，强调逐步扩大对外开放，融入经济全球化浪潮，完善全方位、多层次、宽领域的对外开放格局。2000 年，我国提出了“引进来”与“走出去”相结合的战略思想，帮助我们充分利用国内外市场，全面提高对外开放水平，极大地拓展了我国对外开放的范围。2001 年，我国正式加入世界贸易组织，这对我国对外开放的步伐具有巨大的影响。我国的对外开放政策在此推动下，成功迈入具有历史意义的新阶段，将由有限领域内的开放向全方位开放转变，从过去的政策性开放向世界贸易组织框架下的制度性开放转变，从自我单边开放到世界贸易组织成员之间多边开放转变，标志着我国开始全面融入世界经济体系。

（3）体制接轨融入世界经济阶段（2002—2012年）

2001年中国加入WTO后，对外开放作为一种制度被确立下来，这对我国的对外开放举措具有重要的正向意义。中国与其他WTO成员体在同样的制度环境与经贸规则下，技术变革与生产方式等方面也逐渐趋同，成功加入WTO无疑加快了中国融入全球化浪潮的进程。2003年，党的十六届三中全会提出了要求全面提高对外开放水平，强调要完善对外开放的制度保障，从政策引导的渐进式开放转向制度保障的稳定开放。同时，提出继续实施“走出去”战略，形成新的开放型经济增长带，促进区域经济协调发展。对外开放在给我国经济贸易发展带来了更多机会的同时，也迎来了更多挑战。2008年，我国面对国际金融危机的冲击能够成功应对，并在感受到国际金融环境的危险后，对自身提出了新的发展要求。一方面，面对国外各种机遇与挑战，要求积极参与全球经济治理，合作推动国际经济体系改革；另一方面，面对国内经济形势，要求完善开放型经济的体制机制。2012年，党的十八大强调，在经济全球化新形势下，我国对外开放应当更加注重质量、效益、安全和可持续性，要更加积极主动地实行对外开放的战略，实现互利共赢、多元平衡、安全高效的开放型经济体系。在这一阶段，单边自主开放向多边相互开放转变，政策开放向体制开放转变，服务业成为对外开放的重点领域，“走出去”步伐不断加快，金融市场与世界市场的一体化程度大幅提高，以进一步扩大开放、全面提高开放型经济水平。

4.3 中国特色发展道路深化阶段（2012年至今）

2012年党的十八大以来，中国进入了特色发展道路的深化阶段。以习近平同志为核心的党中央响应时代的要求，围绕中国特色社会主义经济发展的现状，从我国基本国情出发，在曲折的实践过程中总结出了一套符合中国国情的社会主义理论体系，走出了具有中国特色的社会主义道路。不仅发挥了社会主义制度的优点，还在社会主义制度下充分调动各方面的积极性，有利于加速完善社会主义制度、促进经济的发展。

4.3.1 中国特色经济制度的演进

党的十八大以来，经过党和人民不懈的尝试与完善，我国成功将社会主义理论体系与我国社会主义初级阶段的基本国情相结合，使中国特色经济制度在理论与实践上实现了一系列新的突破和进展。2013 年，党的十八届三中全会提出，以公有制为主体、多种所有制经济共同发展的基本经济制度，既是中国特色社会主义制度的重要支柱，又是社会主义市场经济体制的根基①。

首先，在国企改革上有三个重大创新：一是以管资本为主加强国有资产监管。适应企业参与市场竞争的需要，有利于提高企业全球配置资源的能力，政府集中精力管好国有资本，有利于调整经济结构战略要求的落实，使资本配置效率得到提高。二是鼓励发展混合所有制经济。党的十八届三中全会提出基本经济制度的一大重要实现形式就是混合所有制经济。国有、集体、非公有资本等交叉持股、相互融合，可以实现生产要素的优化组合，有利于调动各方积极性，也可放大国有资本的控制力和影响力，提高国有资本经营效益。三是允许混合所有制经济实行企业员工持股。使劳动者成为所有者，形成资本所有者和劳动者利益共同体，有利于增强企业的凝聚力。这三项制度创新，反映了我们党对国有企业改革认识上的深化，是社会主义基本经济制度的创新，是社会主义所有制理论的重大突破。

其次，创新农村土地所有制，与市场经济相融合。农村土地集体所有制如何与市场经济对接，是全面深化改革必须解决的问题。党的十八届三中全会提出，在所有权不变的前提下，赋予农户土地的用益物权即法人财产权，将农村土地所有权与用益物权分离。推进这项改革，有利于土地的集约节约利用，土地有了市场交换价值，可以解决农村耕地大量撂荒、宅基地和房产大批闲置的问题，还可满足城市新增建设用地需要，增加城市

① 郑新立．党的十八大以来坚持和完善我国基本经济制度的理论与实践[J]．求是,2017(12).

住房建设用地供给，也能有效避免土地占优补劣现象。党的十八届三中全会赋予农户以土地的法人财产权，解决了集体经济与市场经济的融合问题，又一次极大地解放了农村生产力，为补上农村农业这一供给侧结构性短板，到2020年全面建成小康社会提供了有力支撑。

再次，鼓励民营经济，为非公有制经济创造公平竞争环境。党的十八大以来，我们在现代产权制度理论上的突破和实践上的创新，为多种所有制经济在相互竞争中共同发展创造了条件。党的十八届三中全会指出，在坚持两个“毫不动摇”方针的基础上，“公有制经济和非公有制经济都是中国特色社会主义市场经济的重要组成部分”①。把非公有制经济作为中国特色社会主义基本经济制度的重要组成部分，是由社会主义初级阶段发展生产力的要求所决定的。无论是公有制经济还是非公有制经济都是平等的竞争主体，公有制经济不因其主体地位而在市场经济中有比其他经济成分更高的地位和作用，二者都要受市场经济规则的约束。这可以为非公有制经济创造更为平等的竞争环境，有利于非公有制企业的持续快速发展。近几年，国务院采取了一系列鼓励民营经济发展的重大举措，如允许兴办民营股份制银行，允许民营企业参与基础设施和公共服务类政府与企业合作（PPP）建设项目，提高对小微企业的税收起征点，通过“营改增”降低以民营经济为主体的第三产业税收负担，鼓励民营企业“走出去”到海外投资等，民营经济发展的政策和市场环境逐步优化。在未来的发展中，混合所有的股份制企业会越来越多，大部分企业将在股份制的基础上建立起规范的现代企业制度，我国企业的国际竞争力将不断增强，我国的基本经济制度将建立在更加坚实可靠的基础之上。

最后，完善收入分配制度，落实共享发展理念。习近平总书记在党的十八大会议上曾多次强调，改革一定要让广大人民有获得感。改革收入分配制度、促进共同富裕，是坚持和完善中国特色社会主义基本经济制度的

① 中共中央文献研究室．十八大以来重要文献选编（上）[C]．北京：中央文献出版社，2014：515.

重要内容。按照习近平总书记提出的“全面小康一个也不能少”的指示，我们加大扶贫攻坚力度，财政增加了扶贫支出，同时鼓励“大众创业、万众创新”，以创业带动就业，增加居民收入。我国居民收入快速增长，收入结构不断优化。通过国民收入分配结构的调整，提高居民收入在国民总收入中的比重，着力提高中低收入者的收入，使居民收入的增长速度超过国内生产总值的增长速度，农民收入的增长速度超过城镇居民的收入增长速度，居民消费保持了较快的增长。与长期以来投资作为经济增长的最大拉动力不同，消费已成为拉动经济增长的第一动力，广大居民切实感受到了经济发展带来的成果。

2019 年 10 月，党的十九届四中全会审议通过的《中共中央关于坚持和完善中国特色社会主义制度、推进国家治理体系和治理能力现代化若干重大问题的决定》（以下简称《决定》）明确指出：“公有制为主体、多种所有制经济共同发展，按劳分配为主体、多种分配方式并存，社会主义市场经济体制等”都是社会主义基本经济制度的组成部分。《决定》在坚持“两个毫不动摇”和“按劳分配为主体、多种分配方式并存”的同时，指明了“加快建设现代化经济体系”和“建设更高水平开放型经济新体制”的新任务，对下一步如何坚持和完善社会主义基本经济制度，更有效地解放和发展生产力，推进经济高质量发展，提供了新的制度安排和保障。

4.3.2 中国特色经济体制的演进

党的十八大以来，为了引领经济发展新常态，我国在坚持和完善社会主义基本经济制度、加快完善现代市场体系、转变政府职能等方面，进行了全方位体制改革。

坚持市场的决定性作用，政府加以宏观调控。2012 年，党的十八大强调了尊重市场规律的必要性，提出要在更大程度、更广范围内发挥市场在资源配置中的基础性作用，处理好政府与市场的关系是经济体制改革的核心。2013 年召开的党的十八届三中全会上，市场对资源配置所起的作用由“基础性”提升为“决定性”。从“基础性作用”到“决定性作用”的转变，表明了政府对市场在资源配置中认识的加深，由此可见，市场在我国社会主义经济制度中占据了不可动摇的地位。习近平总书记指出：“市场在资源配置中起决定性作用，并不是起全部作用。”“发挥国有经济的主导作用。”国有经济控制着国民的经济命脉，是社会主义制度优越性的体现和保证，主要分布在我国资源安全方面的重要行业和相关领域，在经济发展中起到了关键作用。要发挥政府的积极作用，就要充分肯定政府在市场经济中不可或缺、对市场保驾护航的作用。市场决定资源配置是市场经济的一般规律，相比于由计划配置资源，市场配置资源可以向经济社会注入更多活力与效率。党的十八届三中全会对资源配置中政府与市场关系的定位是顺应时代发展的决定，重新界定政府和市场在经济体制改革过程中的作用，是实现经济快速发展的战略举措。

稳定市场价格机制，完善现代市场体系。从社会主义市场经济体制建立到完善的过程中，我国一直强调发挥市场在资源配置中的作用，一直不断地增强市场作用的改革，对政府的作用也更加明确。党的十八大以来，价格改革紧紧围绕使市场在资源配置中发挥决定性作用和更好发挥政府作用展开，运用价格杠杆“降成本、调结构、去产能”成效显著。在经济运行过程中，市场主体在市场经济价值规律的“无形的手”的推动下，能带来高效率的经济活动，政府不应强制干预，应当尊重市场发出的价格信号，顺应市场规律，通过合法合理的方式，在公平的市场环境中获得一席之地，促进社会生产，推进生产结构优化，使经济社会高效率地运转。与此同时，不能忽视政府职能在经济运行中发挥的积极作用，市场要发挥决定性作用，必须在党和政府的指导下完成，在“市场失灵”的情况下，由政府把控好经济发展的方向，以保持经济持续、健康发展。

推进“放管服”改革，转变政府职能。党的十八大以来，“放管服”改革从中央向地方纵深推进，大力推进简政放权，营商环境明显改善，加强事中事后监管，营造开放、有序的市场秩序，优化政府服务，减少不必要的政府审批事项，提升市场活力。2016 年，李克强总理在“两会”期间的答记者问上总结 3 年来简政放权的实施情况时指出，本届政府要减少审批事项三分之一的目标已经提前达到，政府转变职能的关键便在简政放权。政府一方面加强宏观层面的分析，另一方面对具体微观局部实际情况进行调研，将宏观和微观相结合，颁布各项政策，保证市场健康、平稳发展。不用短期刺激措施控制市场，主要以增强市场信心和引导的手段维护市场秩序。

4.3.3 中国特色政府与市场关系的演进

党的十八大提出把市场在资源配置中的基础性作用提到更高更广的范围，并强调处理好政府和市场的关系是经济体制改革的核心问题，必须更加尊重市场规律，更好地发挥政府作用。① 这标志着市场配置资源范围的界限进一步得到合适的调整。从"更大程度上"，到"从制度上"，再到党的十八大提出"更大程度、更广范围"发挥市场对资源配置的"基础性作用"，对政府和市场关系又深化一步。一方面要"更加"尊重市场规律，另一方面要"更好"地发挥政府作用。还要"毫不动摇"地巩固和发展公有制经济，推行公有制多种实现形式。"毫不动摇"地鼓励、支持、引导非公有制经济发展，保证各种所有制经济依法平等使用生产要素、公平参与市场竞争、同等受到法律保护。市场在更大范围内获得了自主性，市场机制的作用在深度、广度上都得以呈现，同时在遇到外部冲击的时候，"看得见的手"运用宏观调控手段，及时纠正市场扭曲和市场失灵，防止经济大起大落。

2013 年召开的党的十八届三中全会对政府和市场关系重新进行了定位，提出将市场在资源配置中的作用从"基础性作用"修改为"决定性作用"。这标志着政府对市场的干预力度进一步下降，这不仅是我国对市场的认识的新突破，还表征市场化在向纵深发展，预示着我国迈向了全新的中国特色社会主义市场经济阶段。从党的十二大提出"公有制是我国经济的基本制度"，非公有制经济是公有制经济的"必要的、有益的补充"，到

① 胡锦涛. 坚定不移沿着中国特色社会主义道路前进 为全面建成小康社会而奋斗[M]. 北京：人民出版社，2012.

党的十五大提出以公有制为主体、多种所有制经济共同发展的基本经济制度，认为“非公有制经济是我国社会主义市场经济的重要组成部分”，我国在经济理论上的认识获得了伟大的飞跃，但是仍然没有把公有制经济和非公有制经济放到同等重要的位置。党的十八届三中全会把“公有制经济”和“非公有制经济”都看作“我国经济社会发展的重要基础”，这是理论上的又一次重大历史性突破，是发挥市场“决定性作用”和政府“更好作用”的重要前提条件。改革开放的逐步深化使我们认识到，建立和完善社会主义市场经济体制的过程，是政府与市场关系的理论认识的深化过程，是不断提高处理政府与市场关系水平的过程。

2017年，党的十九大会议上提出“着力构建市场机制有效、微观主体有活力、宏观调控有度的经济体制”，为进一步理顺政府与市场的关系指明了方向①，进一步回答了如何加快完善社会主义市场经济体制的问题。党的十九大从辩证法的角度分析了政府与市场之间有机统一的关系，指出要把握其各自的作用，找准政府行为与市场作用的契合点，在激发市场主体活力的同时，完善政府宏观调控能力。

现阶段，随着经济体制改革的推广与深化，习近平总书记在深刻总结国内外市场经济发展历史经验教训的基础上，明确阐述了中国特色政府与市场的新关系。习近平总书记指出，“科学认识市场在资源配置中的决定性作用这一命题，对全面深化改革、推动社会主义市场经济健康有序发展具有重大意义”②。习近平总书记说，处理政府和市场的关系，“实际上就是要处理好在资源配置中市场起决定性作用还是政府起决定性作用这个问题”。③ 他说：“理论和实践都证明，市场配置资源是最有效率的形式。市场决定资源配置是市场经济的一般规律，市场经济本质上就是市场决定资

---

① 习近平．决胜全面建成小康社会 夺取新时代中国特色社会主义伟大胜利[M]．北京：人民出版社，2017.

② 刘儒，呼慧，李超阳．不断创新当代中国马克思主义政治经济学理论体系和话语体系[J]．西安交通大学学报(社会科学版)，2016(5)：21－24.

③ 本书编写组．中国共产党第十八届中央委员会第三次全体会议文件汇编[C]．北京：人民出版社，2013：95.

源配置的经济。健全社会主义市场经济体制必须遵循这条规律，着力解决市场体系不完善、政府干预过多和监管不到位问题。”① 为了消除阻碍生产力发展的各种制度障碍，大力推进市场经济的全面发展，中国实施了全面的改革措施，中国特色政府与市场的关系经过一系列改革后在关键领域和环节取得了可喜的成果。

4.3.4 中国特色央地关系的演进

按照国家治理现代化的要求，推进中央与地方关系改革成为党的十八大以来改革的主线。基于党的十八大对重新构建政府职能的宏观指导，从优化政府职能的角度实现中央政府与地方政府关系的重新分配，实现经济调控与具体指导权限的分离。事权和支出责任清晰是财力与事权相匹配的重要前提。健全中央和地方财力与事权相匹配的财政体制，合理界定中央与地方的事权和支出责任，基层治理现代化也得到了进一步提升。2013年，党的十八届三中全会提出将“建立事权与支出责任相适应的制度”作为“构建现代财政制度”的三大任务之一。这表明，中央已深刻认识到事权划分在央地财政关系中的基础性地位，也充分认识到事权与支出责任相一致的重要性，通过以合理划分中央和地方事权和支出责任为基础，切实把握住了我国财税改革的关键点，从而标志着我国在国家治理体系和治理能力现代化上迈出了重要步伐。2014 年，党的十八届四中全会提出了“明确地方立法权限和范围，依法赋予市地方立法权”和“推进各级政府事权规范化、法律化，完善不同层级政府特别是中央和地方政府事权法律制度”的要求。“全国一盘棋”的思想，承担起经济调节功能，负责宏观经济管理，部署相关制度安排，以此为加快转变经济增长打下了良好的基础。与此同时，地方政府应该及时跟进，发挥好辅助的作用。2015 年 11 月，在“十三五”规划中，对这一时期我国深化财税体制改革作了总体规划，其中要求“建立事权和支出责任相适应的制度，适度加强中央事权和

① 本书编写组．中国共产党第十八届中央委员会第三次全体会议文件汇编［C］．北京：人民出版社，2013：21.

支出责任”；“调动各方面积极性，进一步理顺中央和地方收入划分”。2016年8月，国务院发布了《关于推进中央与地方财政事权和支出责任划分改革的指导意见》，不仅对央地财政事权和支出责任如何划分提出了原则性的指导意见，而且对中央事权、地方事权、中央地方共同事权作了明确划分。具体推进和实施中央和地方事权与支出责任的划分，建立事权与支出责任相适应的制度。

回顾党的十八大以来的改革实践可以发现，央地事权与支出责任改革的每一步都是通过中央决议、国务院令和财政部文件的形式来予以推动的。从历史经验来看，以中央为主导做好顶层设计并分步实施，通过立法形式将政府间事权划分纳入法治化轨道，能够使其具有相应的规范性和稳定性。此前正是由于我国政府间事权法定程度不足，政府间事权和支出责任的划分、处理和变动多以红头文件形式来执行，容易导致事权频繁上收下放，增加了各级政府间博弈机会与谈判成本，制度的可预期性、稳定性不足。因此，从党的十八届三中全会《决定》中“完善立法、明确事权”的原则和十八届四中全会决议中“推进各级政府事权规范化、法律化”的精神出发，当我国“央地事权和支出责任”改革取得根本性进展后，应及时总结实践经验和改革成果，将其以明确化、系统化的法律形式规范起来。

4.3.5 开放道路的全面开放新格局

党的十八大会议后，中国对外开放的实践在习近平新时代对外开放思想的指导下不断深化。当前，经济全球化进程出现了曲折，面对国际经济环境存在不确定性和不稳定性，对外开放的一些关键领域亟待取得新突破。时代的脚步要求我们必须要有全球战略视野，立足比较优势，加快建立内外部经济平衡发展的体制机制。习近平总书记针对我国对外开放的现状，发表了包括“一带一路”倡议、设立亚投行、建立自贸区、共商共建共享的全球治理观和构建人类命运共同体等在内的诸多重要论述，形成了具有中国特色的新模式，从更宏大的视角指导中国对外开放的伟大事业，推进涉外投融资体制改革，提升国际资源配置能力，有序推进自贸区建设和“一带一路”，形成开放型经济新格局，取得了许多重大成果。这一系列成就也充分证明，坚持习近平新时代对外开放思想，能够有效应对来自逆全球化的挑战。

“一带一路”倡议为经济全球化提供了新动能。“一带一路”倡议自2013年提出以来，中国已经和80多个国家、国际组织签署了合作协议，建设了75个经贸合作区，入区企业超过3400家，累计投资270多亿美元，上缴东道国税费22亿美元，创造就业岗位21万个。这几年来，中国与沿线国家货物贸易额累计超过5万亿美元，对外直接投资超过700亿美元。[①]在全球贸易投资萎缩、贸易保护主义抬头的情况下，“一带一路”倡议一方面通过加强沿线国家合作，尤其是发展中国家合作；另一方面通过基础设施建设，为全球化提供了新的动力，用实践证明了习近平新时代对外开放思想的科学性。坚持合作共赢、共商共建共享的理念，坚持“五通”的合作模式，中国与“一带一路”沿线国家的合作不断深化，有力地回应了逆全球化趋势。

自贸区建设为全球化提供了制度创新。从2013年设立上海自由贸易试验区以来，至今已经形成从沿海到内地、覆盖东中西部的11个自贸区组成的网络，为深化改革、扩大创新发挥了重要的示范带动作用，也为经济全球化提供了制度创新。自贸区的建设，能够将对外扩大开放与对内体制改革结合起来，构建与国际通行的贸易、投资规则相衔接的开放型经济体制，尤其是在政府监管、金融创新、贸易便利化等方面都取得了重要进展。在市场准入方面，基本形成了以负面清单管理模式为特征的投资准入制度，与国际接轨；在金融创新方面，重点放在人民币资本项目完全可兑换及人民币资金跨境双向流动等方面，实施多项改革；在贸易便利化方面，海关、检疫检验等部门进行了便利化改革，基本形成了以贸易便利化为重点的贸易监管制度；在政府监管方面，开创了外商投资备案为主、核

① 金辉，沈丹阳．“一带一路”新起点要有新重点[N]．经济参考报，2018－04－11.

准为辅的管理模式，缩小了政府直接干预市场的程度和范围，提高了管理效率，使市场更有活力。中国自由贸易区的实践，是适应经济全球化的客观要求，也是中国为全球化发展提供的制度创新，为经济全球化发展提供了可供借鉴的样板。

设立亚洲基础设施投资银行，完善全球经济治理体系。在2016年年初的亚洲基础设施投资银行的成立仪式上，习近平主席指出，“亚投行正式成立并开业，对全球经济治理体系改革完善具有重大意义，顺应了世界经济格局调整演变的趋势，有助于推动全球经济治理体系朝着更加公正合理有效的方向发展”。[①] 亚投行对全球经济治理体系的完善体现在三个方面：一是增加了新兴经济体在国际经济治理中的话语权。在原以世界银行、IMF（国际货币基金组织）等构建的国际经济金融秩序中，欧美发达国家占据着支配地位，但这一治理体系却未能随着国际经济形势作出相应的调整，与此相对，亚投行的成立适应了国际经济结构的变化，增加了新兴经济体的话语权。二是构建了共商共建共享的治理结构。中国作为亚投行的倡议方和第一大股东，完全按照共商共建共享的原则建设亚投行。三是亚投行实现了更科学高效的内部治理结构。在贷款和投资业务中进行了许多创新，构建了更加高效的内部治理结构，注重扁平化管理，强化项目前期准备。

进一步扩大开放描绘全球化前景。40多年来，中国不断深化对外开放，党的十八届三中全会、十九大等重要会议均将对外开放的理论和实践不断推进。2018年4月10日，习近平主席在亚洲博鳌论坛开幕式上的讲话中进一步提出了四个方面的扩大开放的重大举措，将中国对外开放的实践推向了新的阶段。中国进一步扩大开放一方面有力地回应了部分发达国家的贸易保护措施，有利于推动全球经济的增长，有利于捍卫多边贸易体系，给他国经济带来了相当的红利和发展机会，展示了中国作为大国的担当；另一方面也立足于中国自身的产业调整与转型升级，

① 习近平．在亚洲基础设施投资银行开业仪式上的致辞［N］．人民日报，2016-01-17.

把国内经济问题纳入世界经济的大环境中统筹考虑，同时促进本国的发展。

总的来说，当前经济全球化进程出现波折，多重因素的叠加带来了世界经济发展中的逆全球化挑战。习近平新时代对外开放思想从经济学逻辑上适应了国际分工的新变化，指出了全球化的新动力，驳斥了贸易保护主义的观点，提出了构建全球经济治理体系的新思路，提出了中国参与全球化的选择。“一带一路”倡议为全球化提供了新动能，亚投行建设完善了全球经济治理体系，自贸区建设为全球化提供了制度创新，中国进一步扩大开放的战略描绘了全球化新的前景。中国应该按照“形成全面开放新格局”的战略要求，走方式创新、布局优化、质量提升的全面开放之路，才能有效应对逆全球化挑战。

5　新中国70年中国特色经济制度的政治经济学分析

新中国成立以来，随着经济的发展，我国的经济制度——所有制以及分配制在70年来的演变中日益完善，形成了具有鲜明中国特色的基本经济制度和基本分配制度。本章将分析中国特色社会主义基本经济制度以及中国特色社会主义基本分配制度的内涵、演变历程，同时总结其发展经验以及判断其发展趋势对于我国坚持以及完善中国特色基本经济制度和中国特色基本分配制度的重要意义。

5.1　中国特色社会主义基本经济制度

5.1.1　中国特色社会主义基本经济制度的内涵与演变

（1）中国特色社会主义基本经济制度的内涵

1997年党的十五大报告中第一次指出了“公有制为主体、多种所有制经济共同发展，是我国社会主义初级阶段的一项基本经济制度”。至此，我国的基本经济制度得到确立，并在此后一直坚持。1999年修订的《中华人民共和国宪法》对此规定了相同的内容，这是我国在社会主义初级阶段必须坚持的具有中国特色的基本经济制度。在党的十五大之前，对公有制为主体、多种所有制经济共同发展的提法只是原则和方针，这一变化表明我国的特色社会主义基本经济制度，必须在公有制为主体的基础上，保证多种所有制的共同发展，这二者都是我国的经济基础以及社会主义初级阶段的体现，是我国在所有制方面的一个重大突破。

公有制为主体。公有制为主体是中国特色社会主义基本经济制度的基础以及社会制度的根本体现，有利于促进我国的经济社会发展、全国各民族的团结、实现共同富裕的目标以及中国国际地位的提升。

我国社会主义的本质以及我国所处的社会主义初级阶段要求我国必须坚持以公有制为主体。坚持公有制的主体地位，首先要求保证在社会总资产中公有资产的优势地位，这种优势不仅体现在相对的数量方面的优势，更重要的是要提高质量，只有质量的提升才能使数量的增加具有意义。其次，要求保证国有经济在提供公共产品和服务的行业、关系自然资源的行业以及与国家安全相关的行业等与国民经济命脉相关的部门具有领导地位。最后，还要求保证国有经济控制国家经济运行以及发展等主导我国经济的作用，国有经济的主导作用有利于把握正确的经济发展方向，弥补民营企业的不足，保证政府的宏观调控力度。

多种所有制经济共同发展。多种所有制经济共同发展是中国特色基本经济制度的内涵之一，与中国的基本国情相符合，与我国以人民为中心的发展思想相符合，有利于我国经济社会的健康持续发展。是我党坚持解放思想的体现，是马克思主义在我国的中国特色实践，是我国的所有制自新中国成立以来经过不断的艰苦探索与改革才形成的科学的中国特色社会主义基本经济制度的重要内容。

多种所有制经济共同发展改变了以往公有制与非公有制的对立关系，不再将所有制实现形式的衡量标准确立为单一的公有化程度，改变了传统的观念，形成了正确的二者平等以及共同发展的观念。指明了公有制经济和非公有制经济二者的平等地位，应促进二者的共同发展，不能只顾公有制经济的发展，而不注重甚至打压非公有制经济的发展。公有制与非公有制经济二者的发展是相辅相成的，必须坚持多种所有制的共同发展以促进我国的经济发展。这样有利于创造充满活力的市场经济环境，推动市场经济体制的完善，有利于解决我国社会主要矛盾，满足人民的需求，缓解就业压力，加大资本投资等。促进非公有制经济的发展及其与公有制经济的合作与竞争，有利于二者的共同发展，最终促进我国基本经济制度的坚持发展和完善。

（2）新中国70年中国基本经济制度的演变历程

第一阶段：国营经济为主导、多种经济成分并存的所有制结构（1949—1956年）

1949年新中国成立至1956年“三大改造”完成之前，我国实行新民主主义。所有制结构是以国营经济为主导，非公有制占主体的合作社经济、公私合营经济、私人资本主义经济、个体经济等多种经济成分并存的所有制结构。

我国在国民经济恢复时期，即1949—1952年的基本经济政策是“公私兼顾、劳资两利、城乡互助、内外交流”，要让各种经济成分在国营经济的主导作用下实现“分工合作，各得其所”，以促进国民经济恢复时期的发展。1949年新中国成立以前，官僚资本掌握了我国的交通、银行、邮电等重要部门，占据整个国家工矿与交通固定资产的80%。新中国成立后，我国没收官僚资本形成国营经济，在交通、银行、邮电等掌握国民经济命脉部门中发挥领导作用，并在整个国民经济中逐渐形成主导地位。到1952年，全国的工业总产值中，国有经济占41.5%，私营经济占30.6%，个体手工业经济占20.5%，公私合营经济占4%，集体经济占3.3%。国民收入各种所有制所占比重分别为：国营经济19.1%，个体经济71.8%，私营经济6.9%，集体所有制经济1.5%，公私合营经济0.7%。[①] 1952年，国有工业所占比重最大，但在国民收入中国营经济的占比较小，个体经济仍占最大比重。当时我国的社会生产力还不够发达，不能急于求成地将我国的所有制经济全部进行社会主义改造转化为公有制经济，而应对非公有制进行适当的引导以促进我国经济顺利度过恢复时期，并为以后的发展奠定基础。以国营经济为主导、多种经济成分并存的所有制结构与我国当时的生产力发展现状大致相符，有利于我国生产力的提升。同时为1953年进行的社会主义现代化和社会主义改造奠定了基础，有利于第一个五年计划

① 张长生．我国所有制结构的演变、发展趋势及优化对策[J]．岭南学刊，1996(2)：11－15.

的完成。

1953 年，党对我国建设社会主义的问题进行思考，在苏联传统社会主义模式的影响下，我党认为要实现向社会主义的过渡，提高我国生产力，必须要转变生产资料的所有制，将私有制转化成公有制。1953 年党提出了以“一化三改”为核心的过渡时期总路线。我国要一步步完成社会主义现代化，在未来很长的一段时间里，完成对农业、手工业和资本主义工商业的社会主义改造。这是一次对我国所有制结构的重大调整，标志着我国从国营经济为主导、多种经济成分并存向单一公有制结构转变的开始，是总路线的最重要内容，“是照耀一切工作的灯塔”，对过渡时期我国的社会政治经济发展起到了十分重大的作用，标志着我国开启了走向社会主义道路的新征程。

第二阶段：单一公有制结构（1956—1978 年）

从 1956 年年底社会主义改造完成以后至 1978 年改革开放以前，我国实行单一公有制的所有制结构，以全民所有制和集体所有制为主。

我国在 1956 年年底基本完成了社会主义改造，成功地从新民主主义制度过渡到了社会主义制度，由此形成了包含全民所有制和集体所有制的单一公有制的所有制结构。1956 年以后，我国历经了“大跃进”“人民公社化运动”以及“文化大革命”，当时，受诸多国内外因素的影响，“左”倾错误较为严重，对我国各方面的发展产生了危害。在所有制方面，过度追求“一大二公三纯”，将公有制视为社会主义中允许存在的唯一所有制形式，公有制的地位被确立，其余的非公有制经济均被视为异己因素，认为需要进行打压，将其完全消灭。

截至 1978 年，全国工业总产值中，全民所有制经济所占比重达到了 77.6%，集体经济所占比重达到了 22.4%，而私营个体经济基本为零。在国民生产总值中，国有企业所占比重为 56%，集体所有制为 43%，而剩下的非公有制仅占 1%。[①] 大部集体所有制企业是根据国有制的规则经营的，

① 刘国光，董志凯．新中国 50 年所有制结构的变迁[J]．中南财经大学学报，2000(1)：5－14，123.

所以我国当时的所有制基本是以全民所有的国有制为主的。由此可见，当时我国仅剩国有制以及集体所有制两种所有制结构，非公有制已经几乎全部消失，我国实现了单一的公有制结构。但是单一的公有制与我国当时的社会发展实际状况不相适应，在我国当时的生产力水平低下的现实下，单一的公有制不利于甚至会损害我国的生产力以及经济发展。

第三阶段：公有制为主体、其他所有制成分为补充的所有制结构（1978—1987 年）

1978 年改革开放后至 1987 年党的十三大之前，我国实行公有制为主体、其他所有制成分为补充的所有制结构。由于计划经济时代的“一大二公”不能持续，导致经济缺乏活力，人民生活水平无法提高，所以在 1978 年，我党开始重新思考并探索我国的所有制结构。党打破了以往认为社会主义只能有公有制存在的认识，以邓小平为代表的领导集体提出了“主导补充论”，即公有制经济为主体、其他所有制经济为补充的所有制结构。打破了改革开放前单一公有制的局面，对“一大二公”的片面追求进行了纠正，使非公有制经济在我国被重新建立了起来。党的十一届三中全会标志了我国改革开放征程的开始，是我党和我国人民具有重要历史意义的全新实践。自此以后，中国将发展的重心转变为经济建设，私营经济以及个体经济等非公有制经济在逐渐恢复，关于所有制结构的政策也持续进行完善。

1981 年，党的十一届六中全会强调，我们的社会主义制度还处于初级阶段，“国营经济和集体经济是我国基本的经济形式，一定范围的个体经济是公有制经济的必要补充”。1982 年，党的十二大指明了我国国有经济的主体地位，探讨了发展多种所有制的问题，在很长时期内还需要多种经济形式同时存在。1984 年，党的十二届三中全会认为公有制需要非公有制进行补充，多种所有制经济的同时存在并不违反我国的社会主义的国家性质，而是对我国社会主义制度的发展有益处。我们应该坚持以公有制为主体，同时发展多种所有制形式。1987 年，我国工业总产值中，国有制经济所占比重下降到了 59.7%，集体经济所占比重增加至 34.6%，个体、私营等非公有制经济占比上升至 5.6%。①

第四阶段：公有制为主体、多种所有制经济共同发展的所有制结构的初步形成（1987—1997 年）

从 1987 年党的十三大至 1997 年党的十五大之前，是我国公有制为主体、多种所有制经济共同发展的所有制结构初步形成的阶段。党在改革开放以后正确地认识到非公有制应作为公有制的补充，是我国所有制发展历程中历史性的转折，对我国的发展具有重要的推动意义。但是其仍然存在着一定的局限，对非公有制经济的重要作用还没有深入的认识，致使非公有制的发展仍受一定的限制和阻碍。对此，1987 年党的十三大召开，我党对所有制结构的认识有了新的发展，报告提出“在初级阶段，尤其要在以公有制为主体的前提下发展多种经济成分，鼓励个体经济、私营经济、中外合资企业、合作经营企业和外商独资企业要有一定程度的发展”。这是由先前的“补充论”逐步向“共同发展论”转变的开始。1993 年党的十四届三中全会指出，“以公有制为主体的多种经济成分共同发展的格局初步形成”。至此，我国公有制为主体、多种所有制经济共同发展的所有制结构已经初步形成。

1997 年，我国工业总产值中，国有制经济所占比重下降至 25.5%，集体所有制经济所占比重增加至 38.1%，非公有制经济占比增加至 36.4%。这一数据表明，较 1987 年我国的非公有制经济占工业总产值比重增加了 30.7%。1997 年，公有制经济在国民生产总值中所占比例为 75.8%，非公有制经济所占比例为 24.2%。② 这一阶段，非公有制经济发展迅速，多种所有制经济共同发展的方针效果显著。

第五阶段：公有制为主体、多种所有制经济共同发展的社会主义初级阶段基本经济制度的确立（1997—2012 年）

1997 年党的十五大至 2012 年党的十八大召开即我国进入新时代以前，

---

① 国家统计局．中国统计年鉴 1988［M］．北京：中国统计出版社，1988：311.

② 国家统计局．中国统计年鉴 1998［M］．北京：中国统计出版社，1998：435.

是我国社会主义初级阶段基本经济制度确立的阶段。

1997年，党的十五大报告立足于我国基本国情，总结概括了所有制改革的经验，指出“以公有制为主体，多种所有制经济共同发展是我国社会主义初级阶段的一项基本经济制度”。这是我国第一次将所有制结构上升到基本经济制度的层面上，是历史性的突破。是我国人民在党的领导下，历经几十年的艰苦探索，通过不断的尝试摸索，经历了无数坎坷挫折以后，最终确立的正确的符合我国国情的有利于坚持社会主义制度，有利于市场经济体制建设的中国特色基本经济制度。至此，我国将存在于整个社会主义初级阶段的长期的稳定的基本经济制度确立了下来，并在此后将一直坚持。非公有制经济的地位得到了提升，将公有制与非公有制置于平等的发展地位，二者要在平等竞争、积极合作中共谋发展，以促进我国经济的健康持续发展。给予了非公有制更广泛的发展空间，增强了其发展的动力和潜力。党的十五大彻底改变了传统的“补充论”，变为“共同发展论”，认为“非公有制经济是社会主义市场经济的重要组成部分”，要求公有制与非公有制共同发展。党的十五大同时补充了公有制单纯的“数量论”，指出“公有资产占优势，要有量的优势，更要注重质的提高”，要保证在社会总资产中公有资产的优势地位，这种优势不仅体现在数量方面，更重要的是要提高质量，还要保证国有经济发挥控制国家经济发展以及经济运行等主导作用，有利于把握正确的经济发展方向，保证政府的宏观调控力度，弥补民营企业的不足。

随着我国经济的发展，非公有制经济的地位与占国民经济的比重不断上升，我党对所有制结构的认识进一步深化，所有制结构也在不断地进行完善。2002年党的十六大报告中进一步提出“两个毫不动摇”，即“必须毫不动摇地巩固和发展公有制经济”“必须毫不动摇地鼓励、支持和引导非公有制经济”。这是解决我国所有制发展问题的一大方针，它赋予了公有制与非公有制相同的提法，强调必须毫不动摇地对二者进行同时发展。2007年党的十七大报告中指出，“坚持平等保护物权，形成各种所有制经济平等竞争、相互促进新格局”。“两个平等”是对“两个毫不动摇”的进一步深化，从法律与市场竞争两方面入手，使公有制经济与非公有制经济拥有平等的地位，对于二者的关系有着创新性的意义。有利于对“两个毫不动摇”的坚持和认识，改变对非公有制的歧视现象，从制度层面为其发展清除障碍，以促进公有制与非公有制的共同发展。

2011 年，我国工业总产值中，国有企业所占比重为 10.7%，集体经济所占比重仅为 1.8%，私营经济占比为 40.3%，有限责任公司占比为 31%，股份有限公司占比为 13.3%。[①] 这一阶段，国有经济占比逐渐降低，公有制实现形式多样化，非公有制经济占比不断提高。

第六阶段：新时代坚持“两个毫不动摇”（2012 年至今）

从 2012 年党的十八大开始，我国进入了新时代，是坚持“两个毫不动摇”的阶段。

2012 年党的十八大召开，我国的发展进入了新时代，强调要继续坚持“两个毫不动摇”，同时积极探索公有制经济更多样的实现形式，继续深化国有企业改革，完善国企的监管机制，不断增强国有企业的影响力、控制力，促使国有资本对关系国家公共产品和服务的提供行业以及与国家安全相关的行业等关系国民经济命脉的重要部门的投资加大。使公有制与非公有制经济拥有平等的法律地位，平等地进行竞争，使用资本、劳动等要素。

2013 年党的十八届三中全会提出了“两个都是”，即“公有制经济和非公有制经济都是社会主义市场经济的重要组成部分”。这是对“两个毫不动摇”的扩展与丰富，是对中国特色社会主义基本经济制度的进一步发展和完善。从一个全新的角度说明了公有制与非公有制的地位，同时使非公有制的地位又上了一个台阶，进一步强调了非公有制的作用。说明二者都在市场经济中生存，进行平等竞争，在遵守市场规则的基础上不断地发展。党的十八届四中和五中全会提出了鼓励各种所有制向混合所有制转变，支持非公有制经济参加国企改革，允许民间企业建立金融机构，允许

① 国家统计局．中国统计年鉴 2012[M]．北京：中国统计出版社，2012：501.

社会企业向基础建设投资并参加建设等多项有利于促进非公有制发展以及公有制和非公有制平等发展的措施。

2017年党的十九大报告中再次强调了我国现阶段仍是社会主义初级阶段，同时指明我国社会主要矛盾已经发生了变化。在这样的基本国情下，我国的基本经济制度仍没有变，我党坚持的一项重大政治方针便是坚持这一基本经济制度。这是适应中国现阶段生产力发展现状，能够促进生产力不断发展的最有效的经济制度，决定了我国社会主义的性质以及发展方向，我国在新时代必须坚持基本经济制度不动摇，“必须坚持和完善我国社会主义基本经济制度和分配制度”，这也是我国现阶段社会发展的客观要求。同时，再一次重申了“两个毫不动摇”，提出要“深化国有企业改革，发展混合所有制经济”，促进国有企业进行重组，调整结构，优化布局，防止国有资本流失，使国有企业更优更强，改革国有企业经济管理机制等。同时要“支持民营企业发展，激发各类市场主体活力”，积极促进民营经济的发展，增强其发展活力。从而促使公有制与非公有制经济的融合发展。2017年，我国国有工业企业资产占工业总资产的7%，私营企业占比为26.8%，有限责任公司占比为47%，股份有限公司占比为18.4%，股份制企业逐渐发展壮大。①

2019年10月，党的十九届四中全会审议通过的《中共中央关于坚持和完善中国特色社会主义制度、推进国家治理体系和治理能力现代化若干重大问题的决定》在原有以公有制为主体、多种所有制经济共同发展的基本经济制度的基础上，将按劳分配为主体、多种分配方式并存和社会主义市场经济体制也上升为基本经济制度。《决定》总结了几十年来经济发展的经验，把极其有益于生产力发展和人民水平提高的基本经济制度确定下来，这一重大创新，标志着我们对生产资料所有制的重点关注转向对生产、分配、交换的全面关注，标志着我国社会主义经济制度更加成熟、更加定型。党的十九届四中全会明确指出了社会主义基本经济制度是什么、

① 国家统计局．中国统计年鉴2018[M]．北京：中国统计出版社，2018：423.

突出优势在哪里，对我们如何进一步把握生产力与生产关系的平衡，更有效地解放和发展社会生产力，推动经济高质量发展具有重要的指导意义。因此，党中央在原有的“两个毫不动摇”的基础上，进一步新增了“坚持按劳分配为主体、多种分配方式并存”和“充分发挥市场在资源配置中的决定性作用，更好发挥政府作用”的重要部署，以此来“加快建设现代化经济体系”和“建设更高水平开放型经济新体制”，为如何坚持和完善社会主义基本经济制度，更有效地解放和发展生产力，推进经济高质量发展作出更完善、更适宜的制度安排。

5.1.2 中国特色公有制经济

(1) 新中国成立以来公有制经济的发展历程及其阶段性特征

改革开放前：公有制的大一统时期（1949—1978 年）

新中国成立后，我国从当时社会的实际出发，在过渡时期适时地对农业、手工业以及资本主义工商业进行了社会主义改造，在 1956 年年底完成。至此，社会主义公有制在我国建立了起来，以公有制为特点的社会主义制度也随之得到了建立。改革开放以前，我国的公有制是计划经济下单一的公有制，主要包含全民所有制和集体所有制。

当时受“左”的思想和运动的影响，照搬苏联的经济体制，不顾当时我国社会的发展现状，党和国家领导人认为公有制是社会主义制度的唯一所有制形式，不允许其余所有制形式的存在。对所有制结构的认识存在片面性和教条主义，由此形成了当时追求“一大二公三纯”的公有制大一统的局面。大力发展全民所有的国有制经济，限制集体所有制的发展，打压消灭个体所有制。许多“左”的运动，如“文化大革命”，对按劳分配进行否定，对非公有制进行否定，使农村的集体化程度大大加深，对我国当时的社会经济发展产生了不利的影响。人民公社化运动和“大跃进”在 1958 年发展进入高潮阶段。《关于在农村建立人民公社问题的决议》的出台，使得人民公社加速建立。政社合一，进行高度统一的管理，实行公社所有制一种所有制形式。将工资和供给结合进行分配的人民公社的大规模建立，使得人民的生产积极性被严重损害，不利于我国的生产力发展。尽管党中央之后制定了适合我国经济发展现实的措施和政策，意图使发展中的错误得到纠正，但人民公社过度平均和集中的问题没有得到根本的纠正。公有制的大一统使得我国人民的积极性受到打击，生产力的发展受到阻碍，亟待改革。

改革开放后，则可以分几个阶段具体考察：

第一阶段：以扩权让利为主的改革阶段（1978—1984年）

1978年党的十一届三中全会标志着国企改革的开始，国家提出了许多扩大企业自主权的措施，促进了国有企业在经营权方面的改革。“我国从1978年10月开始，先后在四川、北京、上海等地进行国有企业改革的试点”,① 这些试点的国有企业大部分都在规定时间之前且超额地完成了任务，由此可见，国企试点改革的效果显著。1979年全国国有工业企业的净利润和税收总额较上年的增长率达到了10.1%，这一增长率高于改革开放以前的年均增长率。1980年，我国国有企业中进行试点改革的企业已超过6000家，大大提升了国有企业的积极性和创造性以及经济增长。1981年，我国提出要加强国有企业的经济责任制，以此使得国企的经济效益得以提升。1983年，我国开始进行第一步的利税改革，财政部出台了《关于国有企业利改税试行办法》，其中主要是对企业利润与国家税收、收益与分配之间的关系进行改革。提出政府收缴国有企业的利润和税收，由此开始了我国的利税改革阶段。到1984年，我国开始了第二阶段的利改税，政府只收取一定的税收，剩下的利润部分都留给国有企业，企业自负盈亏，实施单一税收制度，将以前的“税利并存”改革为现在的“以税代利”。

但这一阶段的国企改革的内容仅限于四个方面：一是国家下放部分权力，扩大企业的自主权；二是实行责、权、利相结合的经济责任制，建立健全企业经济核算制；三是出台“两步利改税”的措施，实行以税代利的新政策；四是对投资体制进行改革，将财政拨款制逐渐过渡到银行贷款

---

① 白永秀. 国有企业改革:历程·现状·对策[J]. 人文杂志,1999(4):66-71.

制，即“拨改贷”。由此可见，这个阶段改革的主要内容是政府对企业的“放权让利”。① 国有企业实施利润分成制度，即企业从所得利润中留一部分用于自己支配，以调节企业和国家间的利益分配方式。

1984 年，国有工业企业利润总额为706.2 亿元，较1978 年的508.8 亿元增加了197.4 亿元，年增长率为6.5%。② “这个阶段的改革虽取得了一定的成就，但存在极大的局限性。当然，处于起步阶段的国有企业改革只能如此，不可能是尽善尽美的。”③

第二阶段：以两权分离为主的改革阶段（1985—1991 年）

1984 年10 月召开的党的十二届三中全会通过了《中共中央关于经济体制改革的决定》。这一《决定》在宏观上确立了社会主义经济“是在公有制基础上的有计划的商品经济”，经济体制改革的目标是建立有计划的商品经济新体制；在微观上提出了生产资料所有权与经营权分离的改革思路（两权分离），确立了增强企业活力是经济体制改革的中心环节。围绕这一中心环节，主要解决好两方面的关系问题：一是处理好国家与企业之间的关系，政企分开，扩大企业自主权；二是处理好企业与职工之间的关系，保证职工的主人翁地位④。企业有权自主经营，自负盈亏，支配自留资金等。

“在十二届三中全会精神的指导下，从1985 年开始加快了国企改革的步伐，把它作为中心任务来抓，通过改革试图使政企分开，把国有企业培育成为自主经营、自负盈亏的经济实体。这个阶段改革的主要内容有两项：一是实行两权分离，搞活国有企业；二是把计划调节与市场调节结合起来，让国有企业更多地利用市场机制。”⑤ 1986 年国务院发布的《关于深化企业改革 增强企业活力的若干规定》中指出，要给国有企业充分的自主经营的权利，实行经营承包责任制。1987 年，我国开始在全国范围内实行经营承包责任制，实现形式多样，并以合同来明确界定国企与政府间的

① 白永秀．国有企业改革：历程·现状·对策[J]．人文杂志，1999(4)：66－71.
② 国家统计局．中国统计年鉴1985[M]．北京：中国统计出版社，1985：306.
③ 白永秀．国有企业改革：历程·现状·对策[J]．人文杂志，1999(4)：66－71.
④ 白永秀．国有企业改革：历程·现状·对策[J]．人文杂志，1999(4)：66－71.
⑤ 白永秀．国有企业改革：历程·现状·对策[J]．人文杂志，1999(4)：66－71.

在权利和责任方面的关系。我国在之后确定了国有企业的法律地位。1987—1992年的6年内，我国进行了两次承包租赁改革，规模较大的国有企业98%都实现了承包，进行股份制改革的国企有3000多家。1992年，国家又明确了国有企业的14项自负盈亏和自主经营的责任。

第三阶段：以建立现代企业制度为主的配套改革阶段（1992—2001年）

这一阶段主要是推进建立我国现代企业制度的国有企业改革，以及调整国有企业的布局和结构。同前两个阶段相比，这个阶段的改革具有以下明显特征：其一，改革理论上的突破与系统化。其二，改革目标明确化。其三，改革的配套性强。其四，改革任务的艰巨性。这一阶段的改革涉及许多深层问题，如产权界定、职工下岗、资产重组、企业兼并和破产等，因而任务是艰巨的，人们称之为改革的“攻坚战”。①

1992年邓小平同志南方谈话以及党的十四大政治报告中指明了我国国企改革的方向，以及建立社会主义市场经济体制的目标。1992年，我国在坚持并完善承包经营责任制的基础上，拉开了股份制改革的序幕，开始进行试点改革。1993年党的十四届三中全会指出我国国有企业改革要改变国企经营机制，国企改革的方向是建立“产权清晰、权责明确、政企分开、管理科学”的现代企业制度，为这一阶段的国有企业改革提供了理论基础。

1995年，党的十四届五中全会提出要“抓大放小”，要以搞好整个国家的国有经济为目标，对国企进行改组。1997年党的十五大提出，“公有制经济不仅包括国有经济和集体经济，还包括混合所有制经济中的国有成分和集体成分”，更清楚、更完整地认识公有制经济，并不断完善所有制结构，调整国有经济布局，加强国有企业的管理和改造，提出了股份制这一重要的实现形式。1999年党的十五届四中全会指明了我国国企改革的目标、方向、政策以及措施，国有资产的所有权、经营权的授予由国务院执行。1998—2000年，我国大部分国有企业不再亏损，开始实现盈利，顺利地完成了国企改革攻坚战，将现代企业制度初步建立起来。亏损的国有企

① 白永秀. 国有企业改革:历程·现状·对策[J]. 人文杂志,1999(4):66－71.

业从1997年的6599家减少至2000年的1800家，占国有企业总数的比例从39%下降到11%。2001年，国有企业资产总额为166709.6亿元，国有企业利润总额为2811.2亿元，与1997年相比，年均增长率分别为8.3%和63.8%。①

这一阶段改革的成效较为显著，但是“由于这一阶段改革的复杂性，涉及的矛盾多、层次深，因而难度很大，还有很多问题需要进一步改革”②。

第四阶段：以国有资产管理体制改革为主的阶段（2002—2011年）

2002—2011年是以国有资产管理体制改革为主的国有企业改革的阶段，开始的标志是2002年党的十六大。2002年党十六大召开，提出了要深化国有资产管理体制改革。“国家要制定法律法规，建立中央政府和地方政府分别代表国家履行出资人职责，享有所有者权益，权利、义务和责任相统一，管资产和管人、管事相结合的国有资产管理体制”。相较于以往的地方分级管理，在提法上变为中央以及地方政府代表国家享受权益，履行责任。

2003年，国有资产监督管理委员会在我国建立，在此之后，全国各省市的地方政府也建立了国资委。各级国资委代表各级政府履行对企业的出资人责任。国企内部逐渐开始实行对企业负责人的业绩考核，不断加强对国有资产的监督管理。2003年党的十六届三中全会指出，所有制的核心问题是“产权”，建立现代产权制度具有重要意义。2005年国有企业开始建立董事会，开始逐步向公司制发展。2007年党的十七大强调当前我国国企改革的重点是股份制改革、公司制改革、现代企业制度的完善、结构的优化、活力的激发、影响力的增强等。2010年国资委指出，央企变强变优、成为国际上的一流企业是央企改革的目标，加快推进政企分开、政资分开、经营权和所有权分开的改革。这一阶段对国有资产管理体制的改革使我国的国企改革又迈上了一个新的台阶，使国有企业的活力、积极性得到

① 国家统计局. 中国统计年鉴2002[M]. 北京:中国统计出版社,2002:26-33.

② 白永秀. 国有企业改革:历程·现状·对策[J]. 人文杂志,1999(4):66-71.

了增强。

这一阶段国有企业改革取得了较为显著的成效。全国的国企收入由2002年的8.5万亿元上升至2012年的42.4万亿元，收入的年均增长率为17.4%。国有企业向政府缴纳的税收由0.7万亿元升至3.3万亿元，税收的年均增长率达到17%。2012年国有企业上缴的税收占全国税收的33%。[①]

第五阶段：新时代以混合所有制改革为主的阶段（2012年至今）

2012年党的十八大指出要促使国有资本加大对关系国民经济命脉的重要部门的投资。2013年党的十八届三中全会《中共中央关于全面深化改革若干重大问题的决定》是这一阶段国企改革的纲领性文件，强调要全面深化改革，加强国有资产监管，建立国有资本运营企业，完善国有资本经营机制，不断深化市场改革。使更多的社会资本进入国有企业，指明了混合所有制改革的路线。

2014年2月，中国石油化工股份有限公司在垄断性国有企业中“打响第一枪”，开始了混合所有制的实施，参股的有民营资本和社会资本。2015年我国颁布了具有里程碑意义的《关于深化国有企业改革的指导意见》，对我国深化国有企业改革提出了目标和措施，如现代企业制度的完善、混合所有制的发展、国有资产的监管等方面。将于2020年基本实现国有企业公司制改革，使国企的竞争力、控制力、影响力、活力得到提升，取得阶段性的成就。2015年供给侧改革被第一次提出，即对国有企业的资源进行重新整合、去产能等。2017年年底提出将国企改革的重点放在资本方面，对资本的授权经营机制进行改革，完善国有资产监管部门的职能。2018年，党的十九大报告中提出：“要完善各类国有资产管理体制，改革国有资本授权经营体制，加快国有经济布局优化、结构调整、战略性重组，促进国有资产保值增值，推动国有资本做强做优做大，有效防止国有资产流失。”这指明了新时代我国国企改革的目标和方向，强调要持续深化国有企业改革以及混合所有制改革。国资委强调，我国2018年国企改革的重点在于

① 国家统计局．中国统计年鉴2013[M]．北京：中国统计出版社，2013：4－11.

混合所有制改革、国有企业的重组、国资投资的试点以及风险的防范等。

2018 年，我国国有企业的利润总额为 33877.7 亿元，同比增长 12.9%。在 2018 年《财富》世界 500 强排行榜中，中国企业有 120 家上榜，其中有 83 家国有企业上榜，有 48 家上榜企业是由国务院国资委监管的中央企业，数量与 2017 年相同，是我国目前央企总数量的一半，上榜的央企数量占全部央企数量的比例达到历史最高水平，且上榜的央企利润在持续增加，盈利能力持续增强。2017 年上榜的 48 家央企的平均利润为 14.44 亿美元，2018 年上榜的 48 家央企的平均利润为 15.92 亿美元。财政部出资企业有 11 家上榜，地方国有企业上榜的有 24 家。2018 年，中国企业 500 强中有 263 家国有企业，占比为 52.6%，比上年减少了 11 家。①

（2）新中国成立以来公有制经济发展的经验与启示

第一，坚持公有制主体地位。坚持公有制的主体地位，这是由公有制经济的性质及其在国民经济中的地位和作用决定的。必须坚持毫不动摇地巩固和发展公有制经济，是新时代坚持和完善基本经济制度必须遵循的基本原则之一。坚持“两个毫不动摇”，是习近平总书记在党的十八大上提出的重大思想方针。公有制的主体地位是我国社会主义制度的物质基础，坚持公有制为主体的基本经济制度，是中国共产党自新中国成立以来历经几十年的艰苦探索，经历了无数坎坷挫折以后，最终确立的正确的符合我国国情的，有利于坚持社会主义制度，有利于市场经济体制建设的中国特色基本经济制度，在社会经济发展、国家建设方面具有重大的指导意义，是马克思主义的中国实践。坚持公有制经济的主体地位，必须注意把握以下几个要点：首先，要保持在社会总资产中公有资产的优势地位，这种优势不仅体现在量的方面，更重要的是要提高质量。党的十八大以后，我国经济增长速度转为中高速增长，经济发展步入新常态，迈入中高速增长阶段，由以前依靠高速度的增长变为新时代依靠产品高质量的发展，迈入高质量发展阶段。其次，要保证国有经济在公共产品和服务的提供行业、关

① 2018 年财富世界 500 强排行榜[EB/OL]. 财富中文网,2018－07－19.

系自然资源的行业以及与国家安全相关的行业等关系国民经济命脉的重要部门具有领导地位。同时，还要保证国有经济发挥控制国家经济发展以及经济运行等主导作用，有利于把握正确的经济发展方向，保证政府的宏观调控力度，弥补民营企业的不足。

第二，深化国有企业改革。深化国有企业改革是我党一直以来努力贯彻落实的重大战略方针之一。国有经济作为我国主要的公有制经济成分，必须不断地进行改革。国企改革的方向是建立现代企业制度，加快国有企业改革、做强做优做大国有企业，对我国国有经济的发展起着至关重要的作用。要不断地推动国有企业进行战略性改组，我国国有企业现在存在的一个关键问题就是国企的组织结构和布局不尽合理，如整体素质不高、分布较散、各行业力量不集中等。要搞好国有经济，需从整体着眼，对其布局进行战略性调整，进行资产重组。要不断进行转型升级，通过过剩产能的化解、国有企业的瘦身、效率以及质量的提高，促进新兴产业的发展，从而提高国有企业的质量、竞争力、影响力、控制力，使国有企业做优做强做大，迈上新的台阶，巩固公有制经济的主体地位。

第三，积极探索公有制的多种有效实现形式。公有制实现形式多样化有利于坚持公有制的主体地位，促进我国生产力的提高。党的十五大提出“公有制实现形式可以而且应当多样化”，表明了公有制实现形式多样化的可能性和必要性，我国的生产力不断发展，我们要积极努力地不断探索能推动我国生产力发展、反映社会生产规律的公有制实现形式。以往的单一国有国营、集体所有集体经营已经不适应现在我国的生产力现状。我国自改革开放以来，经过不断地探索，总结出了多种有效的公有制实现形式，如家庭联产承包制、租赁、委托经营等，还有适合我国现阶段发展的极其重要的股份制。股份制是我国社会主义市场经济下最有效的公有制实现形式，是产生于发达的商品经济，完善于市场经济，拥有完备的适应市场经济运行的机制。我们要不断地完善股份制，并不断地探索公有制的实现形式。

（3）公有制经济的发展趋势判断

第一，国有企业改革会进一步深化，国有经济的主导作用将得到加强。我国的国有企业随着现代企业制度的改革、国有资本的调整和国有企业的不断改革，利润到了明显的增加，生产经营状况得到了显著的改善。但是仍然存在许多问题，比如监督管理的机制不够完善，一些国企经营状况不好、收入分配不公平、部分行业存在垄断、改革不配套、国有资产的增值能力不足、法人治理结构有待完善等。因此，今后我国的国有企业改革将会进一步深化，不断推进，使国有企业不断做优做强，发展壮大。今后的发展趋势将是推进国有企业对有关国家安全以及国民经济命脉的关键行业加大投资，不断增强国有企业的国际竞争力，进行自主研发，打造世界知名品牌，拥有自主知识产权。开放搞活中小企业，使不具备发展和盈利优势的国企退出市场，关闭长期亏损、资不抵债且盈利无望的国有企业。未来我国国有企业在数量方面将减少，但是在质量方面将不断提高，影响力、控制力将不断增强。

第二，公有制实现形式将灵活多样。未来我国将进一步探索股份制、承包经营、合资、租赁等多种多样的公有制实现形式，使国有企业的经济效益不断提升，经营状况不断改善，国企员工收入不断提高。对于城市的国有企业，要以股份合作制和国有控股的实现形式为主，对其进行股份制改造，将其发展成为混合所有制企业。对于农村的国有企业，要对合作社进行进一步的改革，鼓励支持农村的股份合作制国有企业，支持以农民的资本联合和劳动联合为主的集体经济的发展，大力发展跨地区、跨所有制的多种形式的合作企业，以适应市场的发展和生产的需要。未来，我国允许并且鼓励支持多种公有制实现形式的发展，要求不断地积极探索。

5.1.3 中国特色非公有制经济

（1）新中国成立以来非公有制经济的发展历程及其阶段性特征

新中国成立之初，我国的国民经济需要恢复发展，生产力需要提高，发展非公有制经济有利于经济的恢复。所以，在新民主主义时期，我国存在国营经济和个体经济、合作社经济、私人资本主义经济以及国家资本主义经济等非公有制经济五种经济成分。私营工商业有利于提供就业机会、满足人民群众的需求、培养人才、增加国家财政收入等，由此私营工商业等非公有制经济获得了一段时间的繁荣。促进个体农业经济的发展，如技术推广、提供贷款、降低税收等。进行土地改革，对私人资本主义进行适当的扶持。鼓励引导各种非公有制经济的发展，提高其积极性，贯彻《中国人民政治协商会议共同纲领》，以促进非公有制的发展、经济的繁荣恢复和生产力的发展。1952 年，国民收入中，占比最大的是个体所有制，为 71.8%，私营经济占 6.9%，公私合营经济占 0.7%，非公有制总体占比高达 79.4%。工业总产值中，国营经济占比为 41.5%，集体经济占比为 3%，私营经济等非公有制经济占比达 55%。[①] 由此可见，当时非公有制经济的发展情况仍较为乐观。

1953 年我国提出了过渡时期的总路线，开始对农业、手工业和资本主义工商业进行社会主义改造。限制、利用、改造资本主义工商业，消灭私有制，变私有制为公有制，至 1956 年年底完成，社会主义制度由此建立。资本主义经济被基本消灭，非公有制经济所剩无几，我国的所有制结构变为公有制一统天下。1956 年年底，“三大改造”完成后，私营经济消失，国营经济占国民总收入的 32.2%，合作经济占比为 53.4%，公私合营经济占比为 7.3%，公有制经济总体占比为 92.9%，剩余的非公有制经济全部为个体经济的形式，占比仅为 7.1%，较 1952 年下降了 72.3%。[②]

之后至 1978 年改革开放以前的 20 余年间，经历了“大跃进”、人民公社化运动、“文化大革命”，“左”的错误思想继续横行，继续打压和排除非公有制经济，所有制中公有制经济的占比不断提高，对我国的经济发展、生产力提高产生了不利的影响。截至 1978 年，非公有制经济被基本消灭，私营个体经济的工业总产值基本为零，在国民生产总值中，非公有制经济仅占 1%。

“左”的经济政策压抑了生产力的发展，国民经济走到了崩溃边缘。

---

① 张长生．我国所有制结构的演变、发展趋势及优化对策[J]．岭南学刊，1996(2)：11－15.

② 邓小平．邓小平文选：第 3 卷[M]．北京：人民出版社，1993：87.

党的十一届三中全会召开前夕，真理标准问题的大讨论，从马克思主义哲学思想的高度为经济改革打下了思想解放和理论动员的基础，不仅放宽了政策选择面临的政治约束，还提供了理论创新的土壤。①

第一阶段（1978—1981 年）："利用论"下的非公有制经济发展

这一时期是改革开放的起步阶段，由于理论界仍有很大争议，作为此时非公有制经济主要表现形式的个体经济，在复杂的现实环境中艰难起步。我们把这一时期党对非公有制经济的理论认识概括为"利用论"，主要因为当时经济工作的任务是恢复国民经济发展，"鼓励和扶持"个体经济在很大程度上是出于利用它解决贫困和劳动力就业等迫切的现实问题。即便如此，"利用论"也是开创性突破，为后续改革奠定了重要的理论和政策基础。

党的十一届三中全会将党的工作重点转移为社会主义经济建设，开启了改革开放的历史新时期。思想解放、理论争鸣以及恢复国民经济发展的迫切需求，为逐步突破传统公有制理论开启了闸门。全会在所有制问题上取得的突破，集中体现在以下三个具有开创性意义的论述上：第一，提出"改革同生产力迅速发展不相适应的生产关系和上层建筑"，为之后的所有制改革确定了总原则，并贯穿整个中国经济改革的历史过程。第二，重申"社员自留地、家庭副业和集市贸易是社会主义经济的必要补充部分，任何人不得乱加干涉"，不仅为之后的农村经济改革奠定了重要的政策基础，而且为后续改革中将非公有制经济作为国民经济的必要补充奠定了理论基础。第三，指出"在自力更生的基础上积极发展同世界各国平等互利的经济合作，努力采用世界先进技术和先进设备"，实质上为后续对外开放战略确定了总的原则，为引入外资经济开启了闸门。

1979 年，中央确立了以"调整、改革、整顿、提高"的方针恢复和发展国民经济。其中，就业问题在当时急需解决，中央认识到问题的产生和

① 白永秀，王泽润．非公有制经济思想演进的基本轨迹、历史逻辑和理论逻辑[J]．经济学家，2018(11)：13－21.

解决皆取决于生产的发展，进而牵涉生产关系的调整，需要从经济体制改革中寻求突破。1980年8月，中共中央《关于转发全国劳动就业会议文件的通知》一方面对传统公有制理论进行了反思和批评："多年来，在生产关系上，我们不适当地强调'大'和'公'……对个体经济压制、取消"，造成"劳动就业的出路越搞越窄"，这在中央文件中出现尚属首次。另一方面，在就业问题的解决措施中，提出在国营企业、集体企业以及合作社之外，要"鼓励和扶持城镇个体经济的发展"。这是中央文件中对个体经济首次提出"鼓励和扶持"，更重要的意义在于初步勾勒了多种所有制经济并存的格局，为后续改革奠定了基础。①

第二阶段（1981—1997年）："补充论"下的非公有制经济发展

这一时期，非公有制经济迅速成长，其成分扩展为个体经济、私人经济、民营经济以及外资经济等多种形式，这与同时期的理论突破是紧密联系在一起的。中国共产党以极大的理论勇气发展了马克思主义政治经济学，提出了社会主义初级阶段理论，承认非公有制经济是对公有制经济必要的、有益的补充，这一重大理论突破对后续价格改革、国企改革以及基本经济制度的建立产生了巨大的推动作用，我们将其称为"补充论"。在这一阶段，非公有制经济从改革初期的弱小状态逐步发展壮大，虽历经曲折，但其表现形式和总量规模都取得了巨大突破，对国民经济也做出了巨大贡献。

1981年的《中共中央关于建国以来党的若干历史问题的决议》有两处表述对创新和发展社会主义经济理论具有重要意义：一是首次提出了中国处在社会主义初级阶段的判断；二是首次提出"一定范围内的劳动者个体经济是公有制经济的必要的补充"。紧接着，1982年党的十二大报告中指出由于生产力发展水平低且不均衡的客观现实，"在很长时间内需要多种经济形式的同时并存"，强调多种经济形式"作为公有制经济的必要的、

---

① 白永秀，王泽润．非公有制经济思想演进的基本轨迹、历史逻辑和理论逻辑[J]．经济学家，2018(11)：13－21.

有益的补充”，其作用是“繁荣城乡经济，方便人民生活”。现实中，多种经济形式的发展需求和上述理论突破很快得到了法律上的肯定，1982 年 12 月通过的《中华人民共和国宪法》（以下简称《宪法》）第十一条规定：“在法律规定范围内的城乡劳动者个体经济，是社会主义公有制经济的补充。国家保护个体经济的合法的权利和利益。”个体经济从此受到宪法保护，并为之后其他形式的非公有经济发展奠定了基础。

此后，党的几次重要会议对非公有制经济的“补充论”进行了更系统的完善。1984 年，党的十二届三中全会提出经济建设要“实行国家、集体、个人一起上的方针”，并对多种经济形式的地位和作用首次进行了较为全面客观的评价。此外，还首次提出小型全民所有制企业可以“租给”或“包给”劳动者个人。

1987 年，党的十三大报告进一步取得诸多重要突破，是非公有制经济发展的一个重要转折点。一是首次将私营经济纳入多种经济成分的范围内，肯定了其“补充”地位和“促进生产，活跃市场，扩大就业，更好地满足人民多方面的生活需求”的作用，并指出“目前全民所有制以外的其他经济成分，不是发展得太多了，而是很不够。对于城乡合作经济、个体经济、私营经济，都要继续鼓励它们发展”。二是首次指出应该允许在不同经济领域和不同地区，各种所有制所占比重有所不同，这进一步为非公有制经济扩展了生存和发展空间。三是在论及股份制改革时，肯定了个人入股和将小型全民所有制企业有偿转让给个人是社会主义企业财产的组织方式。此外，在具体表述上用“多种经济成分”和“多种所有制经济”替代了之前的“多种经济形式和多种经营方式”，被学者视为重要的理论突破。根据党的十三大的建议，1988 年《宪法修正案》增加规定“国家允许私营经济在法律规定的范围内存在和发展，私营经济是社会主义所有制的补充”，明确了保护私营经济合法地位及其合法权益。同年 6 月，国务院发布《中华人民共和国私营企业暂行条例》等法规。至此，作为非公有制经济重要组成部分的私营经济，在理论和实践、法律和政策上都得到承认和保护。

1992年年初，邓小平同志的南方谈话回应了当时改革中的一系列重大问题，对社会主义的本质、计划与市场的关系、“三个有利于”标准以及社会主义与市场经济结合的论述，为经济改革指明了方向。同年10月，党的十四大报告中首次提出“我国经济体制改革的目标是建立社会主义市场经济体制”，在非公有制经济发展的表述上，虽延续了“个体经济、私营经济、外资经济为补充”，但首次强调“多种经济成分长期共同发展”。此外，更具现实意义的是，此次会议首次强调不同所有制企业之间的平等性和竞争性，国有企业的主导作用是通过平等竞争实现的。

党的十四届三中全会在所有制理论上有了进一步突破，指出“必须坚持以公有制为主体、多种经济成分共同发展的方针”，不再提及个体、私营及外资经济是公有制经济的补充，并且首次提出要“鼓励个体、私营、外资经济发展”“国家为各种所有制经济平等参与市场竞争创造条件，对各类企业一视同仁”。

所有制结构与资源配置方式相互影响。党的十四届三中全会不再延续对非公有制经济地位“补充论”的表述，顺应了建立社会主义市场经济体制的改革要求，不仅为实现市场在资源配置中起基础性作用提供了所有制基础，而且蕴含着又一次理论创新。①

第三阶段（1997—2002年）：“重要组成论”下的非公有制经济发展

在党的十四大提出建立社会主义市场经济体制之后，现实中非公有制经济快速增长，进一步推动了党的十五大的理论创新。一是彻底突破了非公有制经济是社会主义公有制经济补充的认识，明确提出“非公有制经济是我国社会主义市场经济的重要组成部分”。这也是首次在党的文件中正式使用“非公有制经济”的概念。二是首次提出社会主义初级阶段基本经济制度这一概念，把“公有制为主体，多种所有制经济共同发展”上升到国家基本经济制度的层面，标志着将非公有制经济由“制度外”纳入“制

① 白永秀，王泽润. 非公有制经济思想演进的基本轨迹、历史逻辑和理论逻辑[J]. 经济学家，2018(11):13-21.

度内”，将其作为社会主义初级阶段基本经济制度的有机组成部分，这是我党对社会主义政治经济学理论的重大和创新，将非公有制经济发展及其理论与政策推向了一个新的阶段。三是进一步扩展了对非公有制经济作用的认识。四是首次将混合所有制经济中的国有成分和集体成分纳入公有制经济的范畴。五是在理论上创新了对公有制经济主体地位和国有经济主导作用的认识，指出在坚持公有制为主体和国有经济主导作用的前提下，国有经济比重的减少不会影响我国的社会主义性质。

上述第四点和第五点新认识是对传统公有制理论的突破，发展了社会主义政治经济学理论，有力地回应了非公有制经济发展会削弱我国社会主义性质的观点，为非公有制经济发展提供了政治和市场空间，也提出了社会主义公有制经济与市场经济融合的新路径。随后，1999 年的《宪法修正案》将“私营经济是社会主义所有制的补充”修改为“在法律规定范围内的个体经济、私营经济等非公有制经济，是社会主义市场经济的重要组成部分”。

党的十五大和 1999 年的《宪法修正案》首次将非公有制经济作为社会主义初级阶段的一项基本经济制度提出来，是具有划时代意义的理论突破，是改革开放以来非公有制经济发展最重要的转折点，坚定了国内外对非公有制经济发展和市场化转型的预期，公有制为主体、多种所有制经济共同发展的局面也是在这个阶段真正形成并不断充实的。此外，党的十五大还发展了对公有制主体地位和实现形式、国有经济主导作用、体现形式以及股份制改革的理论认识。这一阶段所取得的理论突破是对当代马克思主义所有制理论的重大发展，为同时期国企改革以及之后非公有制经济的蓬勃发展奠定了理论基础。①

第四阶段（2002—2012 年）：“同等待遇论”下的非公有制经济发展

不同于大部分既有文献以党的十六大或十六届三中全会为界，将之

① 白永秀，王泽润．非公有制经济思想演进的基本轨迹、历史逻辑和理论逻辑[J]．经济学家，2018(11)：13－21.

后划归为一个阶段的做法，我们认为尽管社会主义市场经济的基本经济制度已经确立，《宪法》对非公有制经济的相关表述也未发生变化，但从党的重要文件和具体政策中依然能发现做进一步更细致的阶段划分的依据。故我们将党的十六大至十八大之间作为非公有制经济理论的又一个阶段，称之为“同等待遇论”。所谓“同等待遇”，核心在于公平竞争和平等待遇。

党的十六大报告中首次提出了坚持和完善基本经济制度三大原则，即“两个毫不动摇”和“不能对立”，并对非公有制经济的作用给予了新的更高的评价。这为之后于党的十六届三中全会上形成的“同等待遇论”奠定了理论基础。三大原则的提出，除了有加入 WTO 的外部原因之外，一方面说明实践证明了改革开放后党的非公有制经济理论、方针和政策的正确性；另一方面也意味着非公有制经济在社会主义市场经济中有更大的发展空间，也将获取日益平等的待遇。这一点从“不对立原则”中就可以看出来，即不能把坚持公有制为主体同促进非公有制经济发展对立起来，相反，“各种所有制经济完全可以在竞争中发挥各自优势，相互促进，共同发展”。这一原则既延续了党的十五大对公有制主体地位和国有企业主导作用新认识的逻辑，又有了新的发展，即强调各种所有制经济在发挥各自优势的基础上还可以相互促进、共同发展。在具体政策上，针对现实中的诸多制约因素，提出要“放宽国内民间资本的市场准入领域”“实现公平竞争”“创造各类市场主体平等使用生产要素的环境”以及“完善保护私人财产的法律制度”。此外，在“三个代表”重要思想的指导下，党的十六大报告中明确提出从事各类非公有制经济的个体都是中国特色社会主义事业的建设者，不仅彻底消除了计划经济时代遗留的歧视传统，而且充分肯定了他们对社会主义现代化建设的重要贡献，明确了他们在国家政治生活中的重要位置。

“同等待遇论”的直接来源是党的十六届三中全会在所有制理论和政策上的突破和创新。一是提出要消除限制非公有制经济的体制性障碍。二是放宽市场准入，法无禁止皆可进入。三是强调非公有制企业平等获取和使用各类生产要素、享有平等税收和贸易政策的权利。四是提出支持非公有制中小企业的发展，首次表明鼓励有条件的企业做大做强，而且要求政府改进对非公有制企业的服务和监管。以上本质上都是为实现非公有制经济享受“同等待遇”而做出的政策努力。随后，2004 年的《宪法修正案》增加了“国家鼓励、支持和引导非公有制经济的发展”和“公民的合法的私有财产不受侵犯”的新规定，这一变化既是前一个阶段非公有制经济发展要求加强法律对私有财产保护的结果，也有助于提高民间投资的信心、稳定人们对从事财富创造活动的预期。

为了贯彻党的十六大和十六届三中全会的理论突破，旨在保障非公有制经济享有“同等待遇”的具体政策文件和新法规相继出台之后，最具代表性的就是所谓“非公经济 36 条”、《物权法》以及“新 36 条”。

2005 年，国务院发布了新中国成立以来首部以促进非公有制经济发展为主题的政策文件，被称为“非公经济 36 条”，其核心目标在于消除非公有制经济面临的歧视性障碍，确保其享有与其他经济成分的“同等待遇”。该文件是对十六大之后党的非公有制经济理论创新在政策领域的具体化，进一步优化了非公有制经济发展的制度环境、降低了制度性交易成本、增进了市场竞争秩序。随后，对于保护合法私有财产具有关键意义的《物权法》于 2007 年颁布。该法对公私财产的平等保护，为劳动者和企业家群体提供了稳定的发展预期，促进了财富创造活动和资源优化配置。在“非公有制经济 36 条”颁布 5 年后，国务院再次发布鼓励和引导民间投资的纲领性文件，被称为“新 36 条”。相较于前者，“新 36 条”中蕴含着非公有制经济发展理论的新突破。一是丰富了对非公有制经济发展现实意义的认识，兼具完善经济运行和经济制度的双重作用。这一变化本质上反映了党坚持实事求是原则，深化了对非公有制经济地位和作用的理论认识。二是着眼于提升国民经济发展效率的整体视角，谋求公有和非公资本的统筹和协调，突破了以往就公有谈公有、就非公谈非公的孤立视角。这一变化拓展了民间投资的进入领域，有利于发挥效率相对更高的非公有制经济部门的活力，改善国民经济整体效率。三是进一步对民间资本放开了市场准入范围，特别是一些传统理论观点认为应由国有经济垄断的行业领域，如政策性住房建设、水利、能源、轨道交通等。

党的十七大报告中重申了两个“毫不动摇”原则，并强调了公平准入、破除体制障碍、促进中小企业发展等政策方向，以形成各种所有制经济平等竞争、相互促进的格局。①

第五阶段（2012 年至今）：新时代“同等地位论”下的非公有制经济发展

以党的十八大召开为标志，中国特色社会主义进入“新时代”。历史地看，这一年将是对中国发展具有重要转折意义的一年。一方面，从经济运行层面看，中国经济发展的内外部环境、增速、动力及结构都在发生重大变化；另一方面，从制度变革层面看，改革进入“深水区”，经济运行层面积累的诸多问题迫切需要制度层面的改革。党的十八届三中全会打响了全面深化改革“攻坚战”，“五位一体”的改革顶层设计由此展开。党的十九大确立了习近平新时代中国特色社会主义思想的指导地位，标志着中国特色社会主义事业新的历史方位。

作为完善社会主义市场经济基本经济制度的重要内容，党的非公有制经济思想在十八大以来取得了新成果，我们将其概括为“同等地位论”。相较于前一个阶段的“同等待遇论”，“同等地位论”更进一步表现为全方位地强调非公有制经济享有与公有制经济平等、同等的重要位置和合法权利。具体地，党的十八大报告中提出“保证各种所有制经济依法平等使用生产要素、公平参与市场竞争、同等受到法律保护”，并首次提出“加快发展民营金融机构”。党的十八届三中全会则更进一步地产生了一系列新的重大理论突破。一是把公有制为主体、多种所有制经济共同发展的基本经济制度提高到社会主义制度的“重要支柱”和社会主义市场经济的“根基”的高度。二是把非公有制经济与公有制经济置于同等重要地位，指出

---

① 白永秀，王泽润．非公有制经济思想演进的基本轨迹、历史逻辑和理论逻辑［J］．经济学家，2018(11)：13－21.

二者都是社会主义市场经济的重要组成部分，都是我国经济社会发展的重要基础。三是在产权、合法利益、使用生产要素、参与市场竞争上，非公有制经济与公有制经济具有平等地位。四是在发展混合所有制经济中更多地向非公资本敞开了大门。此次非公有制经济理论的突破与市场在资源配置中起决定性作用的重大突破再一次交相辉映，为深化经济体制改革和高质量发展创造了巨大推动力。党的十九大报告中重申了完善产权制度改革和加快要素市场化改革的重要性，首次提出了“全面实施市场准入负面清单制度”，清理妨碍统一市场和公平竞争的各类做法，打破行政性垄断和市场垄断，放宽服务业准入限制。这些举措瞄准的都是目前非公有制经济发展最主要的阻碍因素，有助于落实非公有制经济享有的“同等地位”，提高经济增长质量。

从“重要组成部分”到“同等待遇”再到“同等地位”的演进轨迹，显示了党在非公有制经济地位、作用和发展方针上层层递进的理论突破，推动了改革创新的不断深化、体制性障碍的不断消除以及有效制度供给的不断增加。①

（2）新中国成立以来非公有制经济发展的经验与启示

第一，坚持解放思想，推动理论不断创新。实践证明，不断突破思想桎梏、提高对非公有制经济的全面科学认识，是推动我国非公有制经济实现跨越式发展的先决条件。非公有制经济发展的基本轨迹，即“生产力发展，要求对生产关系进行调整—解放思想，理论创新—生产关系得到调整—生产力再发展，要求对生产关系进行再调整—思想再解放，新的理论创新”这样一个螺旋式上升的过程。而这中间最难的环节便是从“生产力与生产关系的客观需要”到“解放思想与理论创新”的“惊险”跨越，这一跨越不仅需要智慧，更加需要勇气。从党的十一届三中全会开始，历届党代会与三中全会都在经济体制、所有制结构、分配方式等方面不断做

① 白永秀，王泽润．非公有制经济思想演进的基本轨迹、历史逻辑和理论逻辑[J]．经济学家，2018(11)：13－21.

出新的理论突破。同时，我们也能看出，从党的十四大之后，关于非公有制经济的理论创新变得更加主动与积极，不再只是简单地适应生产力发展要求的被动改革，也有主动进行改革、积极调整生产关系、促进生产力发展的情况。这种情况为非公有制经济发展发挥了显著的推动作用。

第二，坚持市场化改革方向，尊重市场经济发展规律。市场化改革与非公有制经济发展是一种双向作用、互相促进的关系。市场化改革方向的确立，是非公有制经济发展间接作用的结果，同时，完善的市场环境也是非公有制经济发展所必需条件。一方面，非公有制经济作用的有效发挥和不断增强，决定了经济体制改革目标的确立。从双轨制到商品和服务的市场化定价，再到生产要素的市场化定价，市场化改革的不断深入推进使市场在资源配置中的作用也发生了由小到大、由基础性到决定性的转变，推动价值规律、竞争规律、供求规律等市场经济一般规律成为经济运行中调节生产要素分配、提高劳动生产率的基础性机制。另一方面，在非公有制经济发展所依赖的市场机制不断确立、完善并加强作用的过程中，通过国有企业逐渐退出竞争性行业以及发展混合所有制、允许非国有资本参与国有资本投资项目等方式，扩大了非公有制经济进入的领域，降低了非公有制经济进入的门槛，逐步实现了公有制经济的放权让利、非公有制经济的发展壮大的双向积极变化。

第三，坚持法治建设，营造良好的法律环境。法治化是市场经济的本质特征，因此，在改革进程中，市场化改革与法治化改革是相伴相随的。对于非公有制经济来说，健全的立法、公正的司法、严格的执法是创造公平环境、保护私有财产、规范监督管理的必要条件，也是发挥市场决定作用的前提。从1982年“个体经济”被第一次写入《宪法》，国家便开始在各个层面不断加强对非公有制经济的保护、支持与规范发展。一是在根本大法《宪法》中确立非公有制经济的地位，明确国家对非公有制经济的态度；二是出台《个人独资企业法》《中小企业促进法》《物权法》《劳动法》《民法通则》等配套法律法规；三是国务院颁布《关于鼓励支持和引导个体私营等非公有制经济发展的若干意见条例》等文件。这些法律、法规、文件，从三个层面立体地搭建了促进非公有制经济发展的法律政策框架。①

（3）非公有制经济的发展趋势判断

第一，混合所有制企业将成为非公有制经济未来发展的主要方向。党的十八届三中全会将混合所有制经济列为我国基本经济制度的重要实现形式，并放宽了发展混合所有制经济的限制，这是新时期深化国有企业改革和发展非公有制经济的必然选择。在混合所有制经济下，国有资本、集体资本和非公有制经济资本的交叉持股和深度融合，能够有效发挥两种所有制形式各自所具备的优势，从而推动市场经济发展。对于国有企业来说，民营企业的加入能够有效降低经营成本、盘活资本存量、提高资源配置效率、强化国有企业的市场属性；对于民营企业而言，能够有效借助国有企业的“红帽子”，提高在上市筹资、拓展市场、银行贷款等方面的便利性，并通过国有企业进入还未开放的垄断行业；而对于整个经济发展来说，混合所有制经济对于解放发展生产力、营造公平竞争的市场环境、加快经济结构转型升级等方面都具有极其重要的意义。但考虑到目前在产权保护、资产定价、投资安全、退出机制等方面存在的对非公有制经济不利的情况，应该进一步从统一市场准入、减少政府干预、建立特许经营制度等具体层面做出改变，使非公有制经济在企业上市、资产重组、合资新建等设立混合所有制企业的过程中享受到公平公正的待遇，从而提高非公有制经济参与混合所有制经济的积极性。②

第二，现代企业制度在非公有制企业中将得到进一步确立和完善。建立现代企业制度的目标，在我国各类企业中一直都未能得到有效实现，虽然早在1993年党的十四届三中全会出台的《中共中央关于建立社会主义市场经济体制若干问题的决定》中就已提出转换国有企业经营机制、建立现代企业制度的任务，但在这方面市场化改革的实践一直都不尽如人意。

---

① 白永秀，宁启．改革开放40年中国非公有制经济发展经验与趋势研判[J]．改革，2018(11):40-48.

② 白永秀，宁启．改革开放40年中国非公有制经济发展经验与趋势研判[J]．改革，2018(11):40-48.

从国有企业方面看，虽然国有企业在经历股份制改造，并通过上市实现了投资主体的多元化，但现代企业制度框架下的法人治理结构一直未能得到完善，企业家的行政属性、企业的经营管理与现代企业制度相去甚远。从非公有制企业方面看，虽然私营企业在市场经济发展的推动下，最终以公司制形式取代了曾经大量存在的独资企业与合伙企业，但仍旧依靠极不规范的家族化模式进行经营管理，任人唯亲现象普遍存在，现代企业制度虚有其表。这种“残缺”的现代企业制度从根本上限制了非公有制企业的发展壮大、转型升级。组建混合所有制企业对参股的非公有制企业在现代企业制度方面有着严格的规定，同时，无论是出于宏观经济发展的被动要求还是出于非公有制企业发展的内在选择，完善现代企业制度都将会成为下一步改革工作的重点。①

第三，企业家素质将大幅提升，民营企业家队伍将不断壮大。企业家综合素质的提升与民营企业家队伍的发展壮大，是市场经济发展的必然结果，在我国是一个不可逆的发展趋势。在深化改革的大背景下，随着市场经济体制的完善，我国企业家素质提升与民营企业家队伍壮大的趋势将会得到迅速显现并强化。其原因如下：首先，习近平总书记在党的十九大报告中，专门强调要“激发和保护企业家精神”。未来我国将通过政策环境、市场环境、法治环境等方面的优化来为企业家队伍的成长、企业家精神的弘扬营造良好的社会氛围。其次，市场经济的进一步发展对企业家在公平竞争、遵纪守法、精细化管理、组织协调等方面提出了更高的要求，之前长期存在的不正当经营、粗放式管理、偷税漏税、违法乱纪等行为在未来将被淘汰和杜绝。再次，在市场经济观念不断深入人心、我国高等教育快速发展的双重作用下，创业从商如今已不再是迫于生计的无奈之举，“学而优则商”这一现象越来越明显，同时，职业经理人教育的不断完善和规范对企业家能力的培养和素质的提升也产生了积极作用，高学历、知识

① 白永秀，宁启．改革开放40年中国非公有制经济发展经验与趋势研判[J]．改革，2018(11)：40-48.

型、专业化的企业家队伍逐渐形成并发展壮大。最后，改革开放后出生的年轻一代，在成长过程中充分享受到了市场经济所带来的红利，如今“双创”政策的推行、国家对中小企业的扶持以及营商环境的不断优化，将激发年轻一代的创业热情，思想开放、能力卓越、崇尚法治、充满激情的年轻企业家将会成为维护和发展市场经济的中坚力量。①

5.2 中国特色基本分配制度

5.2.1 中国特色分配制度的内涵

党的十四届三中全会提出坚持以按劳分配为主体、多种分配方式并存的中国特色基本分配制度。此后，我国的历次大会都沿用了这种对基本分配制度的提法。按劳分配为主体意味着在初次分配环节，按劳分配要占据主体地位，这种主体地位，是相对于按要素分配而言的。多种分配方式并存是我国基本分配制度的另一内涵，本质是对生产要素进行分配。

（1）按劳分配为主体

按劳分配为主体，是由我国坚持公有制为主体所决定的，是我国现阶段基本经济制度的体现与必然要求。我国社会主义国家的性质以及现阶段我国的基本国情决定了我国公有制的主体地位，生产资料公有制即任何对生产资料进行私自占有或垄断的行为都是不被允许的，我国全体人民平等地占有生产资料。这就决定了我国财富的按劳分配制度，劳动者根据个人劳动的多少以及劳动的效率进行收入分配，获得劳动报酬。按劳分配为主体，有利于提高人民的劳动积极性以及生产效率，有利于提高资源配置的效率，有利于体现公平公正的原则以及人民共享的发展理念。

（2）多种分配方式并存

自党的十四届三中全会以来，按劳分配为主体、多种分配方式并存的基本分配制度一直延续至今，并将一直存在于我国社会主义初级阶段。此

---

① 白永秀，宁启．改革开放 40 年中国非公有制经济发展经验与趋势研判[J]．改革，2018(11)：40－48.

后的历次代表大会一直对多种分配方式并存不断进行完善。多种所有制经济共同发展对应的是多种分配方式并存，非公有制经济对应的分配方式是按要素分配，按生产要素分配是生产要素私人所有权在经济上的实现，区别于以私有制为特征的资本主义的分配方式。多种分配方式并存是与我国社会主义初级阶段以及现阶段生产力水平相适应的，是社会主义本质的体现。多种分配方式并存有利于我国进行更公平、更合理的分配，体现人民共享的发展理念，满足人民对幸福生活的需要。

5.2.2 中国特色分配制度的演变

（1）1949—1956年：多种分配方式并存

第一阶段是1949—1956年，多种分配方式并存，土地和劳动要素效率共同释放，高潮是土地制度改革的完成。这一时期的分配制度包括按劳分配制度在内的多种分配方式，公有制企业内实行按劳分配，非公有制企业内实行其他分配方式，“公私兼顾、劳资两利”。

新中国成立以后，我国于1950年颁布了《中华人民共和国土地改革法（草案）》，首先在农村进行了以“耕者有其田”为目标，以使土地和生产资料的所有权从地主转移到农民手中为核心的土地制度改革。1952年在城市对工资制进行了改革，实行统一的工资计算单位“工资分”，实行计件工资制、奖励工资制，建立工资等级制。1953年我党提出要对我国的农业、手工业和资本主义工商业进行社会主义改造，并实现社会主义工业化。此后，我国加强对收入分配的管理，降低高收入者的工资，提高低收入者的工资。

（2）1957—1977年：平均主义的单一的按劳分配制度

1956年年底，我国的“三大改造”顺利完成，我国进入社会主义，开始实行单一的按劳分配制度，这一时期人民获得收入的唯一途径就是劳动，不允许按照其他生产要素取得收入，崇尚平均主义，这与单一的公有制结构相适应。我国的分配制度向公有化和平均化演变。

我国于1956年颁布了《关于工资改革的决定》等文件，对我国的所有企业机关单位实行了统一的工资制度改革。过去的“工资分”被取消，将工资的标准规定为货币，实行货币工资制、工资等级制度、对不同行业、不同职位的工作人员，建立不同的等级，实行不同的工资标准。自此，我国用单一的工资形式取代了以往的多种工资形式，用单一的按劳分配制度取代以往的多种分配方式并存。继续坚持完善计件工资制和奖励工资制，这一工资制的改革极大地提高了工人劳动的积极性。城市大部分的劳动者进入了国有企业和集体企业，工资按国家规定的体系进行分配。农村形成了以合作社为主的集体经济，劳动者进行基本平均的分配，以按劳分配为主。这一时期实行单一的按劳分配制度，使劳动者的剩余劳动由国家所有，对人民的劳动积极性产生了较大的损害，不符合我国当时社会发展的现状。

（3）1978—1986 年：打破平均主义，确立按劳分配的主体地位

1978 年实行改革开放，党的十一届三中全会强调按劳分配是社会主义的分配原则，我们要落实并坚持，将工作重心转移到经济建设上，打破平均主义。

我国的企业必须落实按劳分配原则，依据劳动者劳动的数量以及质量进行分配，不得私自占用生产要素，建立对劳动者的激励制度。在农村，我国实行“缴够国家的，留够集体的，剩下都是自己的”，消灭农民公社制，以家庭联产承包责任制为主，取代了过去的集体经营，不再实行平均主义，根据劳动成果进行分配，极大地提高了农民劳动的积极性和创造性，发展了农村生产力，促进了农村的经济发展。在城市，开始了以“放权让利”为主的国企改革，企业拥有自主决定工资的权利，同时要拉大员工之间的收入差距。企业以收益为依据发放奖金，政府仅征收一定的税，这使员工收入和企业利润相关，在企业内部形成不同的收入等级，以体现按劳分配、多劳多得的原则。

（4）1987—1992 年：按劳分配为主体，其他分配方式为补充

在我国经济不断发展、经济体制改革不断推进的背景下，非劳动要素所有者也逐渐产生了参与分配的需求，分配方式变得更加多元，分配制度也开始向按劳分配为主体、多种分配方式并存转变。

1987年党的十三大报告中指出："社会主义初级阶段的分配方式不可能是单一的。我们必须坚持的原则是以按劳分配为主体，其他分配方式为补充。"这是我国在分配制度改革中具有历史性意义的突破，是我国允许其他分配方式存在的开始标志，是第一次提出要在按劳分配为主体的前提下，以其他分配方式为补充。党的十三大指出效率优先、兼顾公平，除劳动以外其他要素取得收入的合法性。1992年党的十四大报告中沿用了十三大报告对分配制度的规定，并指出要同时兼顾公平与效率。我国企业开始实行工资增长机制和工资制度、征收奖金税、工资调节税等一系列措施来调节再分配，贯彻落实我国当时的收入分配制度。

（5）1993—2011年：按劳分配为主体，多种分配方式并存

我国自1993年党的十四届三中全会开始，多种分配方式并存的分配制度被提出，取代了以往多种分配方式作为补充的制度。

1993年党的十四届三中全会指明，要坚持以按劳分配为主体、多种分配方式并存的分配制度，体现效率优先、兼顾公平的原则。这是我国基本分配制度确立的标志。1997年党的十五大报告中强调"把按劳分配和按生产要素分配结合起来，坚持效率优先、兼顾公平"，"允许和鼓励资本、技术、土地、知识产权等生产要素参与收益分配"。将劳动与多种生产要素结合共同进行收入分配，是我国分配制度的一大创新突破，有利于我国经济的发展、资源配置效率的提高和社会公平。2002年党的十六大报告中提出要进一步完善我国的分配制度，劳动、技术、资本等生产要素按贡献参与分配的政策。2007年党的十七大提出"健全劳动、资本、技术、管理等生产要素按贡献参与分配的制度，初次分配和再分配都要处理好效率和公平的关系，再分配更加注重公平"，指明要完善分配制度，深化分配制度改革，有利于实现公平。

（6）2012年至今：新时代基本分配制度的完善

2012年党的十八大中指出，坚持深化我国分配制度的改革，是我国人民共享改革成果的必然要求，要使人民的收入水平和经济发展、劳动收入和劳动生产率实现同步增长，提高初次分配中劳动收入的比例和国民收入

中居民收入的比例。再分配将公平摆在第一位，同时兼顾效率。我国步入新时代，将分配制度与我国现阶段国情和经济建设结合。

2013 年党的十八届三中全会提出要进一步完善要素报酬机制，缩小居民各行业、地区之间的收入差距，形成橄榄形的收入分配格局。2015 年党的十八届五中全会将土地纳入原本包含劳动力、技术、资本、管理四种要素的框架中，强调优化这些要素的市场化配置，继续健全按要素贡献评价并进行分配的体制，贯彻共享的发展理念，努力缩小收入差距，增加人民福祉，实现全体、全面、共建的人民共享。2018 年党的十九大报告中指出要“坚持按劳分配原则，完善按要素分配的体制机制，促进收入分配更合理、更有序”。新时代下，我国重视要素市场的完善和市场机制的健全，以完善按要素分配的体制机制，是新时代我国对分配制度的新发展，是我国进行更公平、更合理的分配的前提，有利于体现人民共享的发展理念。党的十九大提出“提低、扩中、限高”，拓宽我国居民的收入渠道，完善再分配环节，促进公共服务的均等化，缩小收入差距，实现共同富裕，这有利于解决新时代我国社会的主要矛盾，形成合理的收入分配格局，体现党以人为本的宗旨，实现新时代我国人民共享的发展理念。

我国将在 2020 年打赢脱贫攻坚战。在习近平扶贫思想的指导下，中国进行了波澜壮阔的脱贫攻坚伟大实践，取得了巨大的扶贫成效，2013—2018 年，我国现行标准下的农村贫困人口累计减少 8000 多万人，贫困发生率从 2012 年年底的 10.2% 下降到 2018 年年底的 1.7%，相较于我国农村平均水平，我国贫困地区农村居民平均收入的增长更快，这为 2020 年全面打赢脱贫攻坚战奠定了坚实基础。

5.2.3　中国特色分配制度的发展趋势

第一，社会主义市场经济体制更加完善，不同要素公平参与分配。我国未来将会不断对市场经济体制进行完善，充分发挥市场在资源配置中的决定性作用，同时将建立起与之适应的分配制度，使各种要素公平参与分配，价格得到认可，努力消除有违分配公平的垄断分割现象。我国要在坚持按劳分配原则的基础上，确保各种要素参与分配，并将按劳分配与按要素分配相结合。坚持按劳分配原则，是由我国坚持公有制为主体所决定的，是我国现阶段基本经济制度的体现与必然要求。按要素分配的体制机制，是由我国基本经济制度中多种所有制经济共同发展决定的，是与我国社会主义初级阶段以及现阶段生产力水平相适应的，是市场经济体制的需要。所以，将二者结合是我国市场经济的必然要求和趋势。我国必将不断地完善健全市场经济体制，完善按要素分配的体制机制，使不同要素更加公平地参与分配。

第二，社会保障体系更加健全。未来我国将进一步建立健全与我国社会发展相适应的社会保障体系，有利于我国的社会公平稳定，完善收入分配制度，有利于“提低、扩中、限高”合理分配格局的形成，缩小收入差距，是实现再分配公平、人民幸福生活和社会稳定的有利保证，是新时代我国收入分配的政策方针。收入分配主要包含初次分配和再分配两个阶段，政府是再分配的主导者。我国在新时代更加注重再分配环节的公平问题，社会保障便是其中一项非常重要的内容。新时代我国将建立健全社会保障体系，充分发挥政府的调节作用，实现公共产品公共服务的有效供给，实现社会的公平与正义程度的提升，缩小收入差距，以坚持完善我国的分配制度。主要措施有完善失业保险制度、养老保险制度、最低生活保障制度、社会福利制度、医疗保险制度等。

第三，收入分配秩序更加规范。收入分配秩序不够规范是我国收入差距较大的重要原因之一，所以我国在未来将坚持收入分配制度的改革完善，正确认识并努力解决现在我国收入分配秩序方面的相关问题，使收入分配秩序更加规范、更加合理，收入分配关系更加明晰，收入分配格局更加合理，全国人民共享发展成果。实现措施包括：努力消除非法收入，用法律确定并保护合法收入，建立相关法律机制惩治并预防腐败，实现信息透明，完善监督管理机制，建立以市场为主导的工资决定制度，降低市场进入门槛，治理垄断，加强政府的宏观调控与再调节职能，完善相关法律能法规，建立起更加规范、更加公平、更加合理的收入分配秩序，以完善分配制度、实现竞争公平。

第四，收入分配差距逐渐缩小。现阶段我国在收入分配方面的一个很重要的问题就是收入差距问题，纵然我国居民的人均收入日益增长，但我国仍面临收入差距较大的现状，城乡居民收入差距大，不同地区居民收入差距大。所以，我国在未来将着力改善我国的收入分配格局，完善收入分配制度，规范收入分配秩序，“提低、扩中、限高”，落实扶贫政策，加强区域合作实现共赢，全面建成小康社会，缩小收入差距，形成合理的收入格局。

6 新中国70年中国特色经济体制改革的政治经济学分析

自1949年新中国成立以来，中国共产党带领人民将马克思主义理论与中国现实相结合，走出了一条具有中国特色的社会主义建设道路。经过70年的探索与实践，中国共产党带领中华民族实现了从站起来、富起来到强起来的历史性飞跃。中国从贫穷落后的国家发展为世界第二大经济体，国际经济地位快速大幅提高，从贫穷落后奔向小康，人民生活不断改善。在这个过程中，经济体制的构建与选择扮演了极其重要的角色。因此，本章将在新中国成立70周年这个节点上，对70年来经济体制的建设与改革进行历史回顾，辨析中国特色经济体制改革的内涵并建立起分析框架，分析中国经济体制改革取得巨大成果的原因，并展望中国特色经济体制改革的发展方向。

6.1 中国特色经济体制改革的理论分析

6.1.1 中国特色经济体制改革的内涵

（1）中国特色经济体制改革的内涵

经济体制是指在一定的基本经济制度的基础上资源配置的具体方式与具体规则，如经济决策权的分配规则、经济信息的传递规则、经济主体的行为规则、经济活动的协调规则等。[①] 经济体制与基本经济制度既相互区

① 张宇，等．中国特色社会主义政治经济学［M］．北京：高等教育出版社，2017：85.

别又相互联系：一方面，基本经济制度是经济体制的基础，经济体制的变迁只能在基本经济制度的范围内进行；另一方面，经济体制是基本经济制度的表现形式，当经济体制发展到一定阶段，基本经济制度也会随之发生相应的变化。例如，我国目前的经济体制改革，是在坚持公有制和按劳分配为主体的基础上，探索使资源得到有效配置的方式与手段；而在经济体制改革的过程中，以往的纯粹的按劳分配制度也发生了转变，以按劳分配为主体、多种分配方式并存成为社会主义初级阶段的一项基本经济制度。

经济体制改革是指在基本经济制度基本稳定的基础上，以调整经济制度的内容与实现形式为手段，使其适应生产力发展的要求，满足生产关系一定要适应生产力性质这一客观规律，增强社会活力，推动社会发展。与革命不同，经济体制改革是对经济体制的自我完善，而不是对经济体制的自我否定，但是二者的目的和作用是一样的，都是为了调整生产力和生产关系，解放和发展生产力。因此，邓小平指出，“改革的性质同过去的革命一样，也是为了扫除发展社会生产力的障碍，使中国摆脱贫穷落后的状态。从这个意义上说，改革也可以叫革命性的变革”①。

中国特色经济体制改革以社会主义基本经济制度为基础，以建立并完善社会主义市场经济体制为目标，以渐进式改革为主要途径，一方面发挥市场机制在资源配置中的决定性调节作用；另一方面完善中国特色社会主义经济制度，对市场经济的局限和弊端进行纠正、调节和超越。

（2）中国特色经济体制改革与激进式改革的区别

与中国特色经济体制改革相对应的是苏东国家采取的以“休克疗法”为代表的激进式改革路线。激进式改革是一种快速的跳跃式的制度变革方式，是西方主流经济学和西方国家主导的国际组织为苏东国家提供的标准解决方案，其主要内容有：①严格控制预算赤字，采取严格的货币紧缩政策，以此减少社会总需求、遏制通货膨胀的发展。②取消价格补贴，放开价格限制，建立以价格调整供需的市场机制。③取消外贸限制，建立自由

① 中共中央文献研究室．邓小平文选：第三卷[M]．北京：人民出版社，1993：135.

贸易体系，实行竞争性汇率。④取消经济管制，放弃对私有部门的各种限制，打破部分行业垄断。⑤国有企业部门私有化，建立以私有制为基础的混合经济。可以概括为市场化、私有化、稳定宏观经济三部分。

中国特色经济体制改革和激进式改革的区别主要体现在以下几个方面。

第一，从改革的理论基础来看，两者区别的根本原因在于意识形态不同。激进式改革由以资本主义为主要意识形态的西方国家提出，因此其经济学理论基础是在西方占主导地位的新古典主义经济学和新自由主义。而渐进式改革由社会主义国家之一的中国提出，其经济学理论基础为马克思主义政治经济学，只不过在改革过程中又吸收了制度经济学、新政治经济学、演进主义和西方经济学的部分内容。

第二，从改革的目标来看，激进式改革的目标比较明确，即全盘推翻原有的计划经济体制，快速实现市场化、私有化、自由化。激进式改革的提倡者认为，市场经济与私有制之间联系紧密，市场经济是在私有制下由社会分工引起的交换天然形成的，因此市场化改革就是建立一个以私有制为主的市场经济体制，即与西方国家相同的资本主义市场经济体制。渐进式改革则将改革看作一个连续的过程，其改革目标一直在随着改革阶段的变化而变化。就中国而言，从最早的在计划经济体制内引入商品经济，到发展有计划的商品经济，再到建立社会主义市场经济体制和完善社会主义市场经济体制，直至目前的全面深化改革，渐进式改革的目标一直在随着中国的现实情况变化。渐进式改革的大方向一直不变，即在坚持社会主义道路的基础上，通过调整所有制结构、引入市场经济成分和进行价格改革，逐步形成市场化的竞争环境。

第三，从改革的内容来看，二者的区别主要在市场化和私有化上。在私有化问题上，激进式改革提倡快速私有化，建立资本主义市场经济体制；而渐进式改革是在对公有制企业进行改革的同时大力扶持非公有制经济，建立以公有制为主的混合所有制经济。在市场化问题上，渐进式改革主张整体推进、一步到位，尽快在外贸、外汇、价格体制、经济调控等方面放开控制；而渐进式改革则主张分步推进、双轨过渡，在价格改革上由“双轨过渡”到“适时并轨”，在体制改革上实行增量改革，降低改革阻力，逐步实现市场化目标。

第四，从改革的路径选择来看，激进式改革试图一次性实现破和立，但是计划经济体制的迅速破坏和市场经济体制的生成并不是对称关系，且在快速变革的过程中，对旧体制的既得利益者造成的损失较大，因此摩擦成本和阻力较大。而渐进式改革采取了分步走的改革策略，并在实施过程中采取增量改革的形式，对原有体制变动较小，每一步破坏和打击的范围也有限，因此社会摩擦成本较低，改革阻力较小，市场化改革能够持续顺利推进。

6.1.2 中国特色经济体制改革的分析框架

如前文所述，以“休克疗法”和“华盛顿共识”为代表的激进式改革作为西方国家开出的“标准药方”，被部分苏东国家、拉美国家和东南亚国家选择，而中国选择了以中国特色经济体制改革为代表的渐进式改革。在西方学者看来，激进式改革的成功与渐进式改革的失败几乎是大概率事件。然而结果却恰恰相反，中国的渐进式改革成功使经济体制转向市场经济体制，经济获得了持续快速的发展，综合国力大幅提高，人民生活水平提升，国民生产总值跃居世界第二，工业总量世界第一。而选择激进式改革的东南亚、苏东、拉美国家则经历了人均收入水平急剧下降、资本外流，国民经济持续数年下滑，其中俄罗斯的市场化改革更是导致了连续十年的经济负增长。

关于渐进式改革为何能够获得成功，不同的学者有不同的解释。以萨克斯为代表的新古典经济学家认为，中国的成功主要得益于一系列有利的初始条件，如落后的经济结构、传统体制的松散性等，不具有普遍意义，且改革成果有限，不彻底的改革使得中国的改革面临很大的困境。这种观点等于否定了改革路径本身在成功的改革成果中发挥的作用，而且无法对制度变迁的复杂过程进行系统性解释，并没有获得大多数学者的赞同。

（1）中国特色经济体制改革分析框架的视角选择

由于经济体制改革是一个动态的制度变迁过程，因此我们从历史分析入手，以市场经济与计划经济的相对进退视角对中国的特色经济体制改革进行分析。中国特色经济体制改革在很大程度上就是计划经济与市场经济的相对进退过程，无论是改革开放前还是改革开放后，经济体制改革的落脚点都在两种体制的相对进退上。要对中国特色市场经济体制改革进行梳理与分析，就需要从计划经济和市场经济的相对进退出发，对每一阶段的内容、特点、逻辑、成果进行分析，这主要有以下几个原因：

第一，直至目前中国特色经济体制改革的主要任务仍然是更好地让市场机制在资源配置中发挥决定性的调节作用，激发微观主体活力，进而实现发展经济、改善人民生活水平的目标。计划经济时期，市场配置资源的作用受到了极大的限制，国民经济发展速度缓慢，不仅严重滞后于发达市场经济国家，甚至与东亚国家的差距也在拉大，“共同富裕”异化成为“共同贫穷”，社会主义的优越性得不到体现。因此，改革的目标是以经济建设为中心，增加供给，提高人民生活水平。在“摸着石头过河”的过程中，市场化改革的任务被逐步确立，并在建立起社会主义市场经济体制后，将任务变更为完善社会主义市场经济体制，不断引进和完善市场经济体制的任务在整个改革过程中贯穿始终。

第二，市场经济与计划经济的进退折射出调整生产关系和生产力使二者适配这一根本性质。在改革开放前，我国的生产关系和生产力的发展水平之间极不平衡，虽然在新中国成立初期完成了工业化目标，但是由于技术匮乏、工业化程度不高、生产力落后，经济发展水平低下，但是当时我国实行的却是高度集中的计划经济体制。在计划经济体制下，经济活动全部由国家行政命令调节，微观主体的活力和市场机制的调节作用被遏制，导致商品短缺、寻租活动频繁。因此，改革的根本性质就是调整生产力和生产关系，使二者相互适应，促进生产力的发展。

第三，市场化改革路径的不同是区分激进式改革和中国特色经济体制改革的最主要特征。苏东国家与中国面临的改革任务基本相似，都是建立市场经济体制，发展生产力，改善经济，提高民众生活水平。但是二者选择了截然不同的道路，苏东国家选择了接受西方发达资本主义国家提供的以“休克疗法”为代表的激进式改革方案，期待通过市场化、私有化、稳定化、自由化，快速转向资本主义市场经济体制。而中国在改革初期没有明确的改革方案，加之改革涉及的范围和利益过于广泛，贸然采取彻底激进的改革，容易造成社会动荡，面临很大的风险。因此，为了保证改革的顺利进行和社会稳定，我们国家选择了边走边看，从容易的地方入手，局部实验，总结经验，最后推广。这也是中国特色经济体制改革与其他改革方案最大的不同点所在。

（2）中国特色经济体制改革的分析框架

基于以上分析，要构建中国特色社会主义经济体制改革的分析框架，需要从市场经济与计划经济体制的相对进退视角出发。这不仅由于两种体制相对进退的速度带来的差异和共同富裕目标要求的市场化任务，更由于两种体制相对进退的关系会形成一种进化的逻辑。在这种进化的过程中，政府会逐渐明确改革目标，确立改革任务。两种体制的进退视角既突出了市场化改革在中国特色经济体制改革中的必要性，又指明了未来改革的发展方向。

因此，中国特色经济体制改革的政治经济学分析框架，即为在两种体制的相对进退视角下，利用成本—收益分析方法，对中国特色经济体制改革的过程进行研究。何为改革的成本与收益？改革的收益即为生产关系调整带来的生产力水平的提高，表现为体制变化导致的资源配置效率的提高。改革的成本分为两部分：第一部分是“摩擦成本”，摩擦成本，即由于改革带来的社会成员之间的利益矛盾，引起原有体制的既得利益者对改革的阻挠和回避造成的成本。“被损害的人数和被损害的程度，从而反对某一改革的人数和反对的强烈程度，就成为改革成本的度量。”[①] 摩擦性成本体现出改革的路径选择可能是次优的，即非帕累托改进的，只能估计多数人或强权者的利益。第二部分是改革的“实施成本”，即搜寻、学习新

---

① 盛洪．关于中国市场化改革的过渡过程的研究[J]．经济研究，1996(1)：69－80.

制度安排的成本，为改变制度重新签约的成本，新制度安排的运行成本等。① 假定改革的收益为正，那么对改革过程的分析，即转化为对改革的成本进行比较，改革成本较低或最低的路径，即为最优的改革路径。

（3）中国特色经济体制改革成就的原因

在体制进退视角下的成本—收益框架下，就能对中国特色经济体制改革的成功原因作一个初步研究。中国特色经济体制改革之所以能够取得成功，主要有以下几点原因：

第一，“双轨”与“并轨”适时对接。双轨制是计划经济体制和市场经济体制之间的相对进退，是体制外改革的主要手段，其主要体现有两个方面：一部分是价格体系的双轨制，在保持原有产品的计划配给的同时，允许一些新产品自行定价。另一部分是产权制度的双轨制，在保证公有制企业主体的前提下，放开非公有制企业的发展限制，在体制外成长出新体制。一方面，它可以避免由于思维惯性导致的人们对新的制度安排的抵制；另一方面，由于原有体制外没有既得利益者，改革并不会受到原有利益集团的反对，因此极大地降低了改革的摩擦成本。此外，随着新体制的逐渐壮大，其表现出的活力与长处又会倒逼原有体制进行适应性改革，使得原有体制主动选择“并轨”，并通过“并轨”推进国有企业的市场化改革，进一步降低了摩擦成本，减少了改革对经济社会的冲击。

第二，体制内选择了增量改革的形式。增量改革与前文的体制内改革相类似，只不过主要在原有的计划经济体制内发挥作用。增量改革是指“国有企业或农民在完成他们对政府承担的义务以后的产量增量部分，可以按照市场经济的规则进行安排，包括在定价、销售方式和收益分配方面的安排”②。虽然计划的部分在绝对量上没有变化，但是随着产量的不断增长，计划经济的部分在产量中所占比例越来越小，实现了计划经济的相对退出、市场经济的相对进入。在劳动市场采取“老人老办法，新人新办

---

① 周业安. 中国渐进式改革路径与绩效研究的批判性回顾[J]. 中国人民大学学报,2000(4):26-31.

② 盛洪. 关于中国市场化改革的过渡过程的研究[J]. 经济研究,1996(1):69-80.

法”，计划经济体制随着工人年龄的增长逐渐退出。这种办法的好处在于：首先，增量改革在保证原有计划经济体制基本不变的前提下，在原有体制内逐渐引入市场经济体制，没有触及原有体制的利益格局，因而不会遭受过大的阻力；其次，较长的改革周期使得微观经济主体可以逐渐适应学习新体制，降低了改革的学习成本。

第三，国有企业与计划约束发挥了稳定和孵化的作用。在中国特色经济体制改革过程中，并没有将国有企业直接推倒重来，国有企业在改革过程中扮演了“稳定器”和“孵化器”的角色。一方面，国有企业发挥着社会保障的作用，一旦改革过程中出现失误，也可以通过计划调整在一定程度上吸纳失业人员，减少社会动荡的可能，降低改革的风险性成本。另一方面，国有企业扮演着“孵化器”的角色，在非公有制经济发展的过程中提供原材料、劳动力和技术，加快了非公有制企业的发展速度，降低了市场经济体制的实施成本。

第四，时间和空间上的逐步突破与试错。渐进式改革将改革过程在时间和空间上分割为更小的部分，逐步尝试与推广。在时间上，渐进式改革将改革过程视为不断自我否定、进步、发展、完善的过程，这符合辩证唯物主义中否定之否定规律和认识的运动的基本规律的要求，可以在实践中总结规律，提出新的理论，调整改革路径，增加改革的可控性。此外，时间上的分解将一个阶段的改革成本分摊到多个阶段中，化解了改革的压力和阻力。在空间上，渐进式改革采取了先试点、后推广的方式，这不仅降低了改革的摩擦成本和风险成本，还降低了向其他地区推广时的实施成本。此外，新体制在时间和空间上的逐步成长可以降低在改革中对改革受损者补偿的压力。因为一方面，有效的新体制可以显著提高社会运行效率，使得社会财富迅速增加，使政府可用的资源增加；另一方面，新旧体制的摩擦会逐步暴露出改革的阻力所在，从而使政府容易识别需补偿的群体及需补偿的程度。①

① 周业安．中国渐进式改革路径与绩效研究的批判性回顾[J]．中国人民大学学报，2000，V(4)：26－31.

6.2 中国特色经济体制改革的历史分析

从1949年新中国成立至今，我国的经济体制经过了由新民主主义经济体制到计划经济体制再到社会主义市场经济体制的转变。根据各个阶段改革的不同特点和手段，我们将经济体制的转变分为四个时期：从1949年10月到1978年12月建立纯粹的计划经济体制的时期称为“改革开放前时期”，从1978年12月到2003年9月改革开放前半段时期称为“引入并建立社会主义市场经济时期”，从2003年10月到2012年11月称为“完善社会主义市场经济时期”，2012年11月至今称为“全面深化改革时期”。

6.2.1 改革开放前时期

（1）经济体制的历史演进

计划经济体制的雏形是苏联十月革命后采用的“战时共产主义”临时措施。1929年，斯大林开始了强制性的全盘农业集体化运动。随着苏联第一个五年计划（1928—1932年）的实施以及1936年苏联宪法的制定，集中计划经济在苏联完全确立。20世纪50—60年代，集中计划经济已经在全世界几乎所有的社会主义国家建立起来。①

1949年新中国成立以后，没有在新中国成立之初就直接建立计划经济体制，而是先建立新民主主义经济体制，再有步骤地从新民主主义向社会主义转化。1949—1952年国民经济恢复时期，新中国政府通过变革旧的生产关系，结束了旧中国半殖民地半封建的经济关系，使社会经济结构发生了深刻变化，逐步建立了在社会主义国营经济领导下的国营经济、农民和个体经济、私人资本主义经济、合作社经济和国家资本主义经济五种经济成分并存的新民主主义的经济结构。但是这个过程中实际上已形成我国计划经济体制的雏形，为下一阶段的体制建立奠定了基础。这一时期的经济体制变革主要体现在以下几个方面：

---

① 殷德生，吴虹仪，王奕望．中国市场化改革路径与转型经济理论创新［J］．学术月刊，2017（6）：74－82.

第一，没收官僚资本，并把它改造成为社会主义国营经济，由国家掌握全国的经济命脉。由于新中国成立前我国的半殖民地半封建的社会性质导致民族工业缺乏良好的发展环境，官僚资本长期占据中国经济的统治地位，并且官僚资产阶级为了保证其自身利益，利用国家权力干预市场竞争，形成了官僚资本垄断市场的格局，导致官僚资本高度集中。这都为新中国将官僚资本转变为国营经济提供了条件。与此同时，民族资本主义经济在国民经济恢复时期有一定的发展，但是由于国家对其进行的调整和改组，那些与国计民生有重大关系的私营商业受到了削弱并逐步被国营经济所取代。规模较大的私营工商业大多接受了政府和国营企业的加工订货和经销代销。经过一系列优先发展国营经济的措施，国营经济的领导地位逐步确立，国营工业产值占全国工业总产值的比重由 1949 年的 34.7% 上升为 1952 年的 56%，国营商业的零售额占全国零售额的比重由 1949 年的 14.9% 上升为 1952 年的 42.6%。①

第二，开展土地改革运动，废除封建土地所有制，发展农业互助合作组织。1950 年 6 月，《中华人民共和国土地改革法》正式施行，要求没收地主多余的土地、农具、牲畜等生产资料，分配给缺少土地和生产资料的其他农民，地主也按同样的标准分配土地。1951 年 12 月，中共中央通过了《关于农业生产互助合作的决议》（以下简称《决议》），指出要克服分散经营给农民带来的困难，以自愿互利为原则，发展农民互助合作。在《决议》的指导下，各地积极引导农民和手工业的个体经济朝着互助合作的方向发展，组织了一些劳动互助组和农业生产合作社，发展了集体经济。到 1952 年，全国共有互助组 803 万个，参加的农户为 4500 万户，占全国农户总数的 40%。② 在土地改革和农业互助组织发展的推动下，农民的生产积极性空前提高，1951 年全国农业总产值比 1949 年增加了 28.8%，1952 年比 1949 年增加了 48.5%，1950—1952 年，粮食产量平均每年增长

---

① 周鸿．中华人民共和国国史通鉴[M]．北京：红旗出版社，1993：24.

② 孙健．中华人民共和国经济史[M]．北京：中国人民大学出版社，1992：34.

12.9%，[①] 农民生活得到显著改善。

第三，统一财政经济，建立计划管理机构，对部分经济活动实施计划管理。由于新中国成立初期人民政府需要支付战争费用，继承了旧政府的公职人员，在经济建设中又需要投入大量资金，而税收基本掌握在地方政府手中，导致新中国成立初期赤字巨大，财政极其困难。1950 年 3 月，中央人民政府政务院发布了《关于统一国家财政经济工作的决定》，将全国财经工作从分散经营过渡到基本上统一管理。主要包括三方面内容：统一全国收支，国家的主要收入统归国库，必须经过人民政府财政部的支付命令才能动用；统一全国物资调度，重要物资由中央贸易部统一掌控、统一调拨；统一全国现金管理，指定人民银行统一调度管理国家现金与外汇，要求属于国有的现金统一存入国家银行，实行统一现金管理与转账制度。经过 3 年的调整，国家财政收支情况很快改善，由 1950 年的赤字 2.9 亿元转变为 1951 年的盈余 10.6 亿元和 1952 年的盈余 7.7 亿元。[②] 此外，中央在新中国成立后就着手建立计划经济管理机构，编制管理计划。经济部门在 1950 年就开始试编部门计划，1952 年开始编制全国性综合年度经济计划。国家在国民经济恢复时期的计划管理，主要通过指导性计划和指令性计划来实现，通过部门计划和地方系统，直接或间接地指导和管理全国的企业、事业等基层单位，对国营企业和高级形式的公私合营企业主要实行直接计划的办法，对个体经济、私营经济和合作社经济主要实行指令性计划的办法，以此将它们的生产和销售行为纳入统一的国民经济计划当中。1952 年 11 月，国家计划委员会正式成立，负责制订和组织实施全国的经济计划工作，从此，国民经济管理开始主要采用编制经济计划的办法，计划经济体制开始逐渐建立起来。

1953 年，中共中央提出了党在过渡时期“一化三改”的总路线，人民政府根据过渡时期总路线的要求又制订了我国发展国民经济的第一个五年

① 国家统计局．中国统计年鉴 1983[M]．北京：中国统计出版社，1983：162.

② 国家统计局．中国统计年鉴 1983[M]．北京：中国统计出版社，1983：445.

计划。国家全面启动了对农业、手工业和资本主义工商业三个行业的社会主义改造。对农业和手工业的社会主义改造，遵循自愿互利、典型示范和国家帮助的原则，农业部门由临时和常年互助组，发展到初级农业生产合作社，再发展到高级农业生产合作社，手工业部门从手工业生产合作小组发展到手工业供销合作社，再发展为手工业生产合作社；对资本主义工商业，完成了从以加工、订货、统购、报销、经销、代销为形式的低级国家资本主义向以公私合营和全行业公私合营为形式的高级国家资本主义的过渡。中国的所有制结构，由改造前的国营经济、农民和个体经济、私人资本主义经济、合作社经济和国家资本主义经济五种经济成分并存，转变为改造后的单一公有制经济。“一五”计划和“三大改造”的完成，标志着高度集中的计划经济体制在新中国的确立。而一系列次一级的计划体制，如国民经济管理体制、工业管理体制、物资管理与流通体制、劳动工资体制等都相继确立。与这种计划经济体制相对应，这一时期还确立了相应的政治和社会管理体制，从而形成了较完整的“社会主义计划经济模式”。

1958 年，随着“大跃进”口号的提出，整个经济工作在“左”的思想下进行，集中表现为“体制下放”改革。“体制下放”改革的主要内容是扩大地方权限，将中央直属企业的管理权移出中央部委的管理范围，将原有属于中央的管理权限移交给地方，包括事权、财权、企业权、税收权等权限都被下放给地方政府。1958 年 3 月至 12 月底，中央直属企业下放了 88%，中央直属企业由 1957 年的 9300 多个减少到 1200 多个。[①] 虽然放权短期内提高了地方的经济活力和生产积极性，但是一方面由于地方对全国情况不了解，缺乏相应的经验；另一方面由于地方在权力和资源分配上过度竞争，导致这一时期的经济计划充满盲目性和随意性，忽视了整体的协调。在 1961—1965 年的经济调整时期，随着“调整、巩固、充实、提高”八字方针的提出，中央开始重新收归权力，在一定程度上克服了分散决策的弊端，调整了计划的比例关系，但是又逐渐体现出行政管理管得过

① 王瑞荪．建国以来经济体制的变革及其经验教训[J]．教学与研究，1985，V(2)：11－18.

多、过死的毛病。1970年全国又开始了一次以备战为目的的权力下放，工业企业和批发站都被下放给地方进行管理，税收制度、银行信贷制度和劳动工资制度被极大地简化。这些举措导致国家对宏观经济失去了控制能力，全国的统一计划、生产的合理布局和重要产品的供求均衡全都无法实现。这段时期的权利收放过程，被概括为“一统就死，一死就叫，一叫就放，一放就乱，一乱就统”。

虽然这种“体制下放”并没有市场化改革的导向，并导致了全国经济工作的混乱，但客观上，它也为中国市场因素的生长提供了土壤，为之后的中国特色经济体制改革奠定了基础。一方面，“行政分权”使得中央计划的权力受到约束，中央计划之外仍然存在大量经济活动。在改革开放前夕，全国共有超过34万家企业，只有3%的国营企业归中央直接管辖，其余大多由省、县乃至乡镇管辖，这就使得既得利益集团多、利益关系复杂、改革难度大的国有企业改革不再是经济体制改革的唯一决定因素。另一方面，财政权力的下放使得地方政府之间形成竞争关系，为了增强当地的竞争力，一些地方政府开始放松对非公有制企业的限制，一定程度上允许非公有制企业存在，有些地方政府还利用中央下放的权力为乡镇企业的发展提供便利。这些举措都为非公有制企业和乡镇企业的发展提供了空间，并在之后的中国特色经济体制改革中提供了新的增长方向。但是，这种“体制下放”的作用也不能被高估，因为其并未脱离计划经济的框架，其基本目标也并不是市场化，而且在放权过程中存在过急过快的问题，导致经济工作随意性过大，全国经济陷入混乱。

“文化大革命”时期是我国国民经济极不正常的十年，这一时期在“政治决定一切”思想恶性膨胀的形势下，党在指导经济工作“左”的思想占据了主导地位，“政治决定一切”与“阶级斗争为纲”成为当时的指导思想。在这个时期，价值规律被视为“资产阶级自由化”“利润挂帅”，按劳分配原则遭到否定，企业的规章制度被视为“修正主义的管、卡、压”。由于政治动乱，企业的合理规章制度被大量破坏，企业的经济效应普遍下降，加上盲目放权，国民经济处于无政府状态，最终导致了国民经济逼近崩溃边缘。

到了计划经济体制后期，计划经济体制已经极大地伤害了中国生产力的发展，威胁了中国在世界上的生存。1952—1976 年，我国国民收入年均增长率为 5.65%，扣除人口因素，人均增长率为 3.6%；如果以 1957—1976 年计算，则人均国民收入增长率为 1.7%；如果终期计算到 1979 年，则上浮 0.5 个百分点。相比之下，我国的人均经济增长速度也仅仅是与世界平均增长速度同步（至多略高一点）；与 20 世纪 80 年代以前一直不太景气的美国人均 GNP 增长速度相比，也仅是相近或略高一些。

（2）计划经济体制建立的历史逻辑

虽然改革开放前高度集中的计划经济体制在后期严重阻碍了中国的经济发展，但是也不能因此对改革开放前的计划经济体制全盘否定，对于新中国成立之后形成的计划经济体制的认识，应该坚持马克思主义历史与逻辑相统一的原则。当时的中国选择计划经济体制道路，也有其历史逻辑：

第一，这是由我国在新中国成立初期工业基础薄弱、生产力落后的国情决定的。1949 年，现代工业产值仅占中国工农业总产值的 17%。由于中国的工业基础过于薄弱，中国共产党只能选择优先发展重工业，并由此逐步向外辐射，带动轻工业和农业发展。因此，在党的七届二中全会上，建立先进的工业国的发展战略被提出，并决定实行优先发展重工业的战略。但一方面，重工业投资大、建设周期长，与轻工业和农业相比没有比较优势，在市场机制下很难保证重工业可以得到快速发展；另一方面，新中国的经济基础薄弱，民族工业没有多少积累，资金、物资、人才严重缺乏。这对矛盾就要求国家需要将有限的人力、物力、财力投入到重工业的建设中，通过人为压低资本、能源、原材料、人力等要素的价格，降低重工业形成的门槛，对重点行业进行统一投资。因此，建立中央统一领导的计划经济体制，就成为当时的历史条件下新中国的必然选择。

第二，这是由我国在新中国成立初期面临的国际环境决定的。新中国成立初期，以美国为首的西方国家在政治、经济、外交上对新中国开展了全方位的围堵，这些国家拒绝承认社会主义中国，而将国民党政府视为中国的合法政府，阻止新中国恢复在联合国的合法席位，并在经济上对社会主义中国实行封锁、禁运。国际上只有苏联和东欧一些社会主义国家、人民民主国家和民族独立国家承认社会主义中国，而斯大林又过分强调苏联模式的成功经验，忽略各国不同的客观条件，要求各国共产党都要学习苏联模式。苏联建议中国借鉴苏联的建设经验，并在此基础上为中国实现建设计划提供资金、设备、人员等。在这种背景下，中国共产党提出了“一边倒”的外交政策，并提出向苏联学习的口号。在这种情况下，苏联的经济体制在我国接受苏联的援助过程中对新中国的经济体制产生了重要影响。

第三，新中国成立初期的经济基础为计划经济的实施也提供了可能性。一方面，官僚资本占据了中国工业的绝大部分，民族资本和国外资本只能作为补充。在新中国成立后，通过对官僚资本和国外资本进行接管和没收，国家资本主义成为新中国工业经济的主要部分，并在“三大改造”后转变为公有制经济，为计划经济的实施提供了有利条件。另一方面，由于在新中国成立前，官僚资本为了维持自己的垄断地位，运用国家权力对其他资本进行打压，干预市场竞争，导致官僚资本高度集中，其他企业又数量不多，整体经济关系比较简单。因此，在接管了官僚资本，通过“三大改造”建立起公有制经济以后，国家可以准确、快速地掌握市场的基本情况，替企业作出基本有效率、符合经济运行实际的生产决策，这些都为新中国成立初期计划经济体制的可行性提供了条件。

6.2.2 引入并建立社会主义市场经济时期

(1) 历史演进

这一时期主要分为两个阶段：第一，1978—1992 年，在计划经济体制内引入市场经济阶段；第二，1992—2003 年，建立社会主义市场经济体制阶段。经过这个时期的探索与尝试，社会主义市场经济体制的概念基本上明确和确立了，中国特色社会主义市场经济体制也建立起来，人民生活水平得到了极大的提高。

1978 年，党的十一届三中全会召开，会议全面纠正了“左”的错误指导思想和方针，确定了“调整、改革、整顿、提高”的新八字方针，提出把党和国家的重心转移到经济建设上来，改革开放的大幕由此拉开。新中国开始了向计划经济体制内引入商品经济的探索，主要在以下几个方面进行了尝试。

第一，改革从农村开始突破。1978 年，安徽凤阳小岗村的 18 户农民背着公社和大队搞起了“包产到户”，将村内土地分开承包，开创了家庭联产承包责任制的先河。“包产到户”取得了明显成效，1979 年小岗村农业总产量相当于 1966—1970 年 5 年产量的总和。1980 年，邓小平同志对农民的首创精神表达了坚决支持。党的十一届三中全会对农业问题进行了深入探讨，指出要大力恢复和加快农业生产，才能提高全国人民的生活水平。会议指出，为了达到这个目的，必须首先调动农民的社会主义积极性，并对包工到组的管理方式表达了肯定。1981 年 10 月，全国农村工作会议通过了《全国农村工作纪要》，肯定了“包产到户”“包干到户”属于社会主义集体经济生产责任制性质，1982 年更是以中央一号文件的形式明确指出了上述内容，包产到户责任制得到迅速发展。截至 1983 年年底，全国农村实行以家庭为主要形式的联产承包责任制的，已占农户总数的 90% 以上。1985 年，党中央再次发布一号文件，重申“联产承包责任制和农户家庭经营和农户家庭经营长期不变”。各地也在坚持土地公有制的前提下，延长土地承包期，鼓励农民增加投资、实行集约经营。1978—1984 年的 6 年间，全国农业总产值增长 55.4%，粮食产量增长 33.6%。①1978—1988 年的 10 年间，农村人均收入由 133 元上涨为 545 元，上涨 3.1 倍，扣除物价因素上涨 1.6 倍，农村居民生活水平大幅提高。1990 年，党的十三届七中全会通过了《中共中央关于制定国民经济和社会发展十年规划和“八五”计划的建议》，指出“在有条件的地区，根据农民自愿，可以因地制宜，采取不同形式实行适度规模经营”。1998 年党的十五届三中

---

① 李晓西．中国市场化改革三十年回顾[J]．科学咨询，2009(3)：2-4.

全会通过的《中共中央关于农业和农村工作若干重大问题的决定》更是进一步提出要赋予农民长期而有保障的土地使用权，使农民成为独立的市场主体。

在乡镇企业的探索与发展方面，1979年，中共中央在十一届四中全会上通过了《中共中央关于加快农业发展若干问题的决定》，明确指出“社队企业要有一个大发展”，提出要提高社会企业在公社收入中的比重。1981年5月，国务院对社队企业的发展进行调整、整顿和改革，主要包括调整产品方向、组织联合、进行规划、技术改造等内容。1984年党中央在发布的四号文件中第一次改称社队企业为乡镇企业，对乡镇企业的性质和内容都重新进行了界定，提出“开创乡镇企业新局面的历史任务”。经过党中央的调整和地方的自主探索，乡镇企业得到了极大的发展。1980—1988年，全国乡镇企业总产值从656.90亿元增长到6495.66亿元，增长了8.89倍，每年平均递增33.2%，1990年增长为8461.64亿元。[①]

第二，城市经济体制改革的尝试。我国经济体制改革首先在农村进行，取得了很好的效果，为城市经济体制改革提供了大量经验。1978年开始，国营工业企业的改革开始了初步探索，这段时期的国有企业改革以激发企业的生产积极性为主要目的，以“放权让利”为主要内容。1979年7月，国务院颁布了《关于国营企业实行利润留成规定》《关于扩大国营企业经营管理自主权的若干规定》等五份文件，扩大了企业的自主权，并要求各地开展试点。到1980年，试点企业数量已达到6600家，占全国国营企业数量的16%。这些举措使得国营工业企业获得了初步的自主权，企业同职工之间的责、权、利关系得到初步结合，使企业利益与收益相挂钩，取得了一定的成效。1983年，国务院决定实行利税并存制度，对企业利润先征收一定比例的税收，再对税后利润在企业和国家之间进行合理分配，1984年更是实行第二步“利改税”，对税后利润只征收调节税，不再单独分配。“利改税”使得企业和国家之间的分配关系固定了下来，企业更有

① 孙健．中华人民共和国经济史［M］．北京：中国人民大学出版社，1992：395

信心和活力去改善自己的管理模式，获取更多的收入。1984 年 5 月，国务院颁布了《关于进一步扩大国营工业企业自主权的暂行规定》（扩权十条），在企业的生产经营计划、产品销售、产品价格、劳动人事等十个方面进一步扩大了企业的自主权，使得企业开始初步具有市场意识和竞争意识，企业的生产积极性得以调动。

1993 年党的十四届三中全会通过《中共中央关于建立社会主义市场经济体制若干问题的决定》，提出了新的改革任务，对形势任务、企业制度、市场体系等内容进行了新的归纳和描述。这一时期国有企业改革的主要内容是建立现代企业制度，使企业成为独立的商品生产者和经营者，作为独立的市场主体参与竞争，解决企业“负盈不负亏”和缺少进步动力的问题，为构建社会主义市场经济体制打下基础。根据企业改革过程中形成的经验，股份制成为建立现代企业制度的主要方向，党在十五大报告中提出要进一步发展股份制，绝大多数国有企业都经过了股份制改造。改革的目的也由提高微观企业主体的活力转变为总体上提高行业的国际竞争力，提出“加快国有经济布局和结构的战略性调整”，对国有企业实行“抓大放小”“有进有退”的政策，令不适应市场竞争的国有企业主动退出市场，调整国有企业的总体分布。这些举措对国有企业的职能和适应范围进行了探索，促成了一批竞争力较强的大型企业，促进了企业经营机制转变和效益提高。

非公有制经济的发展在时间上要比公有制经济更晚，但是发展速度非常快。1978—1982 年，非公有制经济并未取得合法的发展地位，这个时期的非公有制经济大多数以个体经济为主要形式，被视为搞活经济的一种手段出现。1992 年，党的十四大首次指出民营经济是公有制经济的“补充”，党的十四届三中全会提出要“鼓励个体、私营、外资经济发展”。这一时期，非公有制经济的合法地位得到了承认，民营经济开始快速发展，对国民经济的促进作用日益增强。党的十五大明确了“非公有制经济是社会主义市场经济的重要组成部分”，实现了所有制理论的历史性突破，具有里程碑式的意义。这一时期的非公有制经济迎来了真正的快速发展，表现为发展速度快、实力逐渐增强、进入领域越来越宽、市场竞争力提高。1992—1997年，个体工商户的数量由1534万户增加到2851万户，私营企业由14万家增加到96万家，外资企业由8.5万家增加到23.6万家。

第三，流通体制的改革。在流通领域，最早取得突破的也是农村。1979年以后，随着农业体制改革的推进，农民的生产积极性得到了极大提高，农村集贸市场开始繁荣。1983年，中央一号文件明确规定，完成统购任务的额外农产品可以通过多种渠道经营，农民也可以自行销售。该文件的提出代表着农村集贸体系基本上得到认可，多渠道的农村流通体制开始形成。党的十一届三中全会也对统购统销的流通体制进行了改革，提高了农副产品的收购价格，缩小了农副产品的统购统销范围，扩大议购、议销比重，使得农民在获得了生产上的自由权以后，又获得了经营上的自由权，大大促进了农副业的发展，丰富了农产品的市场供应。

随着农村流通体系的逐渐放开，国家也逐渐放宽了企业的自销权力，缩小了指令性计划分配物资的范围和品种，扩大了市场交换的范围和品种，一些重要物资也进入了市场，包括煤炭、钢铁等生产资料也开始进入市场，形成了统购统销、计划收购和订购、选购等多种流通手段并存的流通体系，初步形成了多渠道的商业流通网络。党的十一届三中全会以后，国家开始积极发展个体、集体商业，将其范围由饮食服务业扩展到各个行业和小商品批发；扩大市场的调节范围，增强市场对经济的调节作用，减少流通环节，批发零售也不再受交易站等级限制。到1986年，社会商品零售总额达到4950亿元，比1978年的1559亿元高了2.2倍。

在价格体系上，我国通过稳步的“调放结合”的价格改革，成功地实现了从计划经济体制的统一定价向市场价格的转变，为此后进一步的经济改革奠定了良好基础。对农副产品的价格主要以调整为主，而小商品价格则全部放开，由市场决定价格。对于生产资料的价格，我国采取了具有中国特色的“双轨制”改革，即一方面提高生产资料价格，另一方面允许企业以市场价格出售自己超额生产的部分。1984年5月，国务院颁布《关于进一步扩大国营企业自主权的决定》，标志着生产资料“双轨制”价格政策的出台。1985 年 1 月，国务院进一步取消了原有的计划外价格不得高于计划内价格 20% 的限制，标志着价格“双轨制”的正式实施。通过对价格体系的调整，改变了单一由国家定价的方式，价格机制形成了国家定价、国家指导价和市场定价三者并存的局面，提高了市场通过价格机制对生产进行调节的能力，促进了工农业生产的发展，丰富了市场的产品供应。但是，价格“双轨制”的实施也造成了市场的不公，倒买倒卖行为开始出现，计划外生产资料价格不断上涨。1989 年 11 月，党的十三届五中全会作出《关于进一步治理整顿和深化改革的决定》，意味着价格改革又回到了稳步推进的道路上，以“有步骤、稳妥”的价格改革取代了激进的“价格闯关”。

（2）主要特点

1978—2002 年这一时期是在我国面临计划经济体制僵化、国民经济徘徊不前、人民生活水平较低、国际竞争压力增大的背景下进行的。因此，这一时期具有浓厚的时代特色，具体表现为：

第一，改革的目标是发展经济、不断提高人民生活水平。在计划经济时期，高度集中的计划经济体制极大地限制了市场配置资源的作用，致使整个国民经济缺乏发展活力，经济发展水平严重滞后，不但与发达市场经济国家的差距越来越大，而且与东亚国家的差距也在拉大，人民生活水平长期在低位徘徊，社会主义制度的优越性得不到真正体现。因此，“前改革时代”改革的目标是以经济建设为中心，集中所有力量一心发展经济，增加供给，活跃市场，不断提高人民生活水平。在此背景下，“发展是硬道理”就成为“前改革时代”的最重要理念。当然，这是一种粗放型的发展方式，主要考虑经济发展的数量和速度，忽视了发展的质量和效益，从而造成资源浪费和环境的破坏。

第二，改革的性质是调整生产关系，使生产关系适应生产力发展的要求。在改革开放之前，我国的生产关系和生产力发展水平极不适应。具体来说，生产力落后，经济发展水平低下，而当时实行的却是高度集中的计划经济体制。在这一体制下，经济运行不是由市场调节，而是由国家的行政命令来调节，国有企业几乎垄断了一切经济领域，市场机制、商品和价值规律遭到了严重排斥。这种生产关系明显与当时的生产力发展水平不相适应。因此，“前改革时代”改革的性质就是打破高度集中的计划经济体制，不断调整不适应生产力发展水平的生产关系，使其与生产力发展水平相适应，以促进生产力的发展。

第三，改革的任务是不断引入市场机制，建立社会主义市场经济体制。计划经济体制无法调动微观经济主体的积极性，约束机制与激励机制失灵，竞争机制和市场机制被排除在外，价格机制不能发挥应有的调节供求关系的作用，资源得不到合理有效的配置，经济发展缺乏动力并长期处于低水平状态。因此，“前改革时代”改革的主要任务是逐渐引进市场机制，让市场逐渐替代计划来配置资源，以提高资源配置效率，最后建立社会主义市场经济体制，使市场在资源配置中起基础作用。

第四，改革的途径是实行“不平衡”市场化的渐进式改革方式。我国的改革开放是史无前例的壮举，没有先例可鉴。从国家层面来看，在改革开放的起步阶段没有明确的方向，也没有具体的改革规划与方案。加之我国幅员辽阔，人口众多，各地区发展水平不平衡，而且改革涉及利益广泛，牵一发而动全身，如果进行全面、激进的改革，将会面临很大的困难与风险。为了保证改革的顺利进行和社会稳定，国家只能边走边看，“摸着石头过河”。通过“不平衡”的市场化途径形成渐进式的改革方式在当时来说是最优的选择，这样改革可以先从容易入手的地方实行市场化，进行局部试验，总结经验，然后渐进式地拓展放大。例如，我国在采取对外开放政策时，对各地区实行差异化政策，先大力支持与发展条件较好、区位优势明显的东南沿海地区的对外开放，然后逐渐向内地拓展。对于实现社会主义共同富裕的目标，也采取了“不平衡”的市场化途径，先鼓励与支持一部分有能力的人先富起来，然后先富带动后富，通过渐进的方式最后达到共同富裕。总之，“前改革时代”的改革先从体制外的增量改革突破，然后深入存量改革，局部试点，然后总结经验，完善政策，再逐渐全面推开。

第五，改革动力是面对国内外的现实压力，不断增强改革意识。我国改革开放面临两方面的压力或动力：一是从国内看，改革之前经济发展缓慢，人们的温饱问题尤其是农民的温饱问题未能很好地解决。而计划经济体制下改革很难从上层启动。迫于生活压力，农民从体制外尝试局部调整不适应生产力发展的生产关系，从而成功激发经济活力，释放被压制的潜能。这种效应逐渐被放大，促使改革面迅速扩大。在从体制外启动改革的基础上，国家对改革行为进行了合理引导，并最终以法律形式承认这些改革举措，从而形成了自下而上的改革实践。二是从国际方面看，新中国成立近30年，经济发展滞后，我国与发达国家的发展差距越来越大，国际竞争压力在第三次科技革命的推动下日益加大，这就促使政府实行自内而外的主动改革。正是在这两种压力下，政府不断增强改革意识，推动了“前改革时代”的改革开放。

6.2.3 完善社会主义市场经济体制时期

（1）主要内容

2003年党的十六届三中全会通过了《关于完善社会主义市场经济体制若干问题的决定》，对完善社会主义市场经济体制进行了全面部署，并在此后围绕这一问题形成了“科学发展观”思想。党的十六大提出，21世纪前20年改革的主要任务是完善社会主义市场经济体制。由此中国经济改革进入了以完善市场经济体制为重点的后转型阶段，这一时期体制上的重要变动主要有以下几点。

第一，所有制体制的完善。国有经济竞争力进一步增强，国有企业改革取得新进展，国有资本进一步向关系国家安全和国民经济命脉的重要行业和关键领域集中，国有经济的控制力和竞争力进一步增强；国有大型企业股份制改革力度加大，完善法人治理结构工作取得进展，选人用人机制改革迈出重要步伐，国有控股上市公司股权分置改革稳步推进；电信、铁路、民航、烟草、电力等垄断行业改革迈出新步伐；国家设立了专门的国有资产监督管理机构，加强了对国有企业特别是大型、特大型国有企业的资产运营状况的监督。非公有制经济进一步发展。非公有制经济发展的体制环境进一步改善，放宽了非公有制经济的市场准入，允许非公有资本进入法律法规未禁入的行业和领域；清理和修订限制非公有制经济发展的法规、规章和政策性规定，加强了对私有产权的依法保护，为非公有制经济发展提供制度保障。

第二，行政管理体制的完善。这一阶段把行政管理体制改革放到了突出位置，按照建立行为规范、运转协调、公正透明、廉洁高效的行政管理体制的目标，着力推进政府职能转变，政府的社会管理和公共服务职能进一步加强；政府机构改革继续推进，国务院新设立和组建了一批经济调节和监管机构，提升了一些监管部门的行政级别，完善了国有资产等部门的管理体制；围绕完善省以下行政管理体制，地方政府加大了县乡机构改革以及扩大县（市）管理权限的力度；行政审批制度改革步伐加快；全面推行依法行政，颁布实施了《行政许可法》和《公务员法》等行政管理法律法规。

第三，市场体系的完善。商品市场的种类和数量逐年增加，土地、劳动力、技术、产权、资本等要素市场进一步发展，水、电、石油和天然气等重要资源价格的市场化步伐加快；社会保障体系不断完善，覆盖面不断扩大，城镇基本养老保险制度基本确立，基本医疗保险制度改革全面推进，失业保险制度建设明显加快。所有制的完善、行政管理的完善、市场体系的完善，促进了经济转型的深化：社会由传统社会向现代社会转型；经济增长方式由粗放型向集约型转变；经济发展方式由传统工业化向现代新型工业化转型；对外开放由一定层次的开放向全面开放的转型。社会发展由利益冲突向利益和谐转型。

（2）主要特点

与引入并建立社会主义市场经济体制时期相比，这一时期的经济体制改革主要体现出以下特点。

第一，改革主题由“发展”转变为“和谐”。在前改革时代，我国改革主题是通过市场化取向改革实现“发展”，通过发展将国民经济带回正轨并获得快速增长，通过发展提升中国在全球经济社会政治方面的影响力，通过发展提高人民生活水平和参与改革的热情。在完善社会主义市场经济时期，面对之前一味地追求发展而导致的区域发展不协调、城乡分化严重、贫富差距拉大、社会阶层固化等问题，改革主题应有所发展，具体要实现以下转变：一是由前改革时代主要满足人的物质需求转变为后改革时代主要满足人的精神需求；二是由前改革时代主要是解决人的生存问题转变为后改革时代主要是解决人的全面发展问题；三是由前改革时代主要矛盾是经济发展转变为后改革时代主要矛盾是经济社会全面协调发展。

第二，改革性质由对生产关系结构的调整转变为对生产力结构的调整。一般来说，社会主义国家经济改革性质演变的轨迹是：社会主义生产关系的自我完善→社会主义生产关系的结构调整→生产力结构调整。具体来说，我国起步阶段改革的性质是社会主义生产关系的自我发展，即只改革体制，如公有制的存在形式与经营方式、按劳分配的方式等，不改革制度；而改革深入到生产关系结构调整阶段，不但改革经济体制，而且要部分改革经济制度自身。一旦生产关系结构调整进入相对稳定的时期后，改革重点就由生产关系结构调整进入生产力结构调整，具体包括三方面内容：由所有制结构调整转变为经济结构调整；由总量扩张到结构优化：城乡结构优化、产业结构优化、区域结构优化、分配结构优化，其中城乡结构优化是关键；由数量增加到质量提高。

第三，改革任务由建立市场经济体制时期的“分离化”转变为完善市场经济体制时期的“一体化”。计划经济体制下的“均衡发展”异化为“均衡贫穷”，这时均衡发展的机制是非市场化的；在建立市场经济体制时期我国则选择“非均衡发展”（分离式）的战略，实践表明这种战略选择是正确与成功的；而进入完善社会主义市场经济体制时期，我国选择了“均衡发展”（一体化）战略在经济方面实现区域之间、城乡之间、行业之间、组织之间、个人之间的一体化发展，在此基础上实现经济社会一体化。

第四，改革路径由完全“市场化”转变为“市场—计划”一体化。在建立社会主义市场经济时期，为了突破计划经济桎梏、推进市场经济发展，我国依循“市场化”改革路径，从政府放权让利开始推进市场经济发展。在完善社会主义市场经济时期，为了规范市场经济运行，需在更科学的宏观调控下发展市场经济，实现“计划—市场”一体化。其原因在于，市场经济发展到一定时期，就需要对其进行规范，在规范市场经济中政府的作用大于中介机构的作用，而政府规范的手段主要是计划手段，这就决定了这一时期改革的路径是“计划—市场”一体化。当然，这一时期的“计划”与改革开放前并不完全相同，这一时期政府与市场的职能、行政命令与企业自主经营、国有企业与一般企业的职能之间的区别得到了清醒的认识，政府并不会像改革开放前时期一样管得过宽、管得过死。

6.2.4 全面深化改革时期

经过之前的经济体制改革的铺垫，我国已经基本建立起社会主义市场经济体制，市场得以在绝大多数领域发挥资源调配的决定性作用。2012年，党的十八大召开，中国特色社会主义进入新时代。2013年，党的十八届三中全会召开，审议通过《中共中央关于全面深化改革若干重大问题的决定》，会议认为，当前改革进入攻坚期、深水区，只有坚持全面改革，才能继续深化改革。改革的性质由对生产关系结构的调整转变为对生产力结构的调整，由所有制结构调整转变为经济结构调整，由总量扩张转变为结构优化，包括城乡结构优化、产业结构优化、区域结构优化、分配结构优化；经济发展由数量增长转变为质量提高。这一时期经济体制改革主要体现在以下几个方面：

第一，加快转变政府职能。党的十八大以来，在处理好政府与市场的关系上取得了新的理论共识：既要发挥市场在资源配置中的决定性作用，又要更好地发挥政府在宏观调控和市场管理方面的作用。因此，这一时期的政府职能转变主要包括以下几个方面：微观上，一是取消和下放行政审批事项，为企业经营提供便利；二是公开审批事项，接受公众监督；三是加强和改进监管，建立起规范的监管制度。以此来实现简政放权、放管结合，既为企业在市场的进入与退出方面提供充足的便利，又加强了对企业的监管。宏观上，健全宏观调控体系，树立了保持经济总量平衡的宏观调控目标，使政府能够减缓经济周期波动带来的影响，防范区域性、系统性风险。

第二，深化要素市场化配置的改革。要素市场化的根本目的是实现资源配置效率的优化。在土地要素上，党中央提出要允许集体土地出让、租赁、入股，享受与国有土地同等待遇，完善土地租赁、转让、抵押二级市场。在资本要素上，要完善金融市场体系，允许民间设立中小型银行等金融机构，发展规范股票和债券市场，推进利率市场化发展。在劳动要素上，建立城乡统一的劳动力市场，推进户籍制度改革，加强基本公共教育、公共文化服务等领域的配套改革。在创新要素上，加强对知识产权的保护和应用，促进知识成果资本化、产业化，推动产、学、研协同发展，使企业在创新过程中发挥重要作用。

第三，经济结构调整。经过改革开放40年的发展，我国的人口红利和制度红利基本上已经发挥殆尽，我国现阶段只有依靠调整经济结构、转变发展方式才能够获得持续的增长。只有加强政策引导，推动发展从城乡区域不平衡向协同发展转变，从粗放型向集约型转变，才能实现更公平、更能持续的发展。因此，在经济结构调整方面，党中央提出了以下几条举措：一是扩大内需，以促进消费为主要手段，让消费发挥出带动总需求增长的基础作用，在这个角度上又要完善收入公平和社会基本保障制度。二是统筹推进城乡一体化发展改革，改变由于过去城乡体制改革不同带来的二元差异，进一步激活农民的积极性，推动农业现代化和新型城镇化。三是推进区域协调发展，以区域经济一体化为主要手段，设立国家级经济新区，培育地区新的增长点，促进区域经济发展和公共服务均等化。

第四，深化财税体制改革。自1994年分税制改革以来，财政收入得到了大幅增长，国家宏观调控能力得到了很大的提升，但是财税体制还存在支出不透明、企业负担过重、事权和支出责任不匹配等问题。因此，党中央提出在财税体制改革中要推进以下几个方面：一是扩大预算公开范围，细化公开内容，强化监督机制；二是消除重复征税，进一步完善增值税税制，推进消费税、资源税改革，减轻企业的负担；三是将不适合中央的财权和事权下放，完善财权事权与支出责任的匹配，优化政府治理效能。

第五，坚持以人民为中心，提出新的发展理念。党的十八大之后，党中央坚持以人民为中心的发展思想，提出要贯彻“创新、协调、绿色、开放、共享”的新发展理念。新发展理念在以往追求经济增长进而实现共同富裕的基础上，对中国特色的经济体制改革的目标进行了补充和完善，是习近平新时代中国特色社会主义经济思想的主要内容，体现了党中央在实践中对发展问题认识的不断深化。创新发展解决的是我国目前的发展动力问题，协调发展解决的是我国目前发展不平衡的问题，绿色发展解决的是人与自然和谐共生的问题，开放发展解决的是发展内外联动的问题，共享发展解决的是社会公平正义的问题。

6.3 中国特色经济体制改革的未来展望

事物总是在不断发展的，实践发展永无止境，经济体制改革也永无止境，面对全面建成小康社会，进而建成富强民主文明和谐美丽的社会主义现代化国家的目标，我们需要以更大的勇气、更科学的方法来推进经济体制改革。

第一，加强统筹和顶层设计，牢牢把握全面深化改革的正确方向。习近平总书记强调：“推进改革的目的是要不断推进我国社会主义制度自我完善和发展，赋予社会主义新的生机活力。这里面最核心的是坚持和改善党的领导、坚持和完善中国特色社会主义制度，偏离了这一条，那就南辕北辙了。”① 经济体制改革是社会主义的自我完善，而不是社会主义的自我否定。因此，继续深化经济体制改革，必须坚持走中国特色社会主义道路，坚持经济改革和经济发展的正确方向，避免犯颠覆性错误。为此，中国共产党成立了中央全面深化改革委员会，习近平总书记亲自担任主任，总览全局，形成了集中统一的改革领导体制。

① 习近平．在中共十八届三中全会第二次全体会议上的讲话[EB/OL]．新华网，2013－11－12.

第二，坚持市场化的改革方向。中国特色经济体制改革的过程就是在计划经济体制内不断引入市场机制的过程。市场决定资源配置是市场经济的一般规律，市场经济体制本质上就是通过价值规律调节社会生产，实现社会总劳动在各部门间按比例分配的体制。我国经济体制改革所取得的成果，也就是社会主义市场经济不断发展的结果。因此，我们要坚持社会主义市场经济改革方向，从广度和深度上推进改革，减少政府对微观经济活动的直接干预，建立公平、透明、开放的市场体系，凡是市场能形成价格的都交给市场，让市场在资源配置中充分发挥作用，激发微观主体的主观能动性，推动资源配置实现最大化、最优化。

第三，处理好政府与市场的关系，不断提高宏观调控经济能力，加强市场监督。宏观经济的失衡是市场经济的一个固有缺陷，在资源配置的宏观层次如部门和地区的比例结构、自然资源和环境保护等，以及资源的特殊领域如社会安全、民生福利等领域，就不能主要依靠市场调节资源配置。这就要求政府一是提高对经济形势的判断和宏观调控的能力，进行总量关系的调节，促进宏观经济的平衡；二是加强对市场主体和市场行为的监督和管理，维护市场的有序运行；三是提高对世界经济的判断和应对能力，实现国际收支平衡，消除世界经济波动对国内经济的影响。

第四，进一步推进共同富裕的实现，维护社会公平。共同富裕是社会主义的本质要求，也是实现共产主义的前提条件。但是自发的市场竞争自然会带来两极分化，使得贫富差距加大。这就要求我们一是推进城乡、区域基本公共服务均等化，疏通穷人经过努力而成为富人的渠道，疏通社会底层群众通过努力而跻身社会上层的渠道，使不同社会成员之间生存权利、发展机会基本均等，保持社会阶层的流动性；二是合理调整收入分配体系，提高劳动报酬在初次分配中的比重，提高居民收入在国民收入分配中的比重，完善以税收、社会保障、转移支付等为主要手段的再分配调节机制，缩小城乡、区域和不同行业社会成员之间的收入差距。

7　新中国70年中国特色政府与市场关系的政治经济学分析

新中国成立70年以来，政府与市场关系伴随经济体制的变革，围绕资源配置这一中心问题，处于动态变化之中。由新中国成立初期的排斥市场作用、政府对经济的全面干预，到社会主义市场经济体制改革初期的部分引入市场、政府放权，到社会主义市场经济体制改革完善时期的使市场在资源配置中发挥基础性作用，再到党的十八届三中全会以后的使市场在资源配置中发挥决定性作用和更好发挥政府的作用，政府与市场关系在理论认识和实践探索上得以不断明确。更重要的是，社会主义与市场经济的有机融合使我们逐步探索出了基于社会主义本质要求和市场经济发展需要的中国特色政府与市场关系，使市场机制与政府的作用得以协调运用，助推经济持续健康发展。本章通过梳理中国政府与市场关系的历史演进，分析其变迁的基本规律，对比分析发达资本主义国家的政府与市场关系，得出了中国特色政府与市场关系的内涵与基本特征，指明了政府与市场在经济发展中的作用。最后，对中国特色政府与市场关系的未来发展进行了展望。

7.1　中国特色政府与市场关系的历史演进

7.1.1　建立与完善计划经济体制阶段：限制市场与政府全面干预（1949—1978年）

（1）1949—1978年政府与市场关系的基本表现

新中国成立初期，政府与市场关系是市场的作用被逐步限制和排斥、政府的作用被逐步加强，全面干预社会经济发展。政府成为资源配置的最主要力量，计划手段涵盖了从生产、分配、流通到交换的方方面面；市场在资源配置中的作用日渐式微，不过，经济生活中仍然存在一定范围的市场作用，价格还在一定程度上起着调节作用。政府与市场关系的这种变化，从认识上来看，是由当时对社会主义和市场经济关系认识的局限性所导致的；从现实条件来看，是由当时我国所处的外部环境和客观发展需要决定的；从实现形式上来看，是通过计划经济体制的建立与全面实施来实现的。

（2）限制市场与政府全面干预的形成过程

改革开放前，我们对市场经济的认识主要依据马克思主义经典作家的观点，认为市场经济是私有制的产物，只能在资本主义社会中产生发展，同时，由于资本主义的固有矛盾，社会化大生产的要求无法满足，资本主义制度本身也必然走向灭亡。所以，按照马克思的说法，“国民经济要实行按计划、按比例的发展”。① 当时，我们根据苏联的经验，把这理解为社会主义应该发展计划经济。另外，新中国刚刚成立，面临诸多外部环境的挑战。国家出于安全问题和“赶超”的考虑，决定建立完备的工业体系，优先发展重工业。不过，中国是一个传统的农业国，工业基础薄弱，而发展重工业需要庞大的资本积累，为了满足资本积累的需要，国家掌控资源成了必然选择。因此，我们的社会主义制度，就基于马克思、恩格斯当初对社会主义的基本设想，基于建立完备工业体系的要求和借鉴苏联模式，建立了高度集中的计划经济体制。在这种体制下，各种产品的生产、流通、分配与消费都由政府部门统一调配，政府职能几乎作用于社会经济的全过程。

1949—1956 年，国家完成了对农业、手工业和资本主义工商业的社会主义改造②，建立起了“一大二公三纯”的生产资料全面公有制和政府直

---

① 中共中央马克思恩格斯列宁斯大林著作编译局，编译．马克思恩格斯文集：第 8 卷［M］．北京：人民出版社，2009.

② 崔友平．从马克思主义政治经济学到习近平新时代中国特色社会主义经济思想［J］．东岳论丛，2018(11).

接干预微观经济生活的计划经济体制，从而实现了对整个社会经济从生产、分配到消费的全面控制。政府垄断了全部社会资源，以行政手段进行配置，通过指令性计划将生产目标层层下达到企业，基本限制了市场的作用。一方面，由于政府具有强大的资源调动能力，能够绝对支配经济运行，在短时期内，社会资源得以流动到国家发展目标所期望的重工业领域，加速了工业化所需的庞大资本积累，这对我国快速建立完备的工业体系产生了巨大的推动作用。但是，另一方面，政府配置资源由于信息不对称等问题使计划难以协调，自上而下的指令性方式使生产者丧失了积极性，社会生产缺少活力。这些问题的显现让党和政府开始考量如何改善经济体制的问题。从1956年起，一些有利于激发社会生产活力的探索得以展开。如陈云提出了“三个主体三个补充”的思想，刘少奇提出了“利用市场”，毛泽东指出“消灭资本主义还可以再搞资本主义”，等等①。这些思想的提出，使得社会经济在计划经济体制之外得以保留一部分分散的、自发的市场行为，市场机制在局部发挥了配置资源的作用。然而，“大跃进”和人民公社化运动导致对社会主义的认识进一步禁锢在计划经济体制和生产资料全面公有制上，政府对经济的干预作用再次强化。直到1978年改革开放前夕，政府和市场的关系仍然处于排斥市场机制和政府全面干预社会经济发展的框框之内。

（3）对1949—1978年政府与市场关系的评价

总之，这一阶段，政府通过计划配置资源的方式对国民经济发展产生了正反两个方面的作用。积极的一面是，政府对社会资源的绝对控制和无偿调拨，有利于发挥社会主义集中力量办大事的优越性，使得国家发展战略能够在短期内得到快速实现，为新中国的工业化进程和国家安全奠定了扎实的基础；消极的一面是，计划配置资源的方式对于复杂的社会经济现实缺乏协调性，给生产带来了极大的盲目性，浪费了大量的社会资源，同时，微观个体缺乏利益激励，使生产缺乏效率。而市场的作用只是在计划

① 武力，张林鹏．改革开放40年政府、市场、社会关系的演变［J］．国家行政学院学报，2018（5）．

经济体制之外的分散的、自发的经济活动中局部起作用，此时对市场基本上是采取排斥和限制的做法，即使是在认识上，也并未认同市场机制对资源配置的有效性。

7.1.2 计划经济体制内引入市场经济阶段：部分引入市场与政府放权（1978—1992 年）

（1）1978—1992 年政府与市场关系的基本表现

1978—1992 年，是在计划经济体制内引入市场经济的阶段，虽然此时我们在党和政府的文件中还未明确使用“市场经济”的概念，而是使用了“商品经济”“市场调节”等相对温和的提法，但是，政府与市场关系却发生了如下积极的改变：从认识上，“商品经济”“市场调节”等概念的引入，说明我们认识到之前排斥市场的做法是违背客观经济规律的，市场调节应当作为资源配置的一种方式服务于社会主义经济发展；从实践上，政府开始将指令性计划、指导性计划和市场机制同时作为发展经济的方式，虽然指令性计划仍然是主要的，但政府已经开始将一部分资源配置的权利下放给各生产部门和微观主体，市场机制的作用范围越来越大，有力地带动了经济的增长。

（2）部分引入市场与政府放权的现实实践

在国家政策上，1978 年 12 月中共中央召开了十一届三中全会，提出了“要发展商品生产和商品交换，重视价值规律的作用”①；1981 年 6 月，《中共中央关于建国以来党的若干历史问题的决定》指出：“必须在公有制的基础上实行计划经济，同时发挥市场调节的辅助作用，要大力发展商品生产和商品交换”②；1982 年 9 月，中共十二大指出“贯彻计划经济为主，市场调节为辅的原则”③；1984 年 10 月，中共十二届三中全会通过了《中共中央关于经济体制改革的决定》，提出了要实行“公有制基础上的有计

---

① 中共中央文献研究室．三中全会以来重要文献选编(上)[M]北京:人民出版社,1982.

② 中共中央文献研究室．三中全会以来重要文献选编(上)[M]北京:人民出版社,1982.

③ 中共中央文献研究室．十二大以来重要文献选编:上册[M]．北京:人民出版社,1986.

划商品经济”[①]；1987年10月，中共十三大提出了“国家调节市场，市场引导企业”[②] 的经济运行模式以及后来在1990年又提出，要实现计划经济与市场调节相结合。

与这一时期的国家政策相配套的政府与市场关系的变化，主要通过政府放权与扩大市场机制作用范围来实现，二者在经济体制改革的全过程中协同推进。具体来看，政府放权与扩大市场机制作用范围主要表现在以下几个方面：

第一，农业生产自主化改革。在农村实行家庭联产承包责任制，从1979年起调整农产品购销政策，使农业生产突破计划经济体制的束缚，农业发展开始走上商品经济的轨道，逐步发挥客观经济规律对农业生产的调节作用[③]。

第二，国有企业市场化改革。从1979年开始扩大企业自主权、放权让利，到两步“利改税”、两轮承包制、股份制试点，再到1991年起转变企业经营机制，使国有企业逐步接受市场的调节和作用，使其成为市场上自主经营和自我发展的独立商品生产者和经营者。

第三，计划经济体制调整。将原有的单一指令性计划经济体制调整为指令性计划和指导性计划并存，指令性计划的制订必须遵循价值规律，指导性计划主要通过经济手段来实现。同时，把一部分日用品、农副产品以及劳务服务行业实行完全由市场调节。

第四，价格体制改革。这一时期，把对部分商品的定价逐步调整为由市场调节作为价格体制改革的目标。通过对价格体系、价格形成机制和价格管理体制的调整，逐步提高了农副产品、部分工业品价格和部分运价，改善了价格体系中的比价扭曲状况[④]。同时，通过扩大企业定价权和价格

---

① 中共中央文献研究室．十二大以来重要文献选编：上册[M]．北京：人民出版社，1986.

② 中共中央文献研究室．十三大以来重要文献选编：上册[M]．北京：人民出版社，1991.

③ 白永秀，吴振磊．中国30年经济改革与转型的政治经济学分析[J]．西北大学学报（哲学社会科学版），2018（1）.

④ 白永秀，吴振磊．中国30年经济改革与转型的政治经济学分析[J]．西北大学学报（哲学社会科学版），2018（1）.

放开，国家统一定价的范围不断缩小，由市场调节和形成价格的范围不断扩大。

第五，流通体制改革。1991 年，商业企业进行“四放开”（经营放开、价格放开、分配放开、用工放开）、“五自主”（生产计划权、产品购销权、资金使用权、劳动工资管理权、干部任免权）的改革，使国内商品流通体制初步形成了多种经济成分、多种经营方式、多条流通渠道、少环节、开放式的有计划的自由流通体制①。

（3）对 1978—1992 年政府与市场关系的评价

这一时期，虽然对经济体制的改革目标和实现路径并不明确，但是政府与市场关系正在发生积极的调整。政府开始了在计划经济体制内逐步引入商品、市场调节、商品经济，并不断拓展市场调节经济的范围，扩大市场调节的比例。这意味着市场开始在社会经济发展中发挥作用，同时将国家对经济调节的方式从单一的行政手段向经济手段、法律手段和行政手段并用过渡，国家通过局部下方权力给各个区域、生产部门和市场主体，市场的作用和地位正在一步步地提高。不过，市场经济体制并未正式确立，政府在经济发展过程中仍以计划调节作为主要手段干预经济运行，市场机制发挥作用的微观基础和基本的市场体系尚未建立起来。

7.1.3 建立与完善社会主义市场经济体制阶段：使市场在资源配置中发挥基础性作用（1992—2012 年）

（1）1992—2012 年政府与市场关系的基本表现

1992—2012 年，是社会主义市场经济体制的建立与完善阶段，这一时期，我们对政府与市场关系的认识进一步明确，改革的方向主要是建立与完善市场机制发挥作用的微观基础，培育市场体系，进一步扩大市场作用的范围，政府的作用已经开始逐步转向对社会经济的宏观调控，尽量减少直接的微观干预。另外，主要是在保证市场秩序、提供公共服务、推进市

① 白永秀，任保平．中国市场经济理论与实践：第 2 版［M］．北京：高等教育出版社，2011.

场经济发挥作用所需要的体制保障上发挥政府的积极作用。总之，这一阶段，是市场经济与政府作用的有机融合阶段。

（2）发挥市场配置资源基础性作用的现实实践

前一阶段的改革凸显了市场力量对经济发展作用，而人们对市场经济与社会主义关系认识也逐渐从“市场经济是资本主义所独有的，社会主义就应该搞计划经济”的桎梏中解放出来。1992 年 10 月，中共十四大提出了“我国经济体制改革的目标是建立社会主义市场经济体制”①，这一改革目标的提出明确了经济体制改革的方向，不再将社会主义与市场经济对立起来，把计划和市场的关系以及市场经济与社会主义的关系从原有的思想认识中解放出来。1993 年，中共十四届三中全会提出了要建立社会主义市场经济体制的决定，开始探寻二者结合的具体实现路径。尤其是开始了为推动市场经济与社会主义有效结合的综合配套的体制机制改革。1997 年，中共十五大确立了“公有制为主体，多种所有制经济共同发展”② 的社会主义初级阶段基本经济制度，进一步为实现社会主义与市场经济的结合，为实现市场发挥配置的基础性作用，提供了坚实的制度保障、理论和现实依据。

在实践中，这一时期的各项改革在政府的推动之下，从加快培育独立的市场主体、改善市场环境、剔除体制障碍、政府职能改革等方面展开，反映了市场正在逐步广泛地发挥资源配置的基础性作用。

第一，建立现代企业制度。使国有企业全面转换经营机制，通过建立现代企业制度，使其成为独立的市场主体，全面参与市场，将市场机制落实到微观环节，形成市场对经济发展的基础性调节作用。

第二，调整国有经济布局。使国有资本逐渐集中到关系国民经济命脉的重要行业和关键领域，对电力、铁路、电信、烟草等垄断行业进行改革。

---

① 中国共产党第十四次全国代表大会文件汇编[M]. 北京：人民出版社，1992.

② 中国共产党第十五次全国代表大会文件汇编[M]. 北京：人民出版社，1997.

第三，发展非公有制经济。不断放宽非公有制经济的准入条件，允许非公有资本进入法律法规未禁止的行业和领域，通过《反垄断法》《物权法》等一系列法律法规的修订，为非公有制经济的发展提供制度保障[①]。

第四，培育市场体系和改革市场流通领域。开始发展并完善土地、资本、技术、产权、资本等要素市场；取消了生产资料价格双轨制，进一步放开了竞争性商品和服务的价格[②]；整顿市场秩序，健全市场规则，为市场经济的发展提供有利的外部环境保障。

第五，总体配套改革。从1994年起，对财政、税收、外汇、金融、投资和外贸等领域进行了体制改革。将这些领域中对市场经济发展的牵制作用进行了剔除，如外汇体制改革通过实行汇率并轨，形成了以市场供求为基础的、有管理的浮动汇率制[③]，外贸体制改革取消了外贸指令性计划，等等。这一系列配套改革措施，为从总体上为实现市场化、发挥市场的基础性作用提供了有力的保证。

第六，行政管理体制改革。行政管理体制改革的主要目的是转变政府职能、理顺关系、优化结构、提高效能，强化社会管理和公共服务功能。这一阶段的改革，加快了政企分开、政资分开、政事分开、政府与市场中介组织分开，规范了行政行为，减少和规范了政府审批，减少了政府对微观经济运行的干预的进程[④]。

（3）对1992—2012年政府与市场关系的评价

回顾这一阶段政府与市场关系的变迁过程，实际上是进一步明确了社会主义与市场经济关系，明确了政府与市场各自作用的边界、对资源配置的优劣势以后，在实践上对理论认识和客观发展需要的积极响应。这一时

---

① 白永秀，吴振磊．中国30年经济改革与转型的政治经济学分析[J]．西北大学学报（哲学社会科学版），2018(1).

② 白永秀，吴振磊．中国30年经济改革与转型的政治经济学分析[J]．西北大学学报（哲学社会科学版），2018(1).

③ 白永秀，吴振磊．中国30年经济改革与转型的政治经济学分析[J]．西北大学学报（哲学社会科学版），2018(1).

④ 白永秀，任保平．中国市场经济理论与实践（第2版）[M]．北京：高等教育出版社，2011.

期，政府的作用主要在于，为市场经济的发展提供体制机制保障；极大地减少了对资源配置尤其是对微观经济行为的干预，转而通过宏观调控间接指导经济运行。市场的作用主要在于，在良好的外部环境下，市场已经开始广泛地发挥在资源配置中的基础性作用，在政策和法律允许的范围内发挥其资源配置的优势；从多个方面反作用于外部制度环境，促进了总体配套改革的快速推进。

7.1.4 全面深化改革阶段：使市场在资源配置中起决定性作用和更好发挥政府的作用（2012年至今）

到2012年，改革开放走过了34个年头，一系列的体制机制变革带来了中国经济的迅猛发展。政府与市场关系围绕资源配置这一核心问题，伴随经济体制改革不断产生新变化，新时代以来，党和政府针对经济发展过程中政府与市场关系存在的各种现实问题，提出了“使政府在资源配置中起决定性作用和更好发挥政府的作用”的对政府与市场关系的新定位。

（1）新时代对政府与市场关系的现状认识

虽然，政府与市场关系在经历不断的调整，二者的关系越来越趋于合理，但是经济发展总是对政府与市场关系提出新要求，加之计划经济体制时期的一些遗留问题仍然存在。所以，我们需要对政府与市场关系中不够合理的地方加以总结。

从市场方面来看，问题主要在两方面：一是市场机制发育不健全；二是市场经济自身的问题，即所谓的“市场失灵”。具体来讲，第一，全国范围内统一开放、竞争有序的现代市场体系没有完全形成，表现在商品市场的地区保护主义和劳动力、资本、信息、技术等要素市场的不完全发育，导致商品、服务以及生产要素不能自由流动；第二，部分行业的市场秩序和市场规则仍然是不规范的；第三，市场经济的发展存在地域性差异，尤其是东西部之间、沿海与内陆之间；第四，市场经济本身存在信息不对称和外部性等问题。

从政府方面来看，问题主要在于三方面：一是对市场的监管和秩序保障存在“缺位”问题；二是对公共服务的提供不足；三是对经济干预仍存在“越位”问题。具体来看，第一，在食品、医疗、金融等诸多行业监管不到位，市场失序，行业发展受到限制；第二，公共服务投资偏少偏弱，人们因为教育、医疗等问题挤压了消费；第三，政府仍然存在对微观经济行为的直接干预，容易造成激励扭曲和资源配置错位；第四，政府掌握过多的行政审批，易导致过高的企业成本和效率损失。

（2）对政府与市场关系发展方向的进一步明确

新时代以来，学界基于中国社会主义市场经济体制发展的现实状况和存在的实际问题，同时批判吸收西方发达国家在市场经济发展过程中的经验教训，对我国全面深化改革阶段的政府与市场关系有了更加深入的认识和广泛的共识，提出了当前阶段处理好政府与市场关系的目标导向。

第一，有效市场和有为政府应该是政府与市场关系的发展方向。政府与市场的关系不是对立的而是相辅相成的，在我国社会主义市场经济条件下，市场从微观领域发挥作用，党和政府从社会经济发展的宏观领域发挥作用[①]。

第二，政府的作用应当是基于以下几个层次：一是作为社会主义国家，政府作为公有制的代表必然要在资源配置中发挥作用；政府要为共同富裕的目标而服务；二是由于各种制度的不完善，政府需要提供维护市场规则和社会稳定的相关法律，监管市场以及加快培育市场体系，完善市场机制等；三是由于“市场失灵”的存在，政府需要从保障公共服务、外部性内部化、限制垄断、调节收入差距等方面发挥积极作用[②]。

第三，市场的作用范围应当进一步扩大。政府需要退出竞争性领域，对基础性行业的垄断需要在一定程度上破除，对部分公共服务的提供需要适时引入市场机制等。

---

① 张宇．市场有效，党政有为，根基牢固——正确认识社会主义市场经济中政府和市场的关系[J]．红旗文稿，2014(8)．

② 胡鞍钢．如何理解“两只手”优于“一只手”——中国政治经济语境中的政府与市场关系[J]．2014(10)．

(3) 新时代对政府与市场关系的目标定位

随着人们对政府与市场关系认识的再次深入，同时，为了解决经济发展中政府与市场关系的现实性问题，党进一步明确了政府与市场关系，将其定位为“使市场在资源配置中起决定性作用和更好发挥政府的作用”，这意味着对政府与市场关系的调整进入了一个新的阶段。这个新定位所指向的是如何更好发挥政府职能以及如何充分发挥市场在资源配置中的效率。党的十九大报告中“着力构建市场机制有效、微观主体有活力、宏观调控有度的经济体制”①的表述，不仅指明了如何加快完善社会主义市场经济体制，而且对进一步理顺市场和政府关系提出了更加明确的总体要求。

具体来看，党的十八届三中全会所通过的《中共中央关于全面深化改革若干重大问题的决定》(以下简称《决定》)，从规范政府职能和完善市场机制两个大方面定位了政府与市场关系。

从规范政府职能方面来看，第一，明确了政府职责与主要作用。这体现在八个方面，《决定》指出，政府的职责和作用主要是保持宏观经济稳定，加强和优化公共服务，保障公平竞争，加强市场监管，维护市场秩序，推动可持续发展，促进共同富裕，弥补市场失灵②。第二，明确了政府调控经济的目标与手段。宏观调控的目标主要是，平衡经济总量，防范化解风险，优化经济结构与生产力布局，稳定市场预期，减缓经济波动的冲击；宏观调控的手段主要是在以国家发展战略与规划的导向下，协调、相机、综合运用货币政策、财政政策和产业政策等。第三，明确了通过简政放权提高市场效率和减少扭曲。《决定》指出，要最大限度地减少政府对微观经济的干预，对市场机制能有效作用的领域要取消审批，同时将权力向基层和地方下放。第四，明确指出要加强市场监管，加强各类公共服

① 习近平. 决胜全面建成小康社会　夺取新时代中国特色社会主义伟大胜利——在中国共产党第十九次全国代表大会上的报告(2017年10月18日)[N]. 人民日报,2017-10-28.

② 中共中央关于全面深化改革若干重大问题的决定[R/OL]. 新华网,2013-11-12.

务的供给，加强各类发展战略、规划和政策的制定与实施①。关于规范政府职能的这四点要求，在于保障市场经济运行的外部环境，减少政府干预造成的效率损失，将政府职能限定于其应该和真正能有效发挥作用的领域。

从完善市场机制方面来看，第一，建立公平、开放、透明的市场规则。统一市场规则，除负面清单所列之外，使各类市场主体依法平等进入②。第二，完善市场决定价格的机制。将政府定价范围限制在自然垄断环节，对竞争性环节不作不当干预。第三，完善土地、金融等要素市场。对土地市场，要建立城乡统一的建设用地市场；对金融市场，要扩大对内对外开放，允许具备条件的民间资本设立金融机构等③。以上三点是为了加快培育统一开放、竞争有序的现代市场体系，完善市场机制，保障市场经济运行的内部制度环境，使市场真正具备通过价格信号有效配置资源的能力。

7.2 中国特色政府与市场关系的内涵与特征

7.2.1 中国特色政府与市场关系的内涵

（1）中国的政府与市场关系与发达资本主义国家的对比分析

在市场经济的发展历史上，政府与市场的关系先后经历了古典市场经济时期的放任自由、现代市场经济时期的政府宏观调控两个阶段，这与市场经济在不同发展阶段的自身特性紧密相关。古典市场经济时期，生产力水平有限，市场体系不健全，市场机制作用不充分，但市场经济对资源配置的巨大作用已初步显现，因此，这一时期，政府对市场的作用自然是不能加以干预，要给市场经济充分发展的空间。现代市场经济时期，生产力快速发展，市场经济日趋成熟，但资本主义固有的基本矛盾即生产社会化

① 中共中央关于全面深化改革若干重大问题的决定[R/OL]. 新华网,2013－11－12.

② 中共中央关于全面深化改革若干重大问题的决定[R/OL]. 新华网,2013－11－12.

③ 中共中央关于全面深化改革若干重大问题的决定[R/OL]. 新华网,2013－11－12.

与生产资料私人占有之间的矛盾使经济危机频繁发生，市场经济的自发力量难以实现宏观经济的稳定发展。在这个大背景下，主张政府干预的凯恩斯主义应运而生，在该理论指导下的财政政策与货币政策开始成为世界各国政府普遍进行干预宏观经济的主要手段。直到“滞胀”出现以后，凯恩斯主义的政府干预思想束手无策，新自由主义的经济主张又开始盛极一时。随着人们对市场经济规律的进一步认识，鉴于自由放任与国家干预各有优劣，又有学者提出以政府与市场的功能互补来发展和规范经济发展，这也成为当前各国政府采取的主要模式。

从市场经济的发展历程和我国社会主义实践的历史演进来看，中国的政府与市场关系，其发展方向绝不是“新自由主义”的“大市场，小政府”模式，既不同于西方国家资本主义制度下的国家宏观调控，也不同于以“发展型政府”为特征的“东亚模式”。“大市场，小政府”模式以私有制和雇佣劳动制占据主导地位，该种制度安排是为了实现私人资本的利益最大化。同时，这种自由主义观点将政府的作用妖魔化，完全排斥政府参与经济生活，认为政府管得越少越好，除了保护产权和维护公平竞争，政府不应当参与到社会经济中来。西方资本主义制度下的国家宏观调控，以外部性、公共品和信息不对称等作为理论基础，用以解决市场失灵问题。但是，这种模式以发达的资本主义市场经济为背景，是一种短期静态的纯经济学微观分析，未能揭示资本主义市场经济的根本缺陷，无法解决由资本主义基本矛盾导致的生产消费、财富两极分化和经济运行的无组织性等各种宏观问题。[①]“东亚模式”与中国模式具有相似性，政府对经济发展起主导作用，将市场作为发展经济的手段，但其社会制度、市场经济的发展阶段、国家对经济的调控方式、政治制度等多个方面都与中国存在根本差别。

中国特色政府与市场关系区别于发达资本主义国家之处主要在于三个方面，一是中国的政府与市场关系植根于社会主义基本制度，市场作为经

① 张宇．张宇自选集[M]．北京:学习出版社,2012.

济发展的手段，是为发展社会主义、为实现国家现代化目标，为实现全体人民共同富裕、消除两极分化的社会主义本质要求而服务的。而政府为实现这一目标，制定市场规则，培育市场体系，推动市场机制发挥作用，为市场经济的发展构建相关的配套制度；通过各种手段调节收入分配，缩小贫富差距；实现公有资产的保值增值，发挥公有制经济的主导作用，保证社会主义性质不改变。二是在中国的政府与市场关系中，政府不仅是作为市场的监管者、公共品和法治保障的提供者和社会经济发展的引领者而存在，更重要的是，政府作为社会共同利益和生产资料所有权的代表参与资源配置过程，成为影响经济运行的主要市场力量之一。也就是说，政府具有“双重职能”。三是在当前我国特殊的历史发展阶段，市场经济的发展还不成熟，政府对其发挥作用的手段、范围和边界都还在不断地调整。一方面，市场机制未能充分发挥作用，需要政府的力量规范和引导市场体系的发育、市场规则的完善，另一方面，政府对市场的干预过多过强，需要按照市场经济的规律，逐步减弱政府在某些方面对市场的控制以真正发挥市场经济的活力。因此，政府对市场的作用随社会经济条件的变化而不断变化，市场经济的发展也因其需要对政府的职能不断产生新的要求。

所以，可以看出中国特色政府与市场的关系，既需要完善的市场机制为经济发展注入活力，又需要强有力的政府作用为市场经济的发展、为社会主义的建设开辟道路。

（2）中国特色政府与市场关系的内涵

中国特色政府与市场关系的内涵是“使市场在资源配置中起决定性作用和更好发挥政府的作用”。从新中国 70 年的发展历程，尤其是改革开放 40 年的实践探索来看，中国特色政府与市场关系是从排斥、替代关系向协调、互补关系转变的变迁过程。随着我国社会主义经济体制改革的不断深化与完善，人们在理论和实践中对政府与市场关系的认识越发成熟，党的十八届三中全会明确提出，“使市场在资源配置中起决定性作用和更好发挥政府的作用”。这就是在改革开放的实践中所形成的中国特色政府与市场关系。这种理论提法反映了我们对政府与市场关系的认识正走向辩证与成熟，也是基于经济体制改革实践的现实需求。正如习近平总书记所强调的，“在市场作用和政府作用的问题上，要讲辩证法、两点论，‘看不见的手’和‘看得见的手’都要用好，努力形成市场作用和政府作用有机统一、相互补充、相互协调、相互促进的格局，推动经济社会持续健康发展”①。对中国特色政府与市场关系的这种认识将在相当长的一段时期内指导我们的经济体制改革。

“使市场在资源配置中起决定性作用和更好发挥政府的作用”的含义是：

第一，从调节的前提条件、调节的范围和调节的程度三个层次来理解“使市场在资源配置中起决定性作用”。

从调节的前提条件来看，市场有效发挥作用必须依靠完善的市场机制。我国的市场经济由计划经济转型而来，市场体系和市场秩序的混乱现象更为严重②。因此，进一步完善市场机制是使市场在资源配置中起决定性作用的前提。完善市场机制要求我们着力推进要素市场改革，实现劳动力、土地、资本、技术等生产要素的自由流动；要求我们深化市场决定价格的机制改革，减少资源性产品的价格扭曲；要求我们进一步完善统一开放、竞争有序的现代市场体系，打破行业垄断和市场壁垒，营造公平的市场竞争环境；要求我们加快国有企业改革，使其成为真正意义上的独立市场主体，能够按照市场规则有序进入与退出。

从调节的范围来看，市场发挥作用的领域是资源配置，虽然社会经济发展的理论和实践都证明，市场是迄今为止最有效率的资源配置方式，有利于促进经济快速发展，但其作用的领域并不能涵盖经济生活的方方面面。由于外部性、信息不对称和公共品等问题，存在一定程度的市场失灵，这些单单依靠市场机制是无法解决的。另外，市场机制运行的外部环

---

① 习近平在中共中央政治局第十五次集体学习时强调正确发挥市场作用和政府作用推动经济社会持续健康发展[N]. 人民日报,2014-05-28.

② 洪银兴. 关键是厘清市场与政府作用的边界——市场对资源配置起决定性作用后政府的作用的转型[J]. 红旗文稿,2014(2).

境也无法通过市场的自身调节得到满足。

从调节的程度来看，市场起决定性作用，就是要在商品生产、流通和消费的各个环节以产品的相对稀缺性和供求关系形成价格信号，引导生产者和消费者通过利益激励和公平竞争实现资源的有效率配置[①]。同时，在市场能有效发挥资源配置功能的领域，应当让市场通过市场机制调节经济运行，充分发挥其有效作用，政府不应当作任何不当干预。

第二，从我国的社会制度属性、市场经济的发展现状和政府的经济职能三个角度来理解“更好发挥政府的作用”。

从政府的经济职能来看，政府的作用主要是保持宏观经济的稳定，利用财政政策和货币政策等对宏观经济进行逆周期调节。更好发挥政府的作用要求政府尽量摒弃使用计划手段干预微观经济主体的决策，减少价格扭曲，更多地通过经济、法律等手段间接引导市场主体自主决策。

从我国市场经济的发展现状来看，政府的作用主要是提供有利于市场经济运行的内外部制度条件。有效的资源配置只是社会经济发展的必要条件，不能因为市场配置资源有效率就排斥政府的作用。事实上，整个经济的健康稳定发展需要在一个有利的制度环境中，市场机制有效发挥作用也必须依赖于此，而提供有利的制度环境保障，尤其是正式制度，必须依靠政府的力量。这主要包含四个层次：一是根据市场经济的发展要求，不断变革经济运行的体制机制，破除制度障碍；二是推动培育完善的市场体系，包括全国统一的商品市场和各类要素市场；三是做好法治保障以及建立合适的市场规则，维持市场秩序，做好市场监管；四是做好公共服务，包括基础设施建设以及教育、医疗、养老等各类社会保障。

从社会制度属性来看，我国是社会主义国家，更应该重视政府的作用。这从三个方面得以体现：一是为避免资本主义的固有矛盾，社会主义国民经济的发展应该有计划按比例地进行，这需要政府从整个社会的长远发展目标和整体利益出发，制订发展规划；二是政府作为公有制的代表，

① 蔡昉．为处理好政府和市场的关系贡献中国智慧[J]．理论导报，2019(1)．

掌握着自然资源等重要生产资料，必然要参与资源配置。不过，政府参与的领域与方式应当遵循客观经济规律；三是按照社会主义本质属性的要求，为实现共同富裕、防止两极分化，政府必须要通过积极的国家政策进行调节。

第三，从政府与市场各自的优劣势来理解“使市场在资源配置中起决定性作用和更好发挥政府的作用”，必然是指二者的相互协调。在我国，市场经济并非自然生成，与之相适应的制度载体很难通过自身的发展建立起来，加之“市场失灵”的广泛存在，需要借助政府力量保证市场经济的有效运行。另外，计划经济体制的实践证明，政府无法通过计划手段实现社会资源的有效配置。因此，政府与市场不可偏废，“使市场在资源配置中起决定性作用和更好发挥政府的作用”就是指二者的相互协调。

总之，在中国特色政府与市场关系中，政府与市场是辩证统一的有机整体。二者在经济发展中是相互协调、相互依赖的关系，不能将其对立起来。它们各有优劣势，只有二者配合起来，共同发挥优势，相互弥补劣势，才能实现经济的持续健康发展，体现出社会主义的优越性。

7.2.2 中国特色政府与市场关系的基本特征

中国特色政府与市场关系发轫于新中国成立以后，伴随计划经济体制的建立与完善和社会主义市场经济体制的摸索、建立与发展而处于动态变化之中。经济体制的变革是政府与市场关系动态变化的深层次原因，政府与市场关系作为经济体制改革的核心问题，虽然其动态变化的方向并非从一开始就十分明晰，但却始终遵循一条基本原则，就是坚持社会主义的制度属性。另外，动态变迁的过程始终是在党的领导下由政府主导。

所以，总结来看，中国特色政府与市场关系有以下三个基本特征：

第一，动态变化。从新中国成立初期计划经济体制的建立与完善时期的排斥市场作用、政府对经济运行全面干预，到社会主义市场经济体制摸索期的部分引入市场、政府放权，到社会主义市场经济体制建立与完善时期的使市场发挥资源配置的基础性作用，再到全面深化改革时期的使市场在资源配置中起决定性作用与更好发挥政府的作用，政府与市场关系因为人们对社会主义与市场经济认识水平的变化，对市场机制与政府作用优势与局限性的逐步了解，根据社会经济发展的客观要求，而处于动态变化之中。在社会主义的实践中，这种动态变化，使得资源配置的方式越来越遵循客观经济规律，越来越有效率；使得政府与市场相互协调，逐步发挥了二者在经济发展中优势。这反映了社会主义与市场经济的有机融合是可以实现的，使我们探索出了一条发展社会主义的合理路径。

第二，政府主导。政府与市场关系的动态变化并非是自发产生的，每一时期政府与市场关系的调整无论是改革方向确立、路径选择、次序安排，还是政策设计、落实，都是政府根据经济发展中的教训与经验，以问题为导向，从实际出发，充分发挥主观能动性的结果。

第三，坚持社会主义的制度属性。政府与市场关系的调整与变化服务于经济发展的需要，围绕资源配置这一核心问题而展开。不过，我国的政府与市场关系变化过程并未盲目采取西方发达国家以私有制为基础的自由化、市场化的模式，而是始终坚定地走社会主义道路，在以公有制为基础的计划经济体制下通过增量改革、双轨过渡的手段，逐步引入市场机制，发展非公经济；在保持社会基本稳定的前提下，改革经济体制，推进国企改革，实现了社会主义与市场经济的有机融合。在市场经济的不断发展壮大中，始终以社会主义的制度属性界定政府职能，在社会主义的建设与完善中，始终以市场经济的发展要求规范政府职能。同时，依照我国经济的实际发展状况，不断调整政府与市场关系，使二者相互融合、相互协调，摸索出了具有中国特色的政府与市场关系。

7.3 中国特色政府与市场关系的基本经验与展望

7.3.1 中国特色政府与市场关系的基本经验

中国特色政府与市场关系实际上是针对在社会主义制度下如何实现经济发展的问题而提出的。新中国成立 70 年，尤其是改革开放 40 年来的社会主义实践，使我们逐步形成了较为成熟的经验，能够有效利用政府与市场的各自优势，将二者协调起来推进社会经济发展。中国特色政府与市场关系的基本经验主要表现在通过经济体制的变革，从理论和实践上掌握了政府与市场对经济发展的促进作用，概括如下：

（1）经济发展中的政府作用

政府对经济发展的作用，主要体现在以下四个方面：第一，推动市场经济的发展。中国经济的快速发展得益于社会主义与市场经济的有机融合，政府对于推动建立与完善市场经济体制发挥了重要作用。包括为市场经济的运行从基本经济制度、分配制度等方面建立体制机制保障，培育市场体系、制定市场规则和维持市场秩序等。第二，从国家的长期发展战略与社会整体利益出发，制定发展规划并保证实施，如引导经济结构调整与产业升级，对前瞻性新兴产业进行投资与扶植等。第三，配置公共资源。“涉及全国重大生产力布局、战略性资源开发和重大公共利益等的项目，以及基本公共服务的配置，政府不只是进入，而且应该充分并且强有力地发挥作用”①。第四，政府通过法律、政策等手段调节收入差距，防止两极分化，减少社会摩擦，保证社会稳定。这些都为经济发展提供了有利的环境保障。

（2）经济发展中的市场作用

市场对经济发展的作用，主要体现在以下三个方面：第一，市场经济的发展要求能够对政府职能进行规范，减少效率损失。市场经济的发展，要求具有独立利益的经济主体在市场体系中通过市场机制来推动和调节经济运行。另外，市场经济有效发挥其资源配置功能要求政府对市场只作有限、适当干预。所以，市场对政府的这一要求有利于规范政府职能，引导政府作用朝着合理配置资源的方向发展。第二，市场机制能够解决经济发展中的激励问题，有效调动市场主体的生产积极性，推动创新。第三，市

① 洪银兴．关键是厘清市场与政府作用的边界——市场对资源配置起决定性作用后政府的作用的转型[J]．红旗文稿，2014－02－10

场机制能够在绝大部分领域实现资源的有效率配置，减少资源浪费，实现快速发展。

7.3.2 中国特色政府与市场关系的展望

回顾新中国成立70年的社会主义实践，可以看出，我们对政府与市场关系的定位、对政府与市场在经济发展中作用的认识，其背后的逻辑在于对不同经济发展阶段市场经济特征与规律的把握。政府与市场的动态关系源于不同的社会历史条件，源于不同发展阶段的现实需要。因此，从逻辑上看，政府与市场关系由计划经济体制下排斥市场作用、政府全面掌控到党的十八届三中全会以来的“使市场在资源配置中起决定性作用和更好发挥政府的作用”的过程具有历史的必然性。总结发展的经验与规律，中国特色政府与市场关系从摸索到成熟，大体得益于以下几点：第一，坚持社会主义与市场经济的融合；第二，坚持中国共产党的领导；第三，批判性地借鉴其他国家的成功经验，从本国实际国情出发；第四，不应当将思想禁锢于固有的理论认识，要从经济发展的现实问题与客观需求出发，自觉探索出合理的实践路径。

因此，未来一段时期内中国特色政府与市场关系的发展方向是明确的，就是在把握好政府与市场对经济发展积极作用的基础上，坚持好以上几点原则，不断探索市场经济的发展规律，深化对政府职能定位的认识，细化使市场在资源配置中发挥决定性作用与更好发挥政府的作用的实现方式。

8　新中国70年中国特色央地关系的政治经济学分析

中央与地方的关系是任何一个国土辽阔的国家都面临的重大议题，是国家制度体系中一个极其重要的制度安排。这一议题对于中国这样一个拥有广阔领土、众多人口以及多样民族的大国来说更具挑战，要实现有效治理，在实践中绝非易事，在理论上也有着大量值得研究的问题。特别是随着中国特色社会主义迈入新时代，党中央提出了“国家治理体系和治理能力现代化”的命题，关于国家治理的研究引人关注。具体而言，选择怎样的中央与地方的模式对各级政府履行职责有着决定性的作用，这决定着治理权限在中央与地方之间的配置安排以及央地之间的互动方式。本章将采用政治经济学的分析方法，梳理中国特色央地关系的发展历程，并且站在新中国成立70周年的伟大历史节点，展望中国特色央地关系的发展方向，以进一步推动中国特色央地关系迈入新阶段。本章的具体安排是：首先，介绍有关央地关系的一般性定义与理论，之后梳理国内有关中国特色的央地关系的文献与理论解释，其次运用政治经济学的分析方法，搭建起一个依照财权与事权在中央与地方之间的不同分配程度的理论分析框架。在此基础上，将央地关系分为四种模式，逐一分析这四种模式的内容、特点与优劣，并进行比较。同时，站在新中国成立70周年的伟大时间节点，回顾70年来中国央地关系演变的历史阶段以及各个阶段的内容和特点。最后，依据四种分权模式的分析与过去70年来央地关系的演变，总结出中国特色央地关系的发展经验，目的在于梳理出新时代下中国特色央地关系的发展方向，以此为制定和执行党有关央地关系的方针政策提供理论支持与科学依据，进而推动实现国家治理能力和治理体系迈向现代化。

8.1. 中央与地方关系的理论基础与文献综述

中央与地方的关系在抽象层面上可视为在上下不同层级之间的关系①，或是国家作为一个整体与局部地区之间的关系。这个关系主要涉及的是纵向上权力与资源的配置安排，在此基础上形成了代表地方利益的地方政府与代表国家利益的中央政府的宏观框架。有关国家的结构形式，即国家如何安排中央与地方、整体与部分的相互关系，已是一个比较成熟的研究主题。当代国家普遍采用的有两种不同的国家结构形式，根据中央与地方在权力与资源层面上的不同配置方式，我们将央地关系划分为两种模式：一种是单一制；另一种则是联邦制。两种模式有着鲜明的区别和特点。由若干行政单位构成的单一主权国家为单一制；在单一制的央地关系下，只有一个宪法、一个国家机构体系；国民属于单一的国籍，各级行政单位都统一于中央的领导，地方的权力来源于中央授予，不受宪法的保障，中央可以相机改变。实行单一制的央地结构模式的国家在世界上占多数，如中国、朝鲜、韩国等国家。而联邦制是由若干较为独立的地区联合组成国家的制度形式；在联邦制的央地关系下，除了宪法规定的内容外，各联邦成员有权力选择不同的法律安排；除了唯一的国家权力机关外，各联邦成员有权力选择不同的机构体系；地方和中央的权力与资源的配置主要以宪法形式得到长期的保障，并且具有保护地方权力的特点，因此理论上并不存在州政府与联邦政府的上下级隶属关系。选择联邦制的央地结构模式的国家有美国、加拿大、澳大利亚等国家。

---

① 张璋．基于央地关系分析大国治理的制度逻辑［J］．中国人民大学学报，2017，V31（4）：89－98.

表8-1 单一制与联邦制的不同

	单一制	联邦制
结合方式	紧密构成	相对独立
权威来源	自上而下	自下而上
国民身份	单一身份	双重身份
法律体系	全国统一	各地不同
地方权力	相对有限	相对自由

资料来源：笔者自行整理。

依据中华人民共和国宪法，央地关系是这样描述的："遵循在中央的统一领导下，充分发挥地方的主动性、积极性原则。"因此，按照宪法的安排，我国只有一部宪法，公民只有单一的国籍身份，对外代表中国的也只有中华人民共和国，而地方政府属于中央政府的派出代表，其权力由中央政府授予，需要贯彻落实中央的统一安排。类似地，尽管地方人民代表大会拥有制定地方性法规的权力，但全国人大常委会拥有最终裁决权，可以宣告其无效。因此，在理论层面上，中国实行的是单一制的国家结构形式。

然而在实践层面，中国的中央与地方的关系又存在与单一制模式不完全一致的表现，地方政府在一定程度上保持着对地方事务的决策权力①。虽然外交、国防、货币政策和人口生育这样的一些权力专属于中央政府，地方政府很难有发言权，然而一些其他事务则很大程度在地方的支配之下，如社会稳定、基础设施建设、公共产品供给和经济发展等事务都由地方政府负责。因为中国的宪法并没有规定中央和各省之间权力的这种分割，但是在实践和行为层面，权力是在这二者中有所划分的，所以有学者将此定义为"行为联邦制"②。我们可以将其理解为有限自治权力，是一种在一定时期内相对形成共识的放权模式。在这样的央地关系模式下，各级政府仍然听从中央政府统一领导，但在一些具体事务上拥有一定的裁

① 朱旭峰，吴冠生. 中国特色的央地关系：演变与特点[J]. 治理研究，2018(2).

② 郑永年. 中国的"行为联邦制"：中央—地方关系的变革与动力[M]. 北京：东方出版社，2013.

决权。

同时，还有一些学者，如周黎安将这样的中国特色央地关系模式定义为“行政发包制”[①]。周黎安认为，改革开放以来，中国央地关系的最突出特点就是地方分权与地方竞争，在此基础上提出了“行政发包制”的概念，即中央政府将各项职责的任务、目标与责任层层下放给各级政府，如公共产品与服务的提供、经济增长与转型升级、社会稳定与治安等职责，而地方各级政府在此框架下又拥有一定程度的自由裁决权与决定权。同时，地方政治之间也存在激烈的竞争，地方政府之间的竞争被称为“锦标赛”[②]，即各地方官员为了取得政绩以获得晋升的政治资本而奋力发展地方经济，辖区内经济发展呈现出“官场 + 市场”的特征[③]，即政府主导型的经济发展模式。层层发包的逐级代理制度既维持了中央权威的基本结构，同时将治理权限与激励机制结合起来，有效缓和了中央权威体制与地方有效治理之间的压力，形成了颇具中国特色的央地关系模式。

还有学者从正式制度与非正式制度的角度去理解中国特色的央地关系模式。如周雪光[④]发现，地方政府在领会中央精神与贯彻相关决策上存在一定程度的变通，这需要地方官员具有一定程度的勇气与魄力选择性地执行上级政策。但是从田野调查的结果来看，周雪光发现这种变通在一定程度上是被上级政府默许的，或者说是“心知肚明”的，因为各级官员也都是层层选拔上去的。而中央政府的权威主要体现在中央政府可以随时进行干预或者中断下级政府的日常工作，这样的权威主要是通过正式制度与非正式制度两种方式实现的。例如，中央政府可以调整政策方针或者资源配置的方式，也可以更换甚至处罚下级政府相关负责人，这些正式制度为中央权威提供了支撑。但是也可以通过一些非正式制度，如“运动式治理”

① 周黎安．行政发包制[J]．社会，2014，34(6)：1－38.

② 周黎安．中国地方官员的晋升锦标赛模式研究[J]．经济研究，2007(7)：36－50.

③ 周黎安．“官场＋市场”与中国增长故事[J]．社会，2018，38(2)：1－45.

④ 周雪光．权威体制与有效治理：当代中国国家治理的制度逻辑[J]．开放时代，2011(10)：67－85.

的方式[①]。中央运用自身的资源与权威，打破常规秩序，开展针对一些问题的运动式的专项整治活动，以此重新塑造中央与地方的关系。比如2014年的“APEC蓝”——APEC会议期间严控排污、当前正在开展的“打黑除恶”专项行动等。这些现状都反映了中国的央地关系不是简单的单一制模式，基层政府广泛存在各种形式的非正式灵活变通，以此实现因地制宜地完成上级政府的任务安排。

而钱颖一等则提出了财政联邦主义的理论来解释中国特色的央地关系模式，即中国的央地关系模式是政治上集权、经济上分权。财政联邦主义源于“发展型财政联邦主义”[②] 理论，即相对于中央政府，地方政府拥有天然的信息优势，给予地方政府一定程度的裁决权，有利于各地作出更加高效、正确的决策，可以强化各地政府间的竞争，促进地方政府提高公共产品与服务的质量，改善行政效率。但因为中国的户籍制度严格限制了地方公共产品向流动人口的供给，因此我们并没有形成完全意义上的用脚投票的机制，所以与西方学术界提出的理论有所区别。但并不代表地方政府因此缺乏了有效激励，如张军[③]认为，在政治上中国是集权的模式，即向上负责的体制，地方官员为了获得晋升，需要取得卓越的政绩表现，而经济发展就是一个很好的度量标准。在政治上的激励，促进了地方政府之间的竞争。并且这样的模式在实践中也得到了印证，即地方政府更愿意选择基础设施建设这样的可度量、显示度高、见效快的经济发展模式，而不是提高教育、医疗、环境等非经济性的公共产品供给水平与质量。

8.2 处理好中央与地方关系的现实意义

中央与地方的关系，贯穿于中国发展的每一阶段，是历届政府所关心的重大关系之一。1956年，在《论十大关系》中，毛泽东就提出，“处理

① 周雪光．中国国家治理的制度逻辑再思[J]．开放时代，2012，1997(1768)．

② Jin H.，Qian Y.，Weingast B. R. Regional Decentralization and Fiscal Incentives：Federalism，Chinese Style[J]. *Journal of Public Economics*，2005(89)：1719 - 1742.

③ 张军，高远，傅勇，等．中国为什么拥有了良好的基础设施？[J]．经济研究，2007(3)：4 - 19.

好中央和地方的关系，这对于我们这样的大国大党是一个十分重要的问题。这个问题，有些资本主义国家也是很注意的。它们的制度和我们的制度根本不同，但是它们发展的经验，还是值得我们研究”。包括从邓小平一直到现任领导集体，在谈及中国的国家建设的时候，无不涉及中央与地方关系这个对国家发展、民族复兴极其关键的问题，尤其是在以下这些方面，央地关系具有特别重大的意义。

第一，激活地方积极性与创造力。中国地域辽阔，各地实际情况差异较大，在这样的地理基础上形成了中国多样的民族构成和各具特色的地理区域。因此，中国是一个区域内部以及区域之间差异较大、具有鲜明地方特色的国家，这使得协调中央权威与地方有效治理之间的关系更具有挑战性，可以称之为一项世界性的难题。中央如果没有足够的权力，就没办法协调国家事务；同样，如果地方没有自己的权力，则调动地方积极性以此推动地方发展就无从谈起。所以，如何解决好中央与地方在集权与分权上的关系，促使两者在事权与财权分配上更好地匹配，进而推动基层治理现代化等系列变化，将对地方发展产生重要积极影响，也对促进中国经济转型、实现更高质量的发展具有重大意义。

第二，完善中国特色的国家治理体系。在国家治理体系中，央地关系是非常重要的一部分，更是国家治理能力的重要体现。党的十八届三中全会提出的全面深化改革的总目标就是推进资源与权力的设计与安排的问题。这要求必须设计出一套适合我们的中央与地方关系的制度，这一制度的内容必然要包括中央对地方的绩效考核与中央与地方的剩余分配安排，并且绩效考核决定着剩余分配的趋向。因此，央地关系在中国两千余年的发展过程中，实际上就是由中央对地方绩效的监控能力而产生的剩余分配变化的过程，这在本质上体现出了我们的大国治理逻辑。这些年的发展经验告诉我们，中国的改革往往是先由地方试点，然后通过中央的“顶层设计”，将实践中总结出的地方经验上升为国家政策，继而推向全国。因此，一个适合我们的中央与地方的关系模式，将对丰富中国特色治理体系、增强国家治理能力有重大的意义。

第三，促进区域间协调发展。中国目前的地区发展差距不单单是一个经济问题，更是一个政治、社会问题。地区之间发展差距加剧了宏观经济的不稳定，激化了落后地区与富裕地区之间的矛盾，进而蕴含着民族和地区分裂以及社会动荡的危险。因此，解决地区差距的问题就必然要求国家能力的参与和治理，这不仅需要中央政府的强烈政治意愿，将逐步缩小地区差距作为其优先发展目标之一，更需要中央政府强有力的财政能力的支撑；只有政治意愿而没有财政能力的政府，同样无法有效解决地区差距。这就把中央与地方关系和地区差距这两个问题有机联系在一起。强有力的中央政府可以通过建立财政转移支付制度，促进生产资料和资本向落后地区流动；促使技术向落后地区传播；推动建立各地大致同等水平的基本公共服务。这些举措都需要一个健康、良好、有效的中央与地方的关系为支撑和保障。

8.3 中央与地方关系的政治经济学分析框架

8.3.1 央地关系的基础分析框架

按照马克思主义政治经济学的分析范式，任何事物之间的关系都会因所有制不同而有所区分，那么对于中央与地方这一关系而言也是如此。生产资料所有制不同，相应的中央与地方关系的性质特点、发展演变、矛盾产生及处理方式等也都有所不同。例如，对于公有制处于社会统治地位的国家来说，中央与地方的关系不是一般意义上财权与事权如何划分的问题，也不是现代财政理论中公共产品有效供给与财力匹配的问题，自然也不是选择集权或是分权的问题，而是占社会统治地位的公有财产的所有权、使用权、收益权如何在中央与地方之间划分的问题，最终目标是进一步维护与巩固社会主义公有制度占统治地位。再如，生产资料私人占有处于社会主导地位的国家与公有制占主导地位的国家另一重要区别就是，无论是中央政府还是地方政府，在公有制下，各级政府都属于社会经济活动的主要组成部分，应该将其纳入社会生产关系的分析当中。因此，在这一分析框架下，央地关系属于一个意识形态问题，直接涉及上层建筑。

而对于广义的政治经济学分析范式来说，分析财权与事权的关系主要使用的是政治学、经济学与财政学这三大领域的分析范式与现有理论。在这一分析框架下，财权是国家治理的基础，事权是国家治理体系的重要支柱，事权以财权为保障，财权以事权为划分基础。因此，下文也选择通过财权与事权的划分视角，来分析中央与地方的关系模式。财权主要指的是各级政府在财政资源的收入与支出方面的权力。事权主要指的是政府管理社会公共事务的职能。财权与事权的中央与地方的分配，自然指的就是在各级政府之间划分应该承担的社会经济事务及支出责任。我们依照此逻辑，构建了广义的政治经济学央地关系模式分析框架（见图 8 -1）。

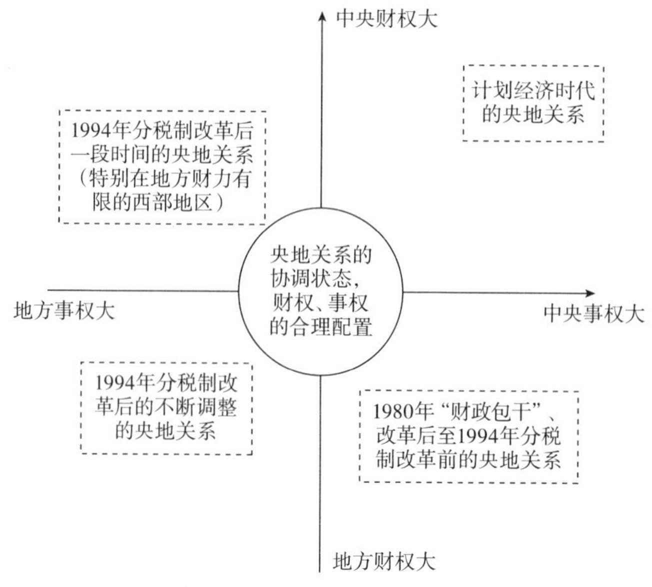

图 8 -1　央地关系的基础分析框架

如图 8 -1 所示，横轴代表的是中央与地方在事权上的纵向分配，越趋向于横轴的右端，则代表着在事权分配上越趋向于事权向中央集中；而纵轴则代表着中央与地方在财权上的纵向分配，越趋向于纵轴的上方，代表着在财权分配上，财权越趋向于中央集权的方向。依照这样的逻辑方向，我们自然可以构建出中央与地方关系的四种模式，即在图 8 -1 中所体现出的四个象限。第一象限代表着中央在事权与财权上实行双集中的模式，第二象限则代表着中央将财权集中而将事权下放的模式，第三象限代表中央将财权与事权都向地方完全下放的模式，第四象限则代表着事权集中于中央而财权下放于地方的央地关系模式。

8.3.2 央地关系的四种模式

（1）中央双集权模式

在这种央地关系的模式下，中央掌握着一切决定权，地方没有自主性，地方政府只是中央政府的延伸，地方政府的唯一目标就是贯彻落实中央政府的决策部署。同时，中央政府也要承担所有事权，即向全国提供公共产品和服务。财权的中央集中，不仅仅意味着中央政府掌握着财力资源的分配，更需要由中央政府进行各项税目的征收，并且对偷税漏税进行监管。这也意味着中央政府要承担发展地方经济的职责。比如，在朝鲜、苏联以及在我们的计划经济时期，实行的就是这样的财权与事权双双集中于中央的模式，也就是第一象限所代表的模式。

财权与事权高度集中的双集权模式，毋庸置疑，在特别时期是具有其优势的。比如，在战争、灾难发生的时候，中央高度集权有利于调配全国的力量，充分整合地方资源，以此及时、有效地应对各项挑战。比如，新中国成立初期，新中国的新生政权还面临着敌对势力的挑战，这时候我们亟待强有力的中央政府为全国提供一个稳定的社会发展环境。再如，对于一些需要举全国之力建设的项目，如两弹一星、南水北调、西气东输等，强有力的中央政府可以有效地根据自身权威协调地方之间的利益，保障这些功在当代、利在千秋的重大项目的顺利实施。然而，在和平时期，在高度的中央集权下，地方自主性的缺乏会导致地方政府缺乏主动性，最终导致经济发展落后和人民生活水平低下。

（2）地方双集权模式

地方完全掌握财权与事权，顾名思义，就是各地自行负责财税征收和预算安排，以及向辖区内提供公共产品和服务，即第三象限的模式，在自由主义奉行时期的美国就是这样的模式。

在这样的央地关系模式下，中央政府自身财力匮乏、权威缺失，无力推行宏观政策的实施，外交、国防等国与国之间的事务、职责得不到充分保障和及时安排。地方出于自利的本能，可能以损坏别人利益为前提来实现自身利益的最大化，地方与地方之间更多是一种“零和博弈”，这样的过度分权可能导致国家分崩离析。当然，地方财权在事权的统一和一定程度上有助于激活地方发展经济的积极性，有助于促进各地之间的竞争，以竞争来推动自身水平的提升。另外，地方政府是政府体系中最直接面向社会的一级，拥有地方信息优势，高度分权可以使得地方政府在面临各项事务，尤其是一些突发性事项中相机决策，以此作出最有利于、最适合于当地的决策部署安排。

（3）中央财权集中与事权下放模式

中央政府将各项税种带来的税收与支出权力全部集中于中央，但是将提供公共产品和服务的职责下放于地方，即第二象限所体现的模式。例如，在 1994 年实行分税制改革后，因为选择了先进行财权改革、保留原有事权分配不变的方式，那一时期的央地关系就是这一模式。

这样的模式带来的很大的一个弊端就是各种公共产品的提供需要相应财政资源的支持，然而财政资源全部集中于中央，这就给地方政府履行事权带来了巨大阻碍，事权履行不力又会给地方社会稳定带来极大隐患。因此，地方政府只能不断地向中央政府伸手要钱，以填补地方财政的“窟窿”。但在一定程度上，这样的央地关系模式可以使得中央政府拥有高度的权威，保障了中央政府的集中统一领导，有助于中央政府实施统一的宏观调整政策和各项重大工程。

（4）中央财权下放与事权集中模式

中央财权的下放，就意味着将税收和预算支出的各项财政安排交由地方政府自行决断。然而，事权却由中央政府负责，即各地的公共产品和服务都由中央政府提供与保障。这一模式的典型案例就是，我们在改革开放初期，中央决定实行分级包干、分灶吃饭的财政与事权体制改革，地方财力大大充盈，中央赤字日益增加，对中央政府有效履行国家治理能力产生了巨大障碍。

这种财权与事权不一致的分配模式，意味着事权必然无法实现有效履行。这种形式的分权所带来的后果是严重的，因为地方政府只负责收益部分，却不用付出，即不用承担公共产品的提供，最终结果就是放权使得中央政府责任大大增强，并促使地方政府演变为独立王国，地区之间的沟通交流会受到损害，显著提高了交易成本。好处就是在一定程度上、一定时期内，地方财政资源的大大增加可以促进辖区内的投资与发展，带动地方的经济增长。

8.4 新中国70年央地关系的演变与发展

本章站在新中国成立70周年的宏观视角，根据中央与地方关系的演变历程及其阶段的特征，将地方与中央的关系划分为三个发展阶段。第一个阶段为中华人民共和国成立后到改革开放前，这一阶段的最大特征就是央地关系由于种种原因有着多次调整，波动性较大。第二个阶段为中央决定改革开放到1992年确立建设社会主义市场经济体制的目标为止，这一阶段主要以中央向地方放权为主题。第三个阶段以1994年分税制改革为起点至今，在这一阶段呈现出放权与收权两种方式并行的状况。

8.4.1 改革开放前：权力收放循环

（1）计划经济体制建立初期的集权

新中国成立后，伴随着社会主义改造的完成与计划经济体制的建立，一切生产、消费和资源分配都要通过一个强有力的中央机构以指令性的方式进行预先安排。因而1949—1957年，权力是高度集中在中央的。我们在这一时期所实行的就是上文分析框架中第一象限的央地关系模式。

在事权分配上，中央成立了中央财政经济委员、全国编制委员会、全国仓库物资清理调配委员会等负责计划管理的专职中央机构，还指定人民银行为国家现金调度的总机构。通过这些机构，中央对各地与各级政府的经济事务与活动以行政指令的方式进行直接的管理。

在财权分配上，实行的是全国财政经济统一管理的方针，1950 年 3 月 3 日，政务院第二十二次政务会议通过并公布陈云代政务院起草的《关于统一国家财政经济工作的决定》，这一决议要求中央统一管理财政支出与收入，统一调配各项生产资料与生活资料，统一管理各地之间的贸易，由中央部委直接管理各地的工矿企业①。

中央通过设立的各种专职国家机关与部委，对各地区实施呈现出高度中央集权的控制方式。因此，中央各部委和专职机构可掌握的资源越来越庞大，逐步变得自给自足了，甚至趋近于一个独立的经济系统。在它的权限范围内，它牢牢地控制了物资的供应和资源的分配。高度集权的中央计划体制必然会引发一些问题，比如即便对于一些缺乏信息优势的地方事务，中央也可以高度把控各地的治理与安排，缺乏和地方的沟通可能导致设计出考虑不周全的计划，并且中央以自身的高度权威可以重复修改计划。中央很快意识到了高度集权所付出的高昂代价，各部委和专职机构的高度集权抑制了地方发展经济的主动性，同时，牢牢把握各项资源的中央部委与专职机构有潜在能力对抗中央领导层的权威与国家大政方针的统一实施。于是放权就成为改革的共识。

（2）计划经济体制全面实施阶段的放权

因为上一阶段的高度中央集权导致了中央财力分散，无法有效统筹落实中央大政方针与政策指示，于是从 1958 年开始，中央与地方的关系趋于朝地方放权的方向发展，这一时期的央地关系趋向于第三象限的央地模式。

在事权分配上，首先，中央下放了对于基础设施建设项目的批准权，使得各级、各地政府在地方经济发展的事务上拥有了较大程度的自主权。因此，在各地辖区内的项目审批与建设上，地方政府获得了更大的权力，而中央政府在很大程度上变成了“橡皮图章”。并且，在中国共产党第八

① 中国财政大事记（1949—2004）[EB/OL]. 中国财经报网，2015-10-23.

次全国代表大会第二次会议后，中央进一步提出实行投资包干，取消建设银行的系统垂直领导，对建设银行机构和基本建设财务管理制度进行了一系列改革。这一制度允许地方政府在能够筹集到足够资金的前提下，发展与选择任意规模的地方项目，这样的政策导致我国总投资与建设项目的急剧扩张。另外，中央在一定程度上对各项生产、生活资料的生产与分配的计划管理权也进行了下放；中央计划下的产品种类大大减少，同时对由中央部委直接管理的企业进行了部分下放，因此由中央机关直接管控的企业数量大大减少，中央的收入自然也下降许多。

在财权分配上，1958年9月24日，国务院全体会议第80次会议讨论通过了《关于进一步改进财政管理体制和改进银行信贷管理体制的几项规定（草案）》。改进后的财政管理体制的基本内容是：收支下放，计划包干，地区调剂，总额分成，一年一变。收入方面，除少数仍由中央直接管理的企业收入和不便于按地区划分的收入，如铁道、邮电、外贸、海关等收入以外，其他多种收入包括各种税收和一切企业收入，全部划给所在的省、市、自治区管理，作为地方财政收入。计划包干：根据国民经济计划和其他有关指标计算地方的财政收支，收支相抵后，支出大于收入的地方，不足部分由中央给予补助。在此基础上，归省、市、自治区包干使用。在预算执行中，超收部分按原定比例截留，中央补助款按原计划数额拨补，年终如有结余，归地方自行安排①。在支出方面，除中央各部门直接办理的少部分经济建设支出、中央级行政和文教支出、国防费、援外支出和债务支出以外，所有其他各种支出，包括地方的基本建设拨款和企业需要增加的流动资金在内，全部划给省、自治区、市。

不难发现，在这一时期我们进行了大规模、全方位的向地方放权的改革。这一制度安排在很大程度上使得中央政府减弱了对地方经济事务的宏观管控，相应的财政收入自然也会因为中央征税能力的减弱与直接管理企业数量的减少而急剧下降，甚至在这一时期，向地方放权的改革导致了中

① 霍军．新中国60年税收管理体制的变迁[J]．当代中国史研究，2010(3)：52－59.

央财政长期处于赤字的状态。1958—1961 年，根据统计资料与数据，经过计算，中央政府的财政赤字超过了 180 亿元。地方政府在这一改革之后迅速掌握了巨大的财政收入与支出权力，导致中央政府难以有足够的能力去履行宏观经济调控与协调地区发展的职责。当然，权力从中央向省级政府的转移为地方发展也带来了一定的好处，例如，为地方企业和公社注入了资源，从而刺激了地方经济的发展。

在经历了“大跃进”“三年困难时期”之后，1961 年，中央决定调整此前的中央与地方关于财权与事权的分配与安排，以此重新掌握中央对全国经济的控制。于是，在 20 世纪 60 年代初期，我国短暂地实行了上文分析框架中第一象限的中央高度集权的央地关系模式。

（3）“文化大革命”时期的再次放权

在经济困难时期结束后，毛泽东于 1966 年 3 月 12 日给刘少奇同志写了一封信，他在信中强调：“一切统一于中央，卡得死死的，不是好办法。”[①] 因此，中央重新启动了向地方放权的改革，在这一时期，央地关系再次趋向第三象限的央地关系模式。

在事权分配上，1966 年 3 月 20 日，在杭州举行的中央政治局扩大会议上，毛泽东又一次重申放权的思想，强调中央只管大政方针，地方政府应该拥有自主权。同时，中央各部委和国家专职机构拥有大量的直接管理的央企，以这样的方式对经济的过度集权化是不可取的，应该下放这些企业到地方。中央政府在事权上也应该向地方、向社会、向人民群众进行放权。因此，随着“文化大革命”的开始，中国的中央与地方关系又扭向了向地方放权的发展方向。

在财权分配上，中央决定将中央管控的大型国企向地方下放，如长春第一汽车制造厂、开滦煤矿、鞍钢以及大庆油田等众多国企都下放到了省级或市级，由地方自行管理，收入自然也归地方支配。有学者研究统计[②]，

---

① 毛泽东．毛泽东文集：第八卷[M]．北京：人民出版社，1999.

② 郑永年．中国的“行为联邦制”：中央—地方关系的变革与动力[M]．北京：东方出版社，2013.

在1965年，有10533家国有企业由中央机关直接管控，生产了全中国所有工业产品的42%以上。在1970年的放权之后，只有142家这样的企业依然由中央管控，它们仅仅生产了所有工业产品的8%。在财政收支安排上，停止了总额分成制，重新实施了收支包干的办法；并且收支不挂钩，凡收入任务完成或超额完成的，超收这部分均留给地方支配使用；若总收入任务完不成，也由中央财政支持已经批准的预算，不因短收而影响地方支出。

总体而言，在改革开放前的这一时期内，中国的中央与地方的关系处在不断的调整当中，这是我们对中国特色社会主义制度进行的一系列有意义的探索，对于我们走有中国特色的社会主义道路具有重大意义。

8.4.2 改革开放初期的放权让利

改革开放使得中国特色社会主义进一步发展到了一个新的阶段。改革计划如何能够得到实施？什么样的选择能够既实现经济的快速增长又保持政治稳定呢？改革开放前，中央对地方官员的要求主要是贯彻落实中央的统一决策，缺乏自主性。改革开放后，中央不再赋予政府官员贯彻中央政策实施的单一目标，而是把他们当成有着自身利益的行为者。因此，改革开放初期，中央对政府官员的经济动机采取了一种物质主义的战略，选择了“放权让利”的改革思路。既包括经济性分权，将政府的许多权力还给市场主体，如企业、农户、消费者等；也包括行政性分权，将中央的许多权力下放到地方政府①。我们认为其趋向于上文分析框架中的第四象限的央地关系模式。

在事权分配上，中央根据在农业上包产到户的成功经验，进行了放权的改革，重新调整国家与地方、政府与企业的关系，以此调动企业和个人的积极性。于是，在1978年11月，国务院发布了《关于国营企业试行企业基金的规定》，允许企业根据完成国家计划的任务情况，提取一部分资

① 吴敬琏，刘吉瑞．论竞争性市场体制［M］．北京：中国财政经济出版社，1991.

金用作企业基金，用于改善职工福利、发放社会主义劳动竞赛的奖金。同时，国家决定下放一定程度的企业自主权，在产品的生产、计划、销售方面给予企业一定的自主决定权，促进企业形成较为独立的经济责任，以此激发经济发展活力。

在财权分配上，总体上可以用“分灶吃饭”来总结。1980—1984 年，在多数省份实行划分收支、分级包干的预算管理体制。其基本内容和做法是：划分收支、分级包干、中央对地方专项拨款。按照企业、事业的隶属关系，明确划分中央预算和地方预算的收支范围。在收入划分上，实行分类分成办法，分为中央和地方固定收入、中央与地方固定比例分成收入和中央与地方的调剂收入。各地方上划给中央部门直接管理的企业，其收入作为中央和地方固定比例分配收入。在支出划分上，根据企业、事业隶属关系，属于哪一级的支出就归哪一级。地方预算支出大于地方固定收入和固定分成收入的，不足部分由中央从调剂收入中确定一定比例进行调剂。

这一体制是调整中央和地方财政关系的新尝试，是在预算管理体制上由中央与地方财政“共吃一锅饭”改为“分灶吃饭”的重大改革。其优点是进一步调动了地方发展经济的积极性，体现了责、权、利相结合的原则；同时也使地方对自身的财力、财源做到心中有数，便于主动地筹划和安排本地区经济和社会的发展，避免一年一变和年年争指数的现象。但其弊病则是造成地方往往重视本地区局部利益而忽视全局利益的倾向，在建设上产生盲目建设、重复建设、助长地区之间经济上的互相封锁等。同时，国家汲取财政的能力逐步下降，政府财力极度分散，中央财力降至历史最低点。

8.4.3 确立市场化改革下的分权与集权并行

20 世纪 80 年代末到 90 年代初期，分级包干的财政制度的推行，使得中央财政收入占整个财政收入以及 GDP 的比重大幅下降，中央财权被大大削弱。在当时的央地关系中，中央处于一种弱势的状态，面临严重的财政危机，这非常不利于社会主义市场经济体制这一基本框架的建立。因此，在1994年，中央决定要实行分税制改革，以此重振中央财政。20世纪90年代中期以来，中国的央地关系再次趋向于集权的方向，但这次的集权和以往有一个很大的不同，就是这次改革的目的并不是死死控制住地方政府的方方面面，而是有选择地在一些事务上选择实行中央集权。

在事权分配上，中央将一系列重大事项、重要基础设施建设项目等审批权力重新集中。对生产安全、环境保护、资源开放等一些涉及重大公众利益的领域也进行了中央集权。同时，在货币政策方面，我国进行了银行制度的改革，实行银行国有化，严格集中贷款审批的权力；进一步增强中央银行在货币发行与货币政策方面的权力，切断了地方政府在宏观货币政策上的一些干预与影响，从而大大加强了中央的宏观经济调控能力。

在财权分配上，1993年11月14日，党的十四大通过的《中共中央关于建立社会主义市场经济体制若干问题的决定》指出，要积极推进财税体制改革，将地方财政包干制改为分税制，这标志着分税制改革大幕的拉开。中央选择了央地之间事权责任划分不动，先进行中央与地方收入划分的改革方向，以此来适应社会主义市场经济体制框架建立的需要。于是，一些税基广、税源稳定、易于征收的税种都上缴于中央，企业所得税按照企业的隶属关系划分，在增值税上，以75∶25的比例将大部分税收划分给中央所有。这一改革使得中央财权迅速恢复，中央财政收入大大增加。同时，分税制还进行了统一税制方面的改革，中央建立了以增值税为核心、以消费税为辅助的新的流转税制，还统一了企业所得税，取消了外资与内资在企业所得税上的区分，也取消了针对外籍人士和中国公民有别的个人所得税制度。统一税制的改革有效地纠正了错误的市场行为，配合了价格改革的稳步推进，以此引导市场形成合理的价格机制。在公平企业税负的基础上，进一步规范了国家与企业的分配关系，这也有力地促进了现代企业制度的建立。

这一新体制的推行使得权力重新集中于中央，大大增强了中央打破地方割据、统一各地市场、打破寡头垄断的宏观经济调控能力。因此，我们的经济结构也快速得到了调整与优化，社会主义市场经济的框架快速地得到了确立与巩固。当然，税制的改革落后于事权的改革，使得财权与事权分配不相一致，中央在财权集中的情况下并没有相应地将事权集中，这使得地方政府在一定程度上财政困难，没有能力去积极履行地方公共职责，各地普遍出现了地方政府严重依赖土地收入来补充地方财政收入缺乏的问题，导致房价攀升。

8.4.4 新时代以来共享型央地关系的建立

党的十八大以来，中国的中央与地方关系迈入新的篇章，习近平总书记多次在党的代表大会上推行了一系列的事权与财权方面的重磅改革。

在事权改革上，我们国家是一个大国，因此，中央和地方的两个积极性都要发挥。所以，党的十八届三中全会首次强调了政府间事权与支出责任划分改革，要求“建立事权与支出责任相适应的制度”。党的十九大报告在此基础上，进一步明确提出“加快建立现代财政制度，建立权责清晰、财力协调、区域均衡的中央和地方财政关系”①。因此，党的十九届三中全会审议通过了《中共中央关于深化党和国家机构改革的决定》和《深化党和国家机构改革方案》。过去，由于政府职能转变不到位，中央和地方的事权划分很难分清，此次机构改革则为中央和地方事权划分提供了强有力的支持，机构改革将有效改善各级政府的公共服务效率，大大推进新型央地关系的形成，央地关系也将因此更加符合国家治理现代化的要求。

在财权改革上，2018 年 2 月初，国务院印发了《基本公共服务领域中央与地方共同财政事权和支出责任划分改革方案》，这是自 2016 年《关于推进中央与地方财政事权和支出责任划分改革的指导意见》后，央地关系又一标志性的进展。2 月 8 日，国务院印发了《基本公共服务领域中央与地方共同财政事权和支出责任划分改革方案》，自 2019 年 1 月 1 日起实施。

① 习近平．决胜全面建成小康社会 夺取新时代中国特色社会主义伟大胜利——在中国共产党第十九次全国代表大会上的报告[EB/OL]．新华网,2017 - 10 - 27.

将义务教育、基本养老保险、基本医疗保障等八大类共18个事项纳入中央与地方共同财政事权范围，并规范支出责任分担方式。

新时代以来，这一系列的改革标志着政府职能转变以及市场在资源配置中所起作用的改变，在这一基础上，中央与地方政府在事权与财权、财力的分配上将获得更好的匹配，国家治理能力将大大提升，从而为中国更高质量发展带来积极影响。

8.5 中国特色央地关系发展的历史经验

第一，坚持发展是为了人民的中心思想。在中国央地关系发展历程中的每一重大事件背后都有赖于中国共产党的坚强领导，同时，每一次中央与地方关系改革的出发点都是以人民为中心，发展的根本目的是实现共同富裕。正是因为这样的社会主义坚持，我们看到央地关系改革取得了巨大成就，在这一重要的制度安排下，企业与地方的发展积极性大大提升，人民生活水平显著改善，民生保障水平不断提高，法治建设稳步推进，社会稳定，政治清明，中国特色社会主义事业取得了一系列重大辉煌成就。中国共产党再一次向全世界证明了我们制度的优越性，也向全国人民表明了“以人民为中心”不是一句空话，而是中国共产党人始终如一的坚持与奉献。

第二，渐进式的央地模式改革。回顾央地关系演变的70年历史，不难发现，中国央地关系的发展呈现出一种螺旋式上升的总体态势，具有鲜明的“摸着石头过河”的特点，这是因为我们有高度权威的中央政府始终把握着最终决定权来作为支撑，这样一来，我们便可以根据经济社会发展的不同阶段和需要，来及时调整政策，随时对中央与地方之间的权力与资源进行合理调配。既可以有效地实施宏观政策以打破地方山头主义，也可以在一些领域根据信息优势由地方进行相机决策，以充分调动地方的积极性和创造性。在我们看来，灵活调整的渐进式改革的成功，充分体现了“实践是检验真理的唯一标准”，这根植于中国共产党人对马克思主义唯物辩证法理论的深刻理解与积极实践，对于丰富中国特色社会主义理论体系有着重大贡献，并且为世界，尤其是发展中国家贡献了中国方案。

第三，选择性的集权与分权。无论从理论上还是实践上看，集权与分权都有其利弊，在这一情况之下，选择去建立一个绝对集权或者完全分权的中央与地方关系模式则意味着要承担其全部弊端。所以，无论选择朝向哪种方向的央地关系，推到极端都不是最理想的选择。并且，在现实中也不存在一个将财权与事权全部下放于地方或者将其全部集中在中央政府手中的国家。在一个十几亿人口的大国，如何在中央与地方之间探索出共享、高效的制度安排并使之制度化，是一项前无古人的事业，这需要极大的勇气，更需要政治智慧。在向地方分权与向中央集权各有利弊的情况下，我们认为将来的理想发展方向绝对不是争辩选择一个集权还是分权的央地关系模式，而是聚集在我们的哪些权力应向地方下放、哪些应该集中于中央。中国特色社会主义的成功经验证明：只有将财权、事权及其他权力进行多维度的最优搭配和组合，最终探索出中央与地方关系的均衡区域，才能促使改革的成功。

第四，多样化的政策实施工具。随着中国特色社会主义的不断深入推进，我们对于央地关系改革的目标也会产生调整与变化，比如从单一的追求经济发展逐渐向包括追求环境保护、收入公平等多样的政策目标转变。而对政府的宏观调控水平提出的更高的要求，需要一个坚强有力的中央政府来促成政策目标的实现。因此，单一的行政化指令就显得“势单力薄”。立法权限的确立、新《预算法》的出台、对官员绩效考核标准的丰富、异地干部交流打破山头主义、缩减管理层级，同时充分利用财政手段，以事权与支出责任划分改革促使健康的共享型央地关系的形成，如此多样的政策工具为及时调整央地关系提供了有力的支撑，有效地保障了中央政策目标的实现以及中央对地方的集中统一领导。

8.6 中国特色央地关系的展望

中国作为一个人口众多、国土辽阔、地区间自然禀赋不一样的国家，选择将权力完全集中于中央的央地关系模式是不符合国情的。然而，地区间的发展差异要求我们也不能选择一个完全分权的央地关系模式，这不利于社会主义共同富裕目标的实现。在央地关系模式中，向地方分权与向中央集权在一定程度上既是对立的，也是统一的。人们往往强调两者的对立，而忽视追求两者的统一。唯一符合国情的选择应该是探索中央集权与地方分权的动态均衡区域，最终实现在中央统一领导的基础上充分调动地方积极性，同时在保障地方发展权利的基础上维护中央权威，进而到达地方分权与中央集权的动态平衡区域。在这里，中央集权和地方分权是互为前提、互相依赖、互相作用、缺一不可的。所以，我们认为在未来，中国的央地关系要到达理想的均衡区域，需要朝着建立政府间事权与财权相匹配的逻辑方向演进。

在财政学的经典理论里，确定各级政府之间的事权与支出责任一般都会选择遵循这几个原则，即满足辖区内的民众偏好、遵循信息优势与最大化规模经济。因此，一些地方政府拥有信息优势，能够更真实地了解到辖区内居民偏好的公共事务，如教育、公共安全、经济事务与公共交通等事务，选择由地方政府供给这些公共产品与服务毫无疑问是最具有效率的，相应的支出责任也应当由地方政府提供。而在一些跨区域，甚至是全国范围内受益的公共产品与服务领域，如外交、国防、货币发行、宏观经济政策、环境保护以及跨区域的交通等这类外溢性较强的事务，均应当由中央政府或者中央政府与地方政府共同负责提供，这才能实现规模经济最大化，以此保证这些公共事务的高效处理以及此类公共产品的有效供给，当然，相应的支出责任也应由中央政府负责提供。

由此就产生了中央与地方之间在这些事权划分基础上的支出责任分配问题，因为要实现政府公共产品与服务的有效保障，必须有相应的财力作为支撑。而在分税制改革之后，地方政府财政收入在很大程度上要依赖于上级政府的拨款，取得拨款的过程相对缺乏公开的制度与法律的支撑，甚至主要取决于人为关系因素。这就导致本来应当由地方政府负责的公共事务因为财力匮乏而得不到及时处理支出。因此，我们认为，中国在当前市场化深入改革与产业结构调整、城镇化快速推进的大背景下，很有可能产生一些发达国家没有的暂时性的新生事权。所以，随着国家治理体系与治理能力现代化的推进，我们应当根据公共产品受益原则、信息优势原则与规模经济原则划分中央与地方之间的事权，并且在此基础之上划分财权分配，进而衍生出制度化的央地之间事权与支出责任相匹配的动态均衡调整机制。

9 新中国70年中国特色开放道路的政治经济学分析

新中国成立70年以来，在共产党的正确领导下，通过建设开放型经济体，中国从一个封闭落后的农业国蜕变成一个开放包容的大国，走出了一条独具特色的对外开放的道路。尤其在改革开放后，中国的对外开放政策对中国经济发展起到了至关重要的作用，使中国顺利融入世界经济体系，成为世界第二大经济体、第一大贸易国，取得了举世瞩目的成就，创造了中国奇迹。2019年正值新中国成立70周年，总结中国伟大开放历程和经验意义深刻。本章指出了中国特色开放道路的内涵与特点，回顾了新中国成立70年以来中国特色开放道路的历史，归纳了中国特色开放道路的演进逻辑，分析了现阶段中国特色开放道路面临的挑战及应对措施。

9.1 中国特色开放道路的内涵与特点

9.1.1 中国特色开放道路的内涵

对外开放是我国从历史中总结得出的发展经验，是尤其新中国成立以来，在世界经济与中国经济互动发展中所选择的一项基本国策，70年来我国对外开放的实践和理论不断发展丰富，中国特色对外开放道路的轮廓已经有所呈现。从我国对外开放的实践中，可以概括出中国特色开放道路的基本内涵是中国在独立自主、自力更生的基础上，遵循平等互利、合作共赢的原则，同世界各国开展经济技术合作，参与国际竞争、融入世界经济的过程。随着不断深化的对外开放的实践，其内涵将更加丰富。具体来讲，对外开放道路包含以下几个方面的内容：

第一，开展国际贸易。国际贸易是国际经济交往的主要渠道和主要内容，也是联结国际分工参与国的共同纽带。一个国家的经济外向度越高，对外贸易越发达，出口额占国民生产总值的比重越大，标志着这个国家的国际分工和国际市场上的参与性、竞争性越强，从中可能得到的利益也越多。发展对外贸易，各国间可以互通有无、博采众长，实现资源的优化配置。发展对外贸易，可以学习吸收世界先进的科学技术成果，为本国经济发展赋能，从而增强本国的经济实力。

第二，吸引国际投资。随着经济全球化程度的加深，国际直接投资成为促进各国经济增长的新动能，可以为东道国带来一系列好处，如技术转移、知识管理和出口市场准入①。发展中国家要缩小与高收入国家的技术差距，提高管理技能，发展出口市场，需要有效利用外资。新中国成立初期，我国经济发展落后，实现现代化的一个重要问题就是资金紧缺，利用外资可以弥补一部分资金缺口，同时将一些先进的技术引入国内，促进我国企业的技术改造。

新中国成立 70 年来，我国积极改善外商投资环境，吸引国外直接投资，重点建设农业、水利、能源、交通、通信和重点原材料等项目。

第三，参与国际金融。国际金融是随着国与国之间的经济往来发展而产生的。从历史上看，21 世纪之前的国际金融规则都是以发达国家为主导的单边主义规则，长期贯彻着弱肉强食的理念。随着发展中国家经济实力的增强，经济金融的多极化趋势不断发展，美国单边主义霸权地位遭到动摇。中国作为最大的发展中国家，应该在21 世纪重塑国际金融规则中发出中国声音。中国自 20 世纪 80 年代恢复在国际金融组织中的合法席位以来，与国际金融组织的合作日益深化，大规模开展技术交流，参与国际经济金融政策磋商，与国际金融组织实现双向互动合作共赢。尽管中国在与国际

① 张军，王永钦．大转型：中国经济改革的过去、现在和未来［M］．上海：格致出版社，2019：308－309.

金融组织的互动中取得了很大成就，但是西方发达国家仍处于主导地位，中国面临着“话语权弱势”的困境。中国为改善弱势的现状不断作出努力，近年来，在中国的积极倡导下，金砖国家开发银行、亚洲基础设施投资银行等“新金融组织”陆续建立，并发挥着越来越大的作用，推动世界金融治理格局向着开放、共享、民主、共治的方向发展。中国在构建国际金融秩序中，逐渐形成了一种“合纵连横”的战略思维。一方面，中国在G20中广泛与发展中国家协商对话；另一方面，中国通过与日本、韩国进行自由贸易区的谈判吸引发达国家关注。中国通过双边协定积极推进“人民币国际化”的货币战略，推动人民币成为国际结算货币和国际储备货币，从而规避汇率风险、优化债务融资、获得铸币税收益，通过“一带一路”倡议促进对外贸易的健康、稳定发展，全面提升在国际金融事务中的话语权。

第四，引进先进技术。引进先进技术是指通过对外贸易和合作的方式，从国外获得适用的先进技术和装备。技术引进包括引进“硬件”“软件”和引进智力三个方面：引进硬件是指引进先进设备，如进口成套设备、单机设备和整个引进项目的包建等。引进软件是指技术转让、生产合作、科技合作、技术咨询和技术服务等活动，如购买专利、技术资料等。引进智力是指聘请外国专家来中国企业担任顾问或领导；组织外国专家来中国讲学，交流技术；选择技术人员、学者到国外学习和考察等。利用国外智力为中国的经济建设服务，有利于促进中国的科研水平和经营管理水平。① 中国通过引进科技，可以推进国民经济的技术改造和设备更新，提高生产技术水平，大大提高劳动生产率；可以缩短中国资本积累和技术开发的时间；可以促进国内科学技术研究和管理水平的提高。

9.1.2 中国特色开放道路的特点

中国特色开放道路是一代又一代中国共产党人用马克思主义的广阔眼光

① 白永秀，任保平．中国市场经济理论与实践［M］．北京：高等教育出版社，2015：203－204.

看待世界，根据马克思主义对于国际经济关系的基本理论思想，综合国内外的历史实践，借鉴成功的经验，独立自主地走出的一条通往胜利的路，走出的一条独具特色的光明之路。立足于新中国成立70周年的今天，回顾新中国成立以来的对外开放历程，中国特色开放道路主要呈现出以下几个特点：

第一，中国特色开放道路是一条渐进式的开放道路。中国的对外开放道路是在不断结合历史经验的基础上，持续进行开放政策与开放理念的创新，在确保对外开放平稳有序的前提下，逐步将中国特色开放道路推向前去。从开放的空间布局来看，呈现出由点及面、从浅入深的特点，从试点探索到全面推进，以经济特区和沿海开放城市为重心，逐步向中部、西部内陆地区展开；从对外开放的领域来看，最开始是从一些不敏感的经济部门入手，发展加工贸易，从货物贸易向服务贸易扩展，不断扩大外商直接投资的产业领域。渐进式的开放道路不仅确保了对外开放的不可逆性，而且有效削弱了一步到位式的开放给国内产业带来的冲击。

第二，中国特色开放道路是一条独立自主、自力更生、平等互利的开放道路。中国采取对外开放政策，并不意味着融入资本主义生产体系，而是强调独立自主、自力更生、平等互利的发展，不是大国依附型，也不是霸凌别国的对外开放，更不是出让部分经济甚至是政治主权的对外开放。中国经济发展既离不开经济全球化也离不开独立自主，必须结合好独立自主和对外开放的关系，对外开放是手段，独立自主是前提，自力更生是目的，它们的关系是统一的而不是对立的。在独立自主的前提下，利用国内外两个市场与两种资源，广泛地与世界各国进行平等互利的经济合作与技术交流，增强自力更生的能力。中国始终坚持对外开放要有分寸，是有管理的开放，而不是无底线的开放，在对外开放过程中坚决守住国家主权、尊严和安全不受侵犯的底线。

第三，中国特色开放道路是一条以经济开放为基础的全方位多领域的开放道路。中国的开放一直是以经济开放为基础和重心的。中国特色开放道路之初主要指的是中国经济的开放，随着对外开放实践的积累，对外开放包含的范围越来越广泛，内涵越来越丰富，不再局限于经济上的开放与合作，还包括了积极推进同世界各国在文化、教育、科技、制度、人才等多方面的交流和往来。

第四，中国特色开放道路是与经济全球化进程相协调的开放道路。随着经济全球化的不断深入发展，国际贸易、国际投资及国际金融不断深入发展，对各国经济产生了更加深刻的影响。在此背景下，中国特色开放道路越走越宽，从利用比较优势参与国际竞争融入世界经济为目标的开放政策，向通过技术创新占据国际竞争的高地从而达到引领经济全球化的开放政策转变，始终牢牢把握住经济全球化的形势变化，始终与经济全球化发展规律相契合。只有这样，中国特色开放道路才能继续平稳、有序地发展下去。

第五，中国特色开放道路是与中国的国际地位和经济发展阶段相结合的开放道路。一国的经济实力与国际地位是决定一国参与世界经济金融事务角色的基础，中国对外开放政策的制定与实践随着中国的国际地位不断变化，随着中国的经济实力提高而提升。一国的经济规模和市场发展到足够强大，才能对世界经济产生影响，随着中国经济实力的增强，中国的开放模式从改革开放初的小国开放向新时代的大国开放模式变迁，中国的相关经济指标通过资本和物质流动将对世界经济指标产生影响。中国特色开放道路始终与中国的国际地位和国内经济发展阶段相适应、相协调。

9.2 中国特色开放道路的历史进程

9.2.1 改革开放前中国特色开放道路的历史进程

新中国成立之初，百废待兴，百业待举，中国共产党需要在战后废墟上恢复中国的国民经济，面临诸多困难。着眼于当时的世界经济发展，经济活动的国际化已经成为时代潮流，任何一个国家想要兴旺发达，必须对外开放，充分利用国外的资金、技术，吸收和借鉴一切文明的成果。当时的领导人毛泽东很早就意识到对外开放对国家经济发展的重要性，在中国共产党夺取政权之前，毛泽东就提出中国在独立以后要引进外资，积极推动与别国的经济技术交流合作。但是，由于缺乏经验、不利的国际环境以及后期受“左”倾思想的影响，这些倡议一直未能很彻底地实施。改革开放以前的中国开放道路推进较为迟缓，发展过程比较曲折，新中国成立之后到改革开放前的中国大致处于一种半封闭半开放的状态。

中国在改革开放前的对外开放主要体现在对外经济和技术交流与合作上，当时的对外贸易模式主要是照搬苏联模式，形成了以高度集中计划经济为主要特征的对外贸易经营体制和管理体制。受国内外环境的影响，改革开放前我国的对外贸易实行的是进口替代战略，为了适应国家经济体制和发展对外贸易的需要，建立了高度集中的外贸管理体制，实行外贸公司垄断外贸经营，国家对进出口贸易的外汇实行集中管理、统一经营，实行高关税的贸易保护政策。

从新中国成立到 1978 年之前，中国特色开放道路曲折发展，30 年间变化起伏较大，根据对外开放的发展程度，下文将其分为三个阶段进行梳理，即对外开放道路顺利起步阶段（1949—1957 年）、中苏关系恶化下的对外开放道路受挫阶段（1958—1965 年）、“文化大革命”影响下的对外开放道路停滞阶段（1966—1978 年）。

（1）对外开放道路顺利起步阶段（1949—1957 年）

新中国成立初期，中国为发展对外经济合作交流、争取外国援助作了很多努力。一方面，对内建立以“国家统制”为主要特征的中国社会主义对外贸易；另一方面，对外积极与苏联、东欧等社会主义国家建立广泛合作关系。

在国内建设方面，按照毛泽东在中共七届二中全会上提出的“中华人民共和国的国民经济的恢复和发展，没有对外贸易的政策是不可能的”指示精神，国家开始着手建立以“国家统制”为主要特征的中国社会主义对外贸易，并通过以下几项措施全面建立起了社会主义的对外贸易。

一是剥夺帝国主义对中国对外贸易的控制权和没收对外贸易中的官僚资本。新中国成立后，政府对对外贸易进行统制，收回被帝国主义长期霸占的旧海关，建立起人民的新海关，改革海关制度，把对外贸易的自主权牢牢地掌握在自己手中。同时，接管国民党政府的外贸机构和官僚资本外贸企业，并对其进行民主改造，使之成为社会主义国营外贸企业。此外，通过直接接管或作价转让等方式管制帝国主义在华的外贸企业，并对其进行彻底改组，使其成为新中国的国有外贸企业，为社会主义对外贸易体系奠定了微观基础。

二是建立国家统一管理的社会主义对外贸易管理体系。1949 年 10 月，在中央人民政府下设立了贸易部，部内设国外贸易司。1952 年 9 月，中央贸易部分为商业部和对外贸易部，由中央贸易部和对外贸易部统一领导我国的对外贸易工作，同时，各级地方政府先后组建直接隶属于中央贸易部的外贸管理机构。此后又经过多次调整，在全国建立起了“条块结合、条条为主”的集中统一的外贸行政管理体制。1950 年，中央贸易部在其国外贸易司下设立了负责经营对社会主义国家贸易的中国进出口公司和负责经营对资本主义国家贸易的进出口公司；还分别设立了中国油脂、土产、茶叶、蚕丝、石油、猪鬃、皮毛等国有公司，这些公司负责经营国内贸易和进出口贸易。1953 年，对外贸易部对上述公司进行调整，组成 14 家专业进出口公司和 2 家专业运输公司。形成了从中央到地方再到企业的社会主义对外贸易体系。

三是对私营企业进行社会主义改造。新中国成立之初，全国口岸共有私营进出口企业 4600 多家，从业人员 3. 5 万人，资本 1. 3 亿元，进出口额约占全国外贸总额的 1/3，其中出口额约占全国出口总额的一半左右①。这些外贸企业与当时其他的私营资本一样，有发展民族经济的愿望，有海外的贸易渠道和业务关系，还有经营进出口业务的专长和经验，在社会主义的对外贸易中可以发挥积极作用。为此，人民政府对其实行了利用、闲置和改造的政策，发挥其专长，并对其生产资料私有制逐步进行社会主义改造，通过公私合营、赎买等方式将其纳入国营外贸公司体系。

在对外政策方面，一方面，当时正处于两大阵营对立阶段，受到当时国际政治环境的不利影响，国际上充斥的反对中国和反对社会主义的声

---

① 罗永光．大国策：通向大国之路的中国过交易发展战略[M]．北京：人民日报出版社，2009.

音，使中国被迫处于孤立、隔绝的状态。以美国为代表的西方国家对我国进行全面经济封锁，当时的中国在政治上迫不得已实行“一边倒”的对外战略举措，倒向以苏联为首的社会主义阵营一边，与苏联和东欧社会主义国家建立了广泛技术经济合作友好关系。1949 年 12 月，毛泽东同志亲自远赴苏联进行国事访问。经过协商，中苏两国政府于 1950 年 2 月签订了三个合作互助文件，分别是《中苏友好同盟互助条约》、中国向苏联借款3 亿美元的协定和开展经济技术合作的协定。随后的几年，中国与苏联等人民民主国家进行了人才交流，以合资企业形式建立起经济合作关系，引进了 3000 多名苏联和其他人民民主国家的专家人才来国内指导工作，传授管理方法与先进技术，同时派出了 7000 多名学生和知识分子到国外留学与进修，并与苏联、波兰、捷克等国家在海运、有色金属、石油、造船、航空等领域建立合资企业。[①] 来自苏联和东欧社会主义国家地区的贸易在整个贸易中占 78% 左右。其中，对苏联的贸易额约占我国对外贸易总额的 50% 以上。[②] 苏联支持我国的 156 项工程，中国从苏联引进了涉及冶金、机械、汽车、煤炭、石油、电力、电讯和化学工业等部门的产品。另外，当时的中国在经济发展方面绝对不搞“一边倒”政策，而是想尽一切办法突破与外界的隔绝和壁垒，和西方国家重新进行贸易上的往来，吸引西方国家来华进行投资。在那种情况下，中国和西方国家政府间的经济合作存在困难，中国采取积极扩大对港澳地区的出口及经港澳的转口贸易的策略，开辟了反封锁、反禁运的新战线，西方国家不肯来华投资，中国通过设立华侨投资公司，来吸引侨资，促进资本要素流入国内，因此收到不小的成效。1956 年，海外华侨在中国内地的投资额比 1951 年增长了 10. 4 倍。经过不懈的努力，我国在与西方国家的外交事业和贸易往来方面取得了巨大的突破，1950 年，中国已经与包括芬兰、丹麦在内的 7 个资本主义国家正式建立了外交关系，并和英国、荷兰、挪威等欧洲国家进行了建交谈判。

① 鲁宏飞. 科学认识毛泽东的对外开放思想[J]. 辽宁教育行政学院学报,2005(11):7 -9.

② 罗永光. 大国策:通向大国之路的中国过交易发展战略[M]. 北京:人民日报出版社,2009.

1952年，中国和英国、法国、日本、意大利、比利时、芬兰、荷兰、瑞士、西德等国家签订了一批贸易协定，总值高达2亿美元以上。①

通过上述两个方面的不懈努力，加之新中国成立初期对外贸易基数较小，国民经济恢复时期的对外贸易发展非常迅速，对外开放取得了卓越的成绩。此阶段的开放政策为中国引进了一批资金、设备、农药和化肥等诸多国内短缺的物质资源，为恢复国民经济、完成第一个五年计划目标奠定了坚实的基础。1952年国营对外贸易额比1950年增加了1.3倍；国营对外贸易在整个对外贸易中的比重不断上升，从1950年的66.88%上升到1952年的90%以上，国营外贸企业在对外贸易中占据了绝对优势，为进一步发展奠定了良好的基础。从1953年开始，我国进入大规模社会主义经济建设时期，国家的国民经济主要进行工业化建设，与此相应的，我国对外贸易在这一时期围绕工业化这个核心展开，有计划地扩大内外物资交流，积极增加出口，以创造更多的外汇来进口生产设备、工业器材、原材料以及其他重要的战略物资。1957年，中国进出口总额达到31.03亿美元，比1950年增长了1.73倍，“一五”期间的年平均增长率达9.8%；其中进出口额为15.06亿美元，增长了1.58倍，出口额为15.97亿美元，增长了1.89倍，并于1956年扭转了几十年来的逆差局面。② 这一时期的对外贸易对象除了苏联、东欧国家，我国还同西欧国家签署了巨额贸易协议，同日本签订了恢复和发展两国民间贸易的协定，在很大程度上冲破了美国的封锁、禁运。到1958年，中国已经同20多个国家签订了政府间的贸易协定，同90多个国家和地区建立了经济贸易关系。

（2）中苏关系恶化下的对外开放道路受挫阶段（1958—1965年）

20世纪50年代末以来，中苏关系逐渐恶化，又因国内“左”倾思想的影响，我国和外国的经济交往遭遇第一次挫折，陷入十分困难的境地。毛泽东受到“左”倾思想的影响后，在对外开放问题上放弃甚至转变了原

---

① 鲁宏飞．科学认识毛泽东的对外开放思想[J]．辽宁教育行政学院学报，2005(11)：7－9.

② 罗永光．大国策：通向大国之路的中国过交易发展战略[M]．北京：人民日报出版社，2009：211.

有的一些正确的思想观念，反对与别国建立合资企业，拒绝参与对外贸易往来，限制了中国与世界各国的经济技术交流，导致中国的经济建设难以推进。这一阶段中国没能把握同资本主义世界各国加强往来的机会，错失和世界经济接轨的良机，正如邓小平同志总结的："从一九五七年下半年开始，我们就犯了'左'的错误。总的来说，就是对外封闭，对内以阶级斗争为纲，忽视发展生产力，制定的政策超越了社会主义初级阶段。"① 这一时期的对外贸易规模急剧下降，到1962年，我国进出口贸易额下降到了26.63亿美元，基本上退回到了1954年的水平，比1957年下降了14.18%，年均下降3%，1965年，进出口总额进一步下降到22.28亿美元。②

随着中苏关系的破裂，中国的对外贸易地区结构发生了很大变化，中国的对外贸易对象越来越转向非社会主义国家，同亚非拉发展中国家的往来日渐扩大，同西欧、北欧等西方发达国家的经济关系也逐步建立起来。1963年，中国同日本签订了第一个采用延期付款方式进口维尼纶成套设备的合同，打开了西方国家从技术上封锁中国的缺口。1964年，中国与法国建交，中法之间的贸易往来迅速发展，带动了西欧其他地区对华贸易的热情。这一时期，中国与西方国家之间的商品贸易由1958年的14.6亿美元增加到1965年的18.3亿美元，同期占我国对外贸易总额的比重由37.6%上升到53.8%。③

（3）"文化大革命"影响下的对外开放道路停滞阶段（1966—1978年）

1966年，"文化大革命"开始，打乱了中国社会主义建设进程，第三个五年计划提出的全面实现农业、工业、国防和科学技术现代化的宏伟设想受到干扰，正常的对外贸易基本处于停滞状态，遭遇了新中国成立后第二次重大挫折。"文化大革命"期间，中国国民经济遭遇浩劫，到达崩溃

---

① 中共中央文献研究室．邓小平文选：第3卷［M］．北京：人民出版社，1993：269.

② 罗永光．大国策：通向大国之路的中国过交易发展战略［M］．北京：人民日报出版社，2009：211.

③ 罗永光．大国策：通向大国之路的中国过交易发展战略［M］．北京：人民日报出版社，2009：212－213.

的边缘，在思想认识方面产生很多混乱，将出口石油说成“卖国主义”，将引进技术进行技术交流说成“崇洋媚外”，总之对加强中国社会主义经济建设的政策措施都进行大肆批判。在这个时期中国有了同国际上加强交往合作的条件，但是我们却很少向别国学习、争取援助，而是将自力更生与对外开放的关系割裂开来，再三强调不要依赖外国、要摆脱对外国的盲目追随、直面孤立、不怕封锁。对外关系也变得紧张起来，妨碍了中国与世界各国的经济交往与合作。在错误的思想引导下，中国没能解除对外封闭的局势，进一步加大了与世界发达国家的差距。对外贸易从1967年开始连续三年出现停滞和下降，对外贸易总额1969年比1966年下降了12.7%。进出口总额也在每年45亿美元上下徘徊。①

20世纪70年代初，出于对国家安全的考虑，毛泽东、周恩来等对国际局势进行了缜密的分析，作出了正确的判断，并作出充满远见的重大决策，将中国的对外战略调整为“一条线、一大片”战略，结成广泛的“联美遏苏”的统一战线，改变了中国腹背受敌的不利局势。1972年，尼克松总统访华并签署《上海公报》，中美双方从对抗走向合作，破除了西方国家对中国的封锁，实现了中国与日本、美国等西方发达国家之间的关系正常化，也恢复巩固了中国与东欧及周边国家的双边关系，中国先后同75个国家建立了外交关系，使中国的国际地位显著提升。

中国对外关系的缓和，使中国该阶段对外贸易规模大幅提升，从1970年开始我国对外贸易逐渐好转，1975年，进出口贸易总额达到147.5亿美元②，创新中国成立以来的最高纪录，此后我国对外贸易波动向上发展。这一时期，随着中国国际环境好转，在对外贸易的地区结构上有了较大改善，西方发达国家首先成为中国主要的贸易伙伴，其次是发展中国家，最后是港澳地区，苏联、东欧等社会主义国家仅占很小一部分。另外，中国与发达国家的人才和技术设备交流向前推进，中国选取了一批大学生到英

---

① 罗永光. 大国策:通向大国之路的中国过交易发展战略[M]. 北京:人民日报出版社,2009.

② 罗永光. 大国策:通向大国之路的中国过交易发展战略[M]. 北京:人民日报出版社,2009.

国、法国等国进修学习，大量引进日本、德国、美国等国的机器设备和生产原料。为中国当前的全面对外开放奠定了坚实的基础。

9.2.2 改革开放后中国特色开放道路的历史进程

1978 年，党的十一届三中全会作出了在自力更生的基础上加强同世界各国的经济技术交流的重大决策，由此拉开了中国经济发展的新序幕。中国开始确立对外开放政策，自此以后，中国逐步踏进经济全球化的进程。回顾中国改革开放的40 年，根据开放程度将中国对外开放的历史进程划分为四个阶段：局部开放的试验探索阶段（1978—1991 年）、全方位开放格局形成阶段（1992—2001 年）、体制接轨融入世界经济阶段（2002—2012 年）、新时代全面开放新格局阶段（2013 年至今）。这 40 年励精图治，中国走出了独具特色的对外开放道路，已成为世界第二大经济体、第一大货物贸易国、第一大外汇储备国，创造了举世瞩目的中国奇迹。

（1）局部开放的试验探索阶段（1978—1991 年）

中国对外开放道路局部开放的试验探索阶段是指 1978—1992 年邓小平南方谈话之前的这段时间。该阶段对外开放的主要任务是解决国内资源短缺问题、建立中国经济发展对外窗口、突破保守落后的制度观念障碍。为此，中国采取了在沿海地区建立各类经济园区、发展加工贸易、大幅推行贸易自由化、对外贸易体制改革、引进外资等措施。

第一，建立经济园区，促进沿海地区开放。1978 年，党的十一届三中全会决定把今后的工作重点转移到经济建设上来，中国进入一个新的发展阶段，中国开始以全新的面貌融入世界经济一体化进程。1979 年 7 月，中共中央、国务院通过了广东、福建两省提出的在两地实行对外经济特殊政策的建议，率先兴办出口加工业，发展出口商品，并于 1980 年 8 月将深圳、珠海、汕头以及厦门 4 个地区开辟为经济特区。中央明确要求不但要兴办出口工业，而且要发展商业和旅游业，将对外开放与经济的各个方面相结合。1982 年，中共十二大将对外开放政策在基本路线的主要内容中加以突出强调，奠定了对外开放政策无可替代的地位。由于经济特区在短时间内取得了突破性进展，进一步坚定了我国对外开放的决心，1984 年 4 月，党中央、国务院决定在空间上扩大对外开放的范围，新增 14 个港口城市地区实行对外开放政策，同年 9 月，国务院首先在东北重镇大连市建立经济技术开发区，随后在秦皇岛、烟台、青岛、宁波等 10 个城市建立经济技术开发区，让它们在进行对外贸易活动时拥有更大的自主权，给予它们与沿海经济特区相类似的优惠政策。1984 年 10 月，党的十二届三中全会上通过的《中共中央关于经济体制改革的决定》明确指出“把对外开放作为长期的基本国策”“必须继续努力办好经济特区，进一步开放沿海港口城市”。进一步明确了对外开放政策的重要地位。之后，1985 年 2 月，位于珠三角、长三角以及闽三角的 51 个市、县获准设立沿海经济开放区。1987 年，在党的十三大“进一步扩大对外开放的广度和深度”的指示下，中央将沿海经济开发区向北延伸，在辽东半岛和山东半岛内实施开放区政策，并将海南设立为最后一个经济特区。至此，中国一步一步形成了由点连成线的沿海地区开放经济带。

第二，改革对外贸易体制，推行贸易自由化。改革开放前所实行的以高度集中为基本特征的对外贸易体制已经无法适应改革开放后我国日益开放的经济发展状况，改革势在必行。当然，我国对外贸易体制改革是分步骤逐步进行的。在 1978 年—1991 年对外开放探索试点阶段，我国的外贸体制改革主要围绕调整改革外贸机构、下放权力、打通进出口贸易渠道进行。首先，为了协调统一管理与领导我国对外贸易工作，1982 年，我国将 1979 年设立的外国投资管理委员会和国家进出口管理委员会合并为对外经济贸易部，对我国的对外贸易事物进行统一管理，避免机构职能重叠，提高办事效率。1983 年，国务院决定在上海、天津、广州、大连 4 个口岸设立对外贸易经济部特派办事处，用来协调地方进出口业务管理。初步理顺政府部门对外贸的管理与领导关系。然后，开始下放外贸经营权与放宽外贸计划体制，扩大企业自主权，调动市场主体的积极性。改革开放以前，我国仅有 12 家专业外贸公司，1978 年之后，国家逐步下放外贸经营权，在广东、福建、北京、上海等地区设立地方外贸公司，一些部委成立进出口公司，一些大型生产企业开始经营产品进出口业务。另外，按照“大的方面管住管好，小的方面放开放活”的原则，对外贸计划体制进行改革，在缩小指令性计划的同时，放大指导性计划和市场的调节作用，给予企业更大的经营自主权。为了使我国对外贸易朝着“自负盈亏、放开经营”的方向发展，1988 年，国务院颁布《关于加快和深化对外贸易体制改革的若干问题的规定》，对外贸易体制改革的重点转向全面推行对外贸易承包经营责任制。全面推行出口退税，对工艺品、服装、轻工业品三个行业的外贸企业实行自负盈亏试点，进一步下放外贸经营权，放开除少数关系民生、资源性的重要商品的进出口经营权，批准更多的出口生产企业自营出口产品。此外，为了破除传统外贸体制工贸分离、产销脱节的弊端，改革开放后开始尝试多种形式的工贸结合、利用原有国有外贸企业的国际营销渠道优势进行进出口的代理制度。打通与国外交易的渠道，促使生产与销售匹配对口。

第三，引进外资，弥补资金缺口。在改革开放的初期，我国的资金与技术都是十分匮乏的，引进外资可以缓解这两方面的缺口。1984 年 10 月，《中共中央关于经济体制改革的决定》明确提出了“利用外资，吸引外商来我国举办合资经营企业、合作经营企业和独资企业”，并于 1979 年通过了《中华人民共和国中外合资经营法》。在政策的牵引下，全国上下涌现出一大批“三资”企业。引进外资为中国出口发展带来了重大转折，“三来一补”和加工贸易使中国廉价的劳动力得到最有效的应用，外商投资并不仅仅指的是外商拿着货币到中国来买机器建厂雇工，更关键的是外商知道生产什么、怎么生产和产品销售到哪里去，也就是说，外资为中国带来了产品设计、专利技术、生产管理、优质品牌和销售网络。在此后的 20 年里，中国的出口增速迅猛，外资企业成为出口主力，加工贸易成为主要出口方式。

（2）全方位开放格局形成阶段（1992—2001 年）

到 1992 年，以邓小平同志的南方谈话为标志，中国开始建立有中国特色的社会主义市场经济体制，对外开放事业也进入一个新的阶段——全方位开放格局形成阶段。在这一阶段，中国采取对内地实行开放政策、设立保税区、为入世做好前期准备、鼓励资本走出去等手段，促进开放程度的不断加深。

第一，扩大开放范围，内地实行开放。在新的阶段，中国加快了对外开放的步伐，进一步扩大了开放范围，由沿海地区逐步发展到沿边、沿江以及内陆地区的开放。1992 年 3 月，我国开放黑河、绥芬河、珲春、满洲里、二连浩特、伊宁等 13 个市（镇），形成中国沿边地区开放格局的雏形。同年 8 月，进一步对外开放重庆、岳阳、武汉、九江等长江沿岸城市，对沿江地区城市实行开放，形成沿江布局。同时对 18 个省会城市实行开放政策，对外开放区域逐步向内地城市延伸。这样，在中国形成了沿海、沿江、沿边及内地的多层次的对外开放格局。1992 年 10 月，党的十四大要求我们进一步扩大对外开放，1993 年 11 月，党的十四届三中全会要求我们坚定不移地实施对外开放的基本国策。

第二，设立保税区，营造良好的投资环境。在此期间，中国还兴办了保税区，保税区是中国在发展过程中衍生出的一个新鲜事物，是通过仿照国际自由贸易区的实践，结合我国国情所形成的经济开放区，它是全国范围内对外开放程度最高、运行机制最便利、政策最优惠的经济开放区。在本地区内，从国外进口的货物不受海关监管，享受特殊关税和优惠政策。中国保税区建设和发展的根本目的是利用保税区特别的关税优惠政策，为本地区创造良好的投资环境，促进对外经济的快速发展。1990—1996 年，中国共建立了 15 个保税区。它们分别分布在上海浦东新区、天津港、深圳沙头、深圳福田、深圳盐田港、大连、广州、张家港、海口、厦门象屿、福州、宁波、青岛、汕头、珠海地区。创新对外开放的特殊举措，加深了中国对外开放的深度。

第三，推行贸易自由化，融入世界经济。为适应经济全球化的新形势、为加入世贸组织作准备，中国政府主动推行贸易自由化措施。其一，1994 年进行外汇体制改革，取消双重汇率，形成外汇市场，人民币一次性兑美元贬值至 8. 7: 1，形成事实上单一盯住美元的固定汇率。其二，进口关税大大降低，加权平均关税从 1992 年的 32. 2% 迅速下降至 1997 年的 15. 2%，其后缓步降至 2001 年 13. 4% 的水平。其三，非关税壁垒大幅减少，需要配额或进口许可证的商品占总进口的份额从1990年的50%左右，大幅降低至2001年8.5%左右的水平。其四，逐步放开对企业外贸经营权的管制，1985年中国仅有800家企业直接从事国际贸易，而据海关统计，到2001年，有超过6.8万家企业直接从事出口业务。其五，清理、修改了大量法律法规，以确保符合WTO规则。其六，地方政府对本地企业的地方保护也大大减少。

第四，从“引进来”到“走出去”。进入21世纪以前，中国的国际投资以鼓励引进外资、限制对外投资为主要特征，采取这种政策应对当时中国面临储蓄短缺和外汇短缺的“双缺口”局面。20世纪90年代中后期，中国的“双缺口”格局逐渐演变为储蓄过剩和外汇过剩的“双过剩”局面。同时，我国的经济实力增强，我国需要充分利用国际和国内两个市场，在更广阔的范围内进行资源优化配置。在这样的背景下，20世纪90年代中后期和21世纪初，我国开始酝酿并提出“走出去”战略。

“走出去”战略是在党的会议中不断明确与发展的，其指示逐渐详细具体，表明中国越来越重视资本“走出去”的规模与质量。1992年，党的十四大提出要“积极扩大我国企业的对外投资和跨国经营”。1997年，党的十五大进一步要求“努力提高对外开放水平”。1998年，党的十五届二中全会提出要“有领导有步骤地组织和支持一批有实力有优势的国有企业走出去，到国外去”。2000年，国务院政府工作报告中提出“鼓励国内有比较优势的企业到境外投资办厂，开展加工贸易”。2001年3月，全国人大通过的《政府工作报告》和“十五”计划中，对“走出去”战略做出了正式表述，其中重点内容是：通过具有比较优势的对外投资带动出口，与境外合作开发国内缺乏的资源，在境外设立研发机构、利用境外智力资源，促进创新和技术进步，支持有实力的企业进行跨国经营。

（3）体制接轨融入世界经济阶段（2002—2012年）

经过艰难的谈判，我国于2001年12月11日正式加入世界贸易组织，中国的对外开放将在WTO规则制度下进行，这一事件标志着中国全面进入世界经济大舞台，是对外开放新的里程碑，也为世界经济的发展和繁荣注入了新鲜血液。中国将由开放市场为主的政策性开放向世界贸易组织框架下的体制性开放转变；由单边开放向与世界贸易组织成员之间的相互开放转变。

第一，建立符合世界经济的法律体系。加入世界贸易组织之后，根据 WTO 的规则，中国对国内与之相关的法律规章制度进行大规模的修改，1999—2005 年，中国为了建立起与世界贸易组织规则相符的法律系统，对国内 2000 多项法律规章进行调整。2003 年 10 月，中共十六届三中全会通过了《完善社会主义市场经济体制若干问题的决定》，提出了“深化涉外经济体制改革，全面提高对外开放水平”的要求，并强调“完善对外开放的制度保障”。进一步来说，中国要同时依据市场经济的特点和世界贸易组织的规则，加快内外贸一体化的实践速度，推动合理、透明、公正的涉外经济管理体制的形成，为国际贸易和投资创造一个既公平又可预见的外部环境，为各种类型的企业在对外经贸合作中的自主权和平等地位提供法律保障。2004 年 4 月，中国对《外贸法》进行了修订，用更加合理的外贸权登记制取代审批制，并且将外贸经营权、贸易调查权、贸易救济、知识产权、外贸秩序和外贸处罚等方面的诸多内容进行了修改和补充。中国加入 WTO 以后，从制度上保证了对外开放政策的稳定性，中国从此走上国际轨道，和世贸组织的成员国有了同样的经贸规则和制度环境，大大加速了中国全面参与国际分工全球化的步伐。

第二，加快服务业开放。过去中国的国际贸易中常常忽略了服务贸易，主要是因为传统观念里服务是不可进行贸易的，然而，随着信息技术的进步与传播，服务变得越来越可贸易化。在中国加入 WTO 以后，按照承诺，服务贸易得到重视并逐步开放，中国接连制定了共计 30 多项的开放服务贸易的法规，覆盖了金融、保险、电信、法律、会计、旅游、教育多个领域的服务贸易行业，削弱了外国服务企业进入中国市场的阻力。2002 年新修订的《外商投资产业指导目录》中，鼓励类增加了 76 条，限制类减少了 37 条，大幅扩大了服务业开放。2012 年我国服务贸易总额仅次于美国、德国，居世界第三位。服务贸易逆差也不断上升，由 2001 年的

59.3 亿美元增加到 2012 年的 897.5 亿美元[①]。

第三，推动区域经济合作发展。“入世”以来，中国区域经济合作发展加速，积极开展广泛的区域经济合作，推动双边贸易投资向自由化方向发展。2002 年，中国与东盟签订合作协议，中国—东盟自由贸易区的框架基本确定。2004 年，中国内陆地区与港澳地区加强经贸关系往来，两岸构建了“大中华经济”经济圈。2005 年 11 月，中国同智利就自贸区事宜达成一致意见，签署自贸区协定。中国通过广泛地参与亚太经合组织、大湄公河次区域合作、亚欧会议、中非论坛等活动，促进区域经济融合、加速要素在区域间更有效的配置、调整国家之间友好的政治关系，为中国赢得了良好的对外经贸关系。

中国加入世界贸易组织的短短几年，中国对外开放取得了惊人的成绩，用 WTO 总干事拉米的话来说：“总的来说，中国的成绩是 A。”江泽民总书记在 2002 年中共十六大报告中对中国加入 WTO 的意义进行了总结，指出加入 WTO 将促进中国利用对外开放和国际竞争来推动国内市场经济改革，成为中国领导层的共识。事实上产生的效果远超预期：入市前的 2000 年，中国货物出口总值 2490 亿美元，进口 2250 亿美元，到入世 10 周年的 2011 年，分别增长到 1.90 万亿美元和 1.74 万亿美元。外贸依存度在 2007 年达到顶峰。贸易顺差迅速增长，2007 年全年中国贸易顺差达到创纪录的 3000 亿美元，占当年 GDP 的 7.5%。入世前后对外开放的方方面面产生了巨大变化：关税总水平大幅下降；对外经贸快速发展，对外贸易居世界前列；“走出去”步伐加快；促进了中国法律体系建设和司法体系改革；积极推动区域经济合作发展。

该阶段对外开放的特点是：单边自主开放向多边相互开放转变、政策开放向体制开放转变、服务业成为对外开放的重点领域、“走出去”步伐不断加快、金融市场与世界市场的一体化程度大幅提高。

---

① 杨艳红，卢现祥．中国对外开放与对外贸易制度的变迁[J]．中南财经政法大学学报，2018(5)：12－20.

(4) 新时代全面开放新格局阶段(2013年至今)

党的十八大以来，中国以前所未有的姿态拥抱世界，党中央准确把握和平、发展、合作、共赢的时代潮流和国际大势，以开放促改革，推动开放型经济强国建设进程，描绘出中国与全球各国平等互利、合作共赢的新景象。

第一，新时代对外开放新布局。党的十八大后，我国对外开放陆海内外联动、东西双向开放的新空间布局逐步形成。2013年9月，中国在上海开启了第一个自由贸易试验区，2017年，辽宁等7个自贸试验区挂牌运行，全国自贸试验区的数量达到了11个，形成了"1+3+7"的试点格局。自2013年上海自贸试验区设立以来，各自贸试验区深入探索、大胆尝试，此前已形成123项可复制推广的改革试点经验分批次向全国推广移植。由于开放政策、地理区位、发展基础和要素禀赋的差异，中国特色开放呈现出沿海地区强而内陆沿边地区弱的区域发展不均衡的特点，为了使内陆和边疆地区追赶上东部沿海的进度，2015年年底，中央出台了支持沿边重点地区开发开放的若干政策，完善了边民互市贸易等扩大沿边开放新举措。在一系列政策的支持下，中西部边远地区的对外开放渐入佳境，取得了一定成效。2015年，政府将位于五大城市群和沿海地区的12个城市确定为目标对象，在这些区域实行"新经济试点"试验，其主要任务是建立市场资源配置新机制，探索开放运行管理新模式，在国际合作和竞争中创造新优势。

第二，双向性的国际贸易与投资。党的十八大后，中国经济进入新常态，对外贸易和投资方面呈现出双向性的新特点。一方面，中国将以往的出口导向型的对外贸易策略转向进口与出口并重的模式，并呈现出由大转强的新局面；另一方面，中国的国际投资将从引进外资为主转向对外投资与引进外资并重的策略，双向投资布局日益完善。具体而言，在新时期的中国对外贸易方面，中国采取了加强进口的政策措施，2014年9月底，国务院常务会确定实施积极的进口促进战略，加强技术、产品和服务的进口，扩大国内有效供给。同年11月，国务院办公厅发布了《关于加强进口的若干意见》，进一步落实加强进口的政策措施，以市场为导向，着力发挥进口对创新创业和产业结构优化升级的推动作用①。中国经济进入新常态阶段，实施积极的进口促进战略，并不意味着中国对出口的忽略，中国依旧是发展中国家，由于人口红利、土地红利逐步消失以及经济结构的深入调整，经济面临下行压力，出口仍然是中国经济增长的重要拉动力，在抓紧进口的同时，将继续扩大出口，坚持进口与出口并重的措施。② 在新时期的中国国际投资方面，不同于以往只注重引进外资的模式，中国的对外直接投资在过去40年经历了大规模的增长，新时代以来，中国的对外投资飞速发展，2016年中国对外投资净额为1961.5亿美元，同比增长34.7%，流量规模仅次于美国，蝉联世界第二位，对外直接投资超过引进投资，连续两年实现资本净输出③。

第三，构建良好的营商环境。新时代习近平总书记再三强调，要以解决限制经济社会发展的体制机制问题为重心，以改革促开放，对外开放体制改革刻不容缓，参与国际竞争的新优势培育迫在眉睫。2015年5月5日，国务院通过《中共中央国务院关于构建开放型经济新体制的若干意见》，提出了经济新体制的总体要求。新时代以来，中国着手于体制机制改革，迎合国内外环境变化的新特点和适应国内改革的新目标，推动对外贸易、双向投资等方面开放新体制的建设与形成。一方面，通过改善国内的市场环境，吸引外国投资，让外资“进得来”。中国采取了积极的措施，2015年1月，《外国投资法》草拟版本对社会大众公开，征求广泛意见反馈；2019年3月，《外商投资法》由十三届全国人大二次会议通过，中国向制度性开放迈出重要一步。外商投资的逐案审批体制将被负面清单的管理方式所取代，无论是外资企业还是本地企业一律统一规则，一视同仁，为外资企业提供公平竞争的市场环境，使外资企业更好地进得来、更好地留得住。另一方面，通过破除审批“瓶颈”，确保国内企业“走出去”。通过管理创新、服务到位，为企业“走出去”助力。2014年正式实施的《境外

① 陈光．中国八大举措实施进口促进战略[N]．国际商报，2014-11-06.

② 魏杰．论双向型与自由化的对外开放战略[J]．学术月刊，2016(8)：52-60.

③ 张军，王永钦．大转型：中国经济改革的过去、现在和未来[M]．上海：格致出版社，2019.

投资管理办法》，以“备案为主，核准为辅”作为管理模式，引入负面清单的管理制度，绝大部分对外投资事务不再需要通过政府的审核，大大提升了行政管理效率。商务部加强了对外投资合作的工作指导，推出一系列办事手册，方便企业了解办理程序，《对外投资合作国别（地区）指南》的制定大大方便了业务的办理效率，为“走出去”创造了良好的信息服务环境。

第四，提出“一带一路”倡议，搭建“合作共赢”新型国际合作平台。2013年9月，习近平总书记在对中亚和东南亚国家进行国事访问的过程中，提出了共建“丝绸之路经济带”和“21世纪海上丝绸之路”的伟大倡议，倡导世界各国携手共创一个开放包容的世界经济体系。2015年3月28日，《共建“丝绸之路经济带”和“21世界海上丝绸之路”的愿景与行动》正式发布，对中国推进“一带一路”合作的思想、目标和举措进行了全面、系统的阐述。“一带一路”是首次以中国为主提出的重大区域合作倡议，也是在世界经济形势低迷、国际经济格局深刻变化、贸易规则重新塑造的复杂背景下提出的。[①]“一带一路”以历史传承、开放包容、内外兼修为理念核心；以市场作用、企业主体、政策沟通为核心因素；将经济贸易、基础设施联通、资金融通作为先行领域；以互利共赢、绿色发展、民心相通为主要合作目标，构建人类命运共同体。“一带一路”倡议强调通过基础设施建设与互联，加强沿线国家的文化交流并推动国际贸易和投资进步，使世界各国融合为一个整体。

9.3 中国特色开放道路的演进逻辑

9.3.1 与国际政治环境相适应

中国的对外开放之路其实是通过加强与世界各国的经济技术交流，进行国际经济合作来促进国内经济增长与技术进步的过程。国际政治环境对世界经济形势发展以及对一国的对外政策、参与国际经济合作有着重大影

① 吴福象，段巍．国际产能合作与重塑中国经济地理［J］．中国社会科学，2017（2）．

响。国际政治格局的变化必然带来世界经济活动的变化，继而对独立的政治实体的国家的对外开放程度产生影响。国际政治格局的变动将影响全球经贸合作格局，影响世界各国的安全，那么一国的对外政策将会随着国际政治形势的变化而变化。任何国家在制定对外策略的时候，国际政治环境是考虑最多的因素。国际政治形势提供了国家生存和发展的基本政治框架，是国家行为的基点，决定国家行为的发展方向。国际体系中的大国关系是国际社会政治氛围的决定因素，直接决定时代的主题是和平还是战争，从而对国家战略目标的选择以及国家资源分配产生影响，影响国家的生存和发展状况；国际政治的基本格局实际上给国家对外政策的选择提供了基本框架，从宏观上规定了国家生存发展的大方向以及战略选择空间。

新中国成立以来，国际政治力量对比格局主要经历了美苏对立的两极格局和冷战结束后一超多强的格局，但具有不稳定性，随着中国的发展壮大、欧盟一体化建设以及日本的经济力量上升，国际政治格局正在走向多极化。

（1）美苏争霸的两极格局下中国对外政策的选择

在美苏争霸的两极格局下，中国的对外政策的选择主要取决于与美国和苏联两个大国的关系。前期同属社会主义制度的国家苏联承认和支持中国的发展，而以美国为核心的西方国家对中国进行封锁，相应地，中国采取“一边倒”的外交策略，加强与苏联以及东欧国家的经济合作与技术人才往来；后来苏联在社会主义阵营中实行霸权主义，中苏关系恶化，中国成为美苏争霸的中间力量，此时中国与世界各国建立广泛的友好外交关系，走上独立自主地对外和平交往的道路。具体情形是：

在新中国成立初期，面对的是美苏由第二次世界大战的国际合作走向战后对抗，面临以苏联为首的和平民主阵营同以美国为首的帝国主义阵营相互对峙进行冷战的局面。作为社会主义国家，中国得到了苏联和东欧、亚洲人民民主国家以及民族独立国家的承认、同情和支持，也受到了世界爱好和平人民的欢迎。与此同时，美国同英、法等国结成以美国为首的帝国主义侵略阵营，与中国人民为敌，企图以政治孤立、军事包围和经济封锁，将新中国扼杀在摇篮里。面对这样的国际形势，中国在新中国成立初期，即20世纪50年代，由于遭到西方世界的封锁与孤立，对外政策只得奉行“一边倒”的政策，全面与社会国家建立外交关系。这样做既打破了以美国为首的帝国主义阵营对新中国采取的政治孤立，又打消了斯大林对中国革命胜利后是否走社会主义道路的疑虑，坚定了苏联承认、支持和帮助中国的决心，为新中国创造了一个半开放的国际环境。而且，实施“一边倒”的对外战略，为新中国恢复和发展国民经济争取到了必要的物质条件，在这一时期，中国与苏联和东欧国家进行了广泛的技术、人才、贸易交流，我国在20世纪50年代奠定工业基础时，苏联、东欧诸国的经济技术援助发挥了重要作用。首先，同苏联先后签订《苏联供应成套设备建设项目中苏协议书》，由苏联向中国提供煤炭、电力等能源工业，钢铁、有色、化工等基础工业，原材料工业和国防工业机器有关配套项目共156项。此外，从东欧诸国引进成套设备建设项目116项。1954年10月，中苏签订了科技合作协定，此后不久，中国同东欧国家也分别签订了科技合作协议。此外，从苏联引进了大量技术人才，仅1950年和1951年，苏联就向中国派出42个专家设计组；到50年代末，苏联、东欧诸国共向中国派出专家8000多人。①

在20世纪60年代，中国面对的国际政治环境有些微小的变化，由于世界范围内的民族解放运动高涨和第三世界的崛起，世界政治开始出现动荡、分化与改组，大大冲击了两大阵营对峙的两极格局。同时，社会主义阵营内部出现矛盾冲突，苏联实行大国主义和霸权主义，在社会主义阵营中引发了一系列矛盾，导致社会主义阵营解体、中苏两国关系恶化。1965年6月，《人民日报》《红旗》发表编辑部文章，题目是“把反对赫鲁晓夫修正主义的斗争进行到底”，该文章中第一次提出了“反帝必反修”，从此，中苏两党关系彻底破裂。与此同时，帝国主义阵营也逐渐出现分化。20世纪70年代初至90年代，西欧国家实力增强和第三世界的崛起，世界政治格局开始从两级向多极化发展，发展中国家成为国际政治中的一支重

① 亓成章，王坚红．当前国际环境与中国对外战略、方针、政策［M］．北京：党建读物出版社，2000：191.

要力量。这一阶段，世界主题开始从战争转变为和平与发展。中国奉行不结盟政策，广泛与世界各国建立友好外交关系，中国成为美苏争霸中的“第三极”力量。其他计划经济体制国家大多开始了改革，东亚国家的开放性经济模式取得了成功。20 世纪 60 年代，以“亚洲四小龙”为代表的新兴工业经济体跟随日本积极推行外向型经济发展模式，深度参与国际分工，重点发展劳动密集型加工产业，在较短时期内实现了经济的飞跃式发展，顺利跨越了“中等收入陷阱”，为中国推行改革开放提供了现实经验。1978 年以后，我国实行改革开放，奉行独立自主的和平外交政策，高举反对霸权主义、维护世界和平的旗帜，坚定地站在和平力量的一边。将对外开放和自力更生相结合，通过建设经济特区、放开对外贸易经营权、重点发展加工贸易等措施，参与国际分工，逐步融入世界经济。

（2）冷战结束后一超多强格局下中国对外政策的选择

冷战结束后，世界经济从衰退转向繁荣，世界经济从持续多年的不景气转向快速增长，为中国提供了一个远好于经济停滞、衰退时期的外部环境。这次新一轮的世界经济周期性增长将持续到下个世纪，给中国经济长时期保持高速发展提供了良好机遇。随着世界经济的复苏与高涨，世界多边贸易体制建立，世界市场进一步扩大，世界贸易发展速度进一步加快，这将有利于中国国外市场的开拓和扩大贸易，在之后的几十年间，出口成为推动中国经济发展的重要动因。亚太地区经济贸易的迅速发展，有利于中国与本地区各国和地区的经济合作和贸易的开展。亚太地区是我国发展对外经济贸易的主要市场，这一地区资源和劳动力丰富，各国经济互补性很强，经济发展具有很强的活力。随着世界经济一体化的进一步发展，世界市场的竞争性在更广阔的范围内展开，世界产业结构加速调整和优化，有利于中国潜在优势的发挥，各国各地区的互补性从货物向投资、服务和技术知识领域延伸。我国改革开放以来，由于中国经济增长快、市场潜力大、政治稳定、经济前景诱人、投资环境不断改善，中国吸引外资数额逐年增加，美国、日本、欧洲和韩国等国的跨国公司纷纷前来中国投资，在一定程度上增加了我国的资金供应，而且带来了先进的技术和科学的管理经验。

1994年“乌拉圭回合”谈判结束，世界贸易组织成立，使世界多边贸易体制得到完善和加强，有利于中国参与国际经济合作、与国际经济接轨。中国社会主义市场经济体制的建立和完善，势必促进我国尽快参与国际经济合作，并逐步实现贸易自由化。因此，有必要与国际多边贸易体制接轨，世界贸易组织所推行的多边贸易体制与中国改革开放的目标基本一致，中国已形成全方位、多领域、多渠道的对外开放格局，并不断扩大对外开放的范围和提高对外开放水平，进一步降低关税和开放市场，并且改进外贸体制和健全法规以适应国际贸易同责的要求，促进中国与国际贸易体制的融合。

进入21世纪以来，中国经济实力不断增强，国际地位不断提升，中国的和平崛起，打破了以美、日、欧为主导的世界经济平衡格局，来自世界各方的质疑和谴责声音不断加大，国际新秩序构建的竞争更加激烈，复杂程度加深。新时代，在这样的背景下，中国提出建设“一带一路”的倡议，加强与周边国家和发展中国家的经济、技术、文化交流，推动沿线地区开展全方位合作，共建人类命运共同体，中国将以更加积极的态度参与国际事务，为世界和平、繁荣与稳定做出更多的贡献。

9.3.2 与国内经济发展水平相适应

中国特色对外开放道路的一个显著特点是对外开放的程度与国内经济发展水平相协调、相适应。一方面，体现在对外开放政策的实施上，开放政策加快了对外贸易的增长速度，引进了中国经济发展所迫切需要的资金与技术，最终表现为经济的大幅增长，1979—2017年，我国经济平均增速为9.5%，明显高于世界同期2.9%的平均水平，也高于世界各主要经济体同期平均水平，中国经济高速发展持续了几十年。2010年，中国首次成为世界第二大经济体，并在此后稳居世界第二位。① 另一方面，在国内经济增长不同的阶段，中国经济的开放程度也呈现出不同的特点，总体上与经济增长速度水平相一致。

---

① 石建国．认识改革开放伟大意义的三重视角[J]．中国政协，2018(23)：35－38.

（1）对外开放政策的实施促进了中国经济的增长

纵观历史上发达国家的发展历程，无一不是实施了开放的经济政策，回顾中国历史，从中我们总结出封闭必然导致落后、开放才能促进繁荣的经验教训。无论是通过横向还是纵向比较，都可以得出一个一致的结论：要想经济繁荣，必须选择对外开放的正确道路。建设开放型经济体的主要目的是促进本国经济快速发展，1978 年实施改革开放政策后，中国明确了对外开放政策的重要地位，中国经济发展进入一个崭新的阶段。如图 9－1 所示，对比中国改革开放前后的经济表现，我们可以发现，在实施改革开放政策后中国的国内生产总值与进出口规模均取得了长足的增长，尤其是进入 21 世纪后，经济增长速度明显加快，由于进入 21 世纪中国加入了 WTO，进出口总值也有较明显的增长。相关数据显示，2017 年的国内生产总值比 1978 年增长约 227 倍，同时，2017 年的出口总额比 1978 年增长约 913 倍之多。出口贸易总额在 GDP 中所占的比重也不断上升，从 1978 年的 4.6% 上升至 2017 年的 18.7%。随着经济全球化的发展，对外贸易对一个国家的经济发展起到了越来越重要的作用，对外贸易在中国的经济增长中可谓扮演着“发动机”的角色，中国是通过“出口导向型”战略取得成功的典型代表。

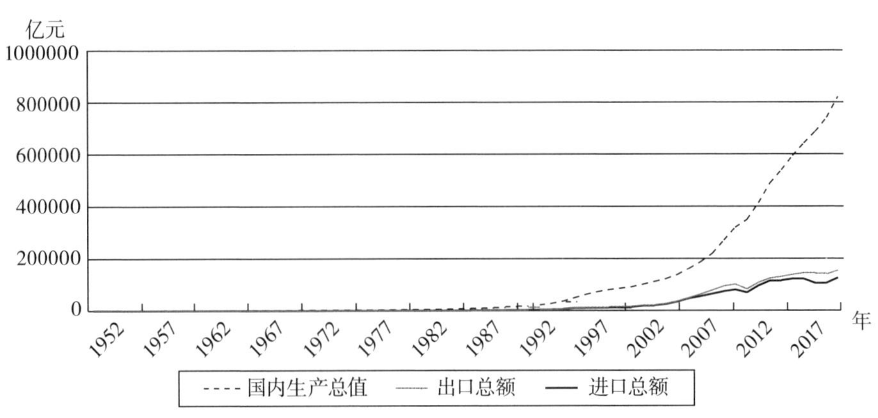

图 9－1　1952—2017 年中国国内生产总值和进出口值

资料来源：根据国家统计局数据整理。

（2）在经济发展的不同阶段中国对外开放程度随之变化

国际贸易理论认为一个国家或地区对外贸易依存度的高低直接体现了经济对外开放程度的水平，出口贸易依存度表示一国对国外市场的依赖程度。关于对外贸易依存度与经济增长的关系的主流理论是库兹涅茨的“经济规模论”：处于初级阶段的国家因农业比重大、技术能力低导致对外贸易依存度较低，中级阶段第二产业比较高则对外贸易依存度较高。[①] 这也比较符合中国的实际。如图9－2所示，新中国成立初期的中国是一个第一产业农业占国内总产值一半的落后农业国，此时对外贸易依存度处于一个较低的水平，大约在9%上下浮动。随着国内经济建设，推动工业化发展，在经济规模增长的同时第二产业占比逐渐上升，第一产业占比大幅下降，与之相伴的中国对外贸易依存度不断上升。从图9－2中看出，总体上，中国对外贸易依存度与第一产业增加值占比负相关，与第二产业增加值占比正相关，基本符合相关理论规律。

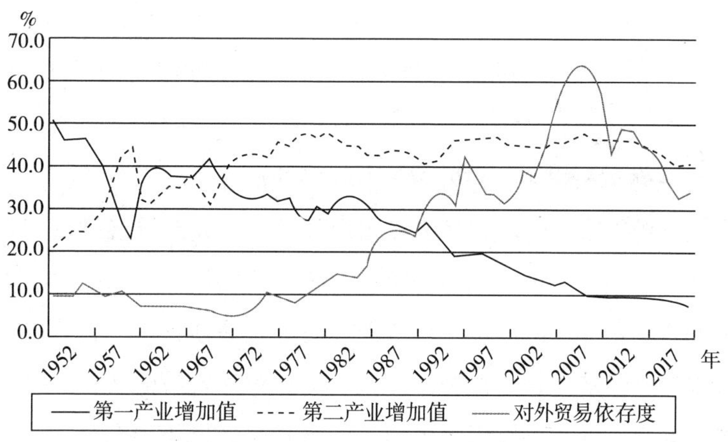

图9－2 1952—2017年中国对外贸易依存度和第一、第二产业增加值占比

资料来源：根据国家统计局数据整理

另外，通过观察中国不同经济发展阶段的对外贸易依存度和出口贸易

① 尹燕，张宇青，周应恒．我国对外贸易依存度与农业经济增长——基于面板误差修正模型和面板VAR的实证分析[J]．宏观经济研究，2013(11)：75－80.

依存度，以此获取对外贸易依存度和出口贸易依存度分别与经济增长率之间的关系，便于说明中国不同经济发展阶段的对外开放程度和对国外市场依赖的程度间的关系，从图 9 -3 中可以发现：当经济处于高速发展阶段，对应的对外贸易依存度和出口贸易依存度也相对较高，表明随着经济的增长速度加快，中国对外开放的程度和对国外市场的依赖程度也在加深。这与大部分学者研究的结果一致，对外开放程度与经济增长之间的关系呈现相互促进的规律。

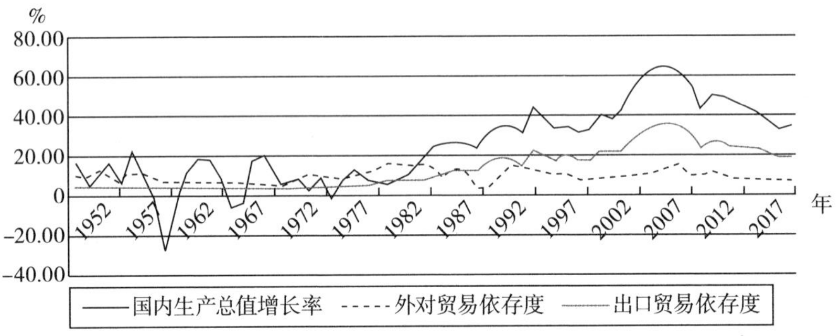

图 9 -3　1953—2017 年国内生产总值增长率、对外贸易依存度和出口贸易依存度

资料来源：根据国家统计局数据整理。

（3）金融危机以来，对外贸易对经济的促进作用减弱

金融危机以来，全球贸易遭受了严重的打击，全球经济低迷，贸易保护主义蔓延，国家间贸易摩擦不断，导致出口导向型的发展模式严重受挫，中国经济发展速度放缓，相应地，对外贸易依存度也在下降，说明中国对外出口对经济增长的促进作用在削弱。对外贸易的疲软成为中国经济发展进入新常态的重要原因。中国经济已由高速增长转向高质量发展，进入增速换挡、结构调整与“新旧”动能转换的新阶段，新阶段的中国不能继续依赖出口大量劳动密集型的加工产品促进经济进一步增长，而要实现外贸从数量规模向质量效益转变，高水平“引进来”与大规模“走出去”，优化营商环境，杜绝出现排外现象，推进全面对外开放，实施更高层次的对外开放，坚持共商、共建、共享的全球治理观，维护 WTO 在全球范围内的贸易投资自由化中的主渠道地位，继续完善多边贸易体制，持续深化

区域经济协作，加速实行自由贸易区战略。

9.3.3 与技术发展水平相适应

一般认为，经济全球化是一种跨越民族国家边界经济活动的扩展，使各国经济相互依存程度加深，使国际经济合作和国际贸易的规模不断扩大、范围迅速扩展，从而促使各国经济走向开放、走向市场化。事实上，各国对外经济技术交流合作可以看作经济全球化的一个侧面、一种表现，中国特色开放经济是伴随着经济全球化发展应运而生的。如大家所熟悉的技术发展水平与经济全球化关系密切、相辅相成，一方面，技术进步为经济全球化提供物质基础；另一方面，经济全球化加速技术的国际转移。作为经济全球化的孪生姐妹，各国的对外开放政策与技术发展水平同样密不可分。

（1）技术进步是经济全球化的根本动因，为中国特色开放道路提供物质基础

自20世纪80年代起，经济全球化成为世界经济的重要趋势。经济全球化产生的原因是多个方面的，但是技术进步是经济全球化的物质基础，也是经济全球化的根本动力。主要有以下几个原因说明：①科学技术水平的高低决定着经济全球化各个方面扩展规模的大小，包括金融全球化、贸易全球化、投资全球化、生产全球化的规模水平；②科学技术的发展水平制约着全球范围资源优化配置的规模大小，从而影响和制约着在全球范围内获得规模经济效益的大小；③科学技术的发展水平制约着竞争范围的大小和激烈程度；④科学技术发展水平决定着经济全球化发展速度的快慢。

当代科学技术日新月异，是推动经济全球化最强大的物质技术基础。为中国实行开放型经济提供了可能性。以信息技术为代表的新科技革命有力地推动了世界经济的发展，空前加深了各国经济的联系。其中，通信技术方面的微处理器、因特网、互联网和运输技术，在推动经济全球化的过程中起到至关重要的作用。电子计算机的发明和普及、通信和运输的高度现代化，为经济全球化提供了最重要的条件。廉价、快捷的通信手段是国

际资本市场一体化的关键所在；运输成本的下降成为贸易增长的决定性因素。[①] 正是技术的进步，才使得中国可以通过更廉价、更便捷的方式与世界各国建立联系，进行物质信息交换，中国的特色开放道路才能越走越顺。

（2）中国特色开放道路的进展加速了技术进步

中国对外开放的主要内容就是加强对外贸易交流、吸引国际直接投资，而国际贸易和国际直接投资对技术进步和转移具有推动作用。

国际贸易对技术进步的推动作用体现在两个方面：其一，国际贸易所带来的技术扩散和技术溢出直接推动了技术进步，中国通过引进发达国家先进的机器设备来获得发达国家大量先进的知识和技术，提高生产效率，缩短与发达国家的技术差距，而且通过效仿发达国家先进的产品，提高本国的技术水平。其二，国际贸易所引致的国际分工和国际竞争诱导了中国的技术创新，在“干中学”中增加知识积累和提高人类资本水平，生产的全球化加深了专业化分工，发达国家不断细化生产环节、增长生产链条。中国作为发展中国家，专业化生产这些被转移的生产环节，并把产品出口到发达国家，增加生产积累，产生“干中学”效应，提高企业人员的生产技能和管理水平。人力资本水平的提高有助于技术进步的发展。

对外直接投资主要通过技术外溢进行技术的国际转移，主要反映为知识外溢和竞争方面的效应。知识外溢涉及示范、模仿和传播几种形式，第一，直接投资项目进行的技术许可转让，其中包含的新技术被东道国学习；第二，东道国企业通过“干中学”或者直接投资项目对东道国企业员工的培训得到新技术；第三，通过应用新技术节约成本的做法传导到下游使用者或上游供应者，通过产业关联产生外溢效应。竞争方面的效应与管理技术相关，是由于外国企业的进入，通过更有效地使用现存技术或资源，促使东道国企业寻找合适的新技术用以提高效率。中国在对外开放道路中通过创造良好投资环境引进外资，从而促使先进技术流入国内，通过

① 黄静波．国际技术转移［M］．北京：清华大学出版社，2005：32.

国外直接投资的技术外溢效应提高国内技术发展水平，缩短和发达国家的差距。

回顾世界科技发展历史，在前几轮的科技革命中，中国对外实行闭关锁国的政策，错失了与世界科技共同进步的机遇，与发达国家的科技发展水平的差距日益加大，从1978年改革开放之后，中国的科技发展开始融入全球一体化进程之中，在科技投入力度、科技人力资源和科技成果等方面均实现了量的攀升与质的飞跃。通过继续不断地提高科技的对外开放，中国与世界各国开展了更加深入的技术交流，有利于中国实现“弯道超车”，利用后发优势，在新一轮技术革命中占据领先地位，促进国民经济进一步发展。

作为一个发展中国家和后发国家，在未来，中国要将国内开发和国际合作进行更加充分的结合，利用国内外两个市场、两种资源，一方面，立足于全球视野，充分利用全球技术创新的成果，积极参与国际经贸合作；另一方面，着眼于国内发展，坚持创新驱动的发展理念，加快转变经济发展方式，进一步提高我国的科技实力。

9.3.4 与中国的世界地位和使命担当相结合

当今中国的国际影响力与日俱增、突飞猛进，在处理国际事务中的作用有了大幅提升，中国在世界舞台上扮演的角色越来越重要。

随着中国经济实力的提高，综合国力不断增强，中国的国际地位有了巨大的飞升，我国的对外开放模式从小国开放模式转向大国开放模式，在国际事务中扮演的角色由价格和国际治理规则的接受者转变为主导者、引领者。从接受国际援助的角色转变成提供国际援助的角色，中国积极帮助世界上的贫穷国家，与世界上的其他发达国家深化经济交流，使得自己以及贫穷国家能够富裕起来，改善人民的生活水平，提高国家经济收入，为军事、科技、文化、教育等方面的繁荣提供基础和原始动力。中国的和平发展对于当今世界的发展有很大的意义。中国发展和强大了，不是世界的威胁，而是世界的机遇。中国强大了，世界市场将更加广阔，中国对世界的经济发展只会做出更大的贡献。同时，中国是一个负责任的大国，主张按照公认的国际规则办事，对于不合理的国际经济政治旧秩序，中国愿与世界人民携手并进，通过集体磋商和谈判，以和平的手段、对话的方式，探讨如何对现存的不合理的国际规则和秩序进行调整。

9.4 新时代建设中国特色开放型经济强国的挑战与路径

9.4.1 新时代建设中国特色开放型经济强国的挑战

（1）经济全球化进程受阻，保护主义抬头

国际金融危机后世界经济进入深度调整阶段，全球经济陷入“自我低增长循环陷阱”①。“逆全球化”趋势成为中国新时代对外开放进程中的首要外部条件，主要表现在保护主义抬头、资本流动壁垒增加等方面。世界经济表现出不确定性增加、需求低迷、复苏缓慢的萧条态势，全球经济面临巨大的挑战，不确定性大大增强。这一态势严重损害了世界贸易自由化发展、多边贸易体制和世界经济全球化进程，造成了严重的负面影响。自2017 年美国新政府上任以来，以“美国第一”为口号，对外奉行单边主义、保护主义和经济霸权主义，对许多国家和地区，特别是对中国进行了一系列不实的谴责和质疑，借助不断增加关税的手段进行威胁。因此，中美经贸摩擦在短时间内不断升级，中美经贸关系受到极大损害，多边贸易体制和自由贸易原则也受到严重威胁。世界经济动荡和外部需求低迷是我国对外开放 40 年来所不曾遇到的新趋势和新挑战，是我国新一轮对外开放需要优先考虑的重要外部挑战。

（2）新一轮科技革命蓄势待发，世界产业竞争格局调整重塑

科学技术是第一生产力，是推动当代世界经济发展的主要力量，是世界贸易核心竞争力最重要的构成因素的决定性力量。新一轮科技革命和产业变革蓄势待发，多数国家已经推出振兴制造业的战略和计划，美国有

① 盛垒．疲弱复苏的世界经济：新变量、新趋势与新周期——2017 年世界经济分析报告[J]. 世界经济研究，2017(1).

"先进制造伙伴计划"，日本有"社会5.0"工程，德国有"工业4.0"谋划，都想在新一轮产业技术革命中占据制高点。正在酝酿的新一轮科技革命将深刻影响世界产业竞争格局。颠覆性的技术突破应用将促使全球价值链出现分解、融合和创新，对中国的比较优势、要素供给、制度供给等造成重大影响，还将激化中国传统产业政策与新科技产业发展之间的矛盾。

（3）全球经贸合作形势剧变，外部环境日益复杂

伴随着中国融入世界经济体系的不断深入，中国越来越容易受到全球经贸格局变化的影响，在2008年的全球金融危机之后，世界经贸格局发生了深刻的变化：一方面，世界经济朝着多极化方向发展，发展中国家和新兴国家的影响力比重逐步攀升，发达国家的影响力呈现出不断下降的趋势；另一方面，进入21世纪以来，中国的经济高速增长令世界瞩目，引起了周边国家不必要的担忧，使全球经济合作的环境变得复杂多变，区域贸易集团层出不穷，给多边贸易体制带来了巨大挑战。当今的中国与过去大有不同，已经成为世界经济发展中的一个重要影响因素，导致以美国为首的很多发达国家视中国为对手，未来中国发展的外部环境将更加不稳定，中国对外经济合作的风险程度持续提升。作为新崛起的大国，中国在新时代的对外开放过程中如何平衡好新兴大国与守成大国的关系，如何为中国赢得和平的外部环境，将成为关键的战略问题。

9.4.2 新时代建设中国特色开放型经济强国的路径

（1）实施"一带一路"倡议引领全球化3.0新时代

在全球贸易投资萎靡不振、贸易保护主义抬头的世界经济发展新形势下，"一带一路"倡议一方面通过加强沿线国家合作，尤其是与发展中国家的合作；另一方面通过沿线各国的基础设施建设，为世界经济全球化发展提供了新的动能，有助于推动世界经济加速转型和结构调整，有助于推动世界经济走向新的长周期的孕育和增长新阶段，"一带一路"倡议从提升全球投资增速、促进全球贸易增长、推动全球金融开放融合等方面，为世界经济走出复苏提供了重要的契机。在当下和未来的实践过程中，应对

逆全球化的唯一的出发点就是解决全球化发展失衡问题，确保全球化朝着更加平衡和包容的方向前行。“一带一路”倡议坚持合作共赢、共商共建共享的理念，坚持“五通”的合作模式，中国与“一带一路”沿线国家的合作不断深化，有力地回应了逆全球化趋势。“一带一路”必然会成为应对当前逆全球化思潮的有力抓手。另外，“一带一路”沿线区域相当大的部分位于中国境内，加快国内大通道建设同样重要，只有与国际经济合作走廊相连的国内大通道畅通了，跨境物流和人才流动才能畅通，国际经济合作的走廊建设才能真正发挥跨境合作作用，促进国内国外沿线区域经济的协同发展。

（2）构建公平、合理的国际经济新秩序

当前，在世界经济领域，经济全球化、区域经济集团化正以不可阻挡之势席卷世界，随着这两大趋势的深入发展，世界经济格局、政治格局将会发生重大而深刻的变化。面对迎面而来的世界经济发展趋势，要谋求本国的最大利益，就必须积极推动建立公平、合理的国际经济新秩序。推进建立国际经济新秩序，要在和平共处五项基本原则的基础上，提倡所有国家都有平等参与国际经济事务的权力，在国际组织中享有充分的自由与平等的言语权，强调发展中国家的经济发展，数十亿人民群众摆脱贫困，将为各国提供巨大的贸易和投资机会，对世界经济的发展都有好处。推进建立国际经济新秩序，要逐步推动符合第三世界国家经济利益的公平、合理的国际经济新秩序，在合理的框架内保护发展中国家的经济利益与经济安全。推进建立国际经济新秩序，要继续加强中国与发展中国家的经济技术交流与合作，加快建立开展双边和多边经济贸易关系的步伐。

（3）推进高标准自由贸易区网络建设

加快实施自贸区战略是中国改善外部环境、全面提升开放型经济水平和培育国际竞争新优势的关键性举措，中国的自贸区建设无论是从合作伙伴数量、贸易覆盖率，还是从自由化标准方面来说，与世界上主要经济体以及周边国家的实际进展相比还有一定的差距。为了更好地适应区域经济一体化形势变化，未来中国应该逐步提高自由贸易区谈判的自由化标准，提升谈判条件；加强谈判策略的针对性和务实性，将工作落到实处；制定科学、可行的原产地规则，明确各国经济利益；对敏感行业保持高度关注和灵活态度，审慎对待特殊情况；切实完善敏感行业过渡安排和生效后的补偿工作计划；加强自由贸易区谈判的总体决策和内部协调机制，创造更加公平透明的环境；全面加强自贸区战略实施的基础性工作。

10　新中国70年中国特色发展道路的成效经验、世界意义与未来展望

新中国成立70年以来，特别是改革开放以来，经过一系列系统性的制度变革，中国经济保持了较高的增长速度，从一个受西方压迫和封锁的、生产力水平极低的国家，成长为独立自主富强文明的世界第二大经济体，创造了人类历史上前所未有的增长奇迹。中国成功地从一个封闭的农业国转变为全球最大的制造国、外贸国，高度融入了全球经济，对内极大地改变了中国的面貌，对外重塑了世界经济格局；中国人的生产方式、生活方式和思维方式也都发生了颠覆式变革。① 站在改革开放40年的历史节点上，站在新中国成立70年的历史关口，在系统总结新中国所走过的伟大历程，并在诸多方面运用中国话语进行政治经济学解读的基础上，我们有必要用大家都听得懂的话语进一步总结梳理中国特色发展道路的成效经验，并解读其世界意义，真正做到“让中国了解自己，让世界了解中国”。唯有这样，“中国的”才能更好地融入世界，“中国的”才能变为世界的，中国也才有了引领世界的可能。

10.1　中国特色发展道路取得的成效与特征性事实

新中国成立70年来，中国经济高速增长，并重塑了世界经济格局。1952年，中国名义GDP仅为679亿元，到了1978年，这一数字上升到

---

① 吴丰华. 中国改革开放40年:历史演进与理论逻辑[J]. 福建论坛(人文社会科学版),2019(1).

3700亿元，2018年高达90.03万亿元。快速增长主要始于改革开放后，1978—2018年，中国经济增长速度虽有波动，但是总体保持了高速增长，40年间名义平均增速高达9.5%（见图10－1）。中国的增长不仅极大地改变了中国，更剧烈地影响了世界。1950年，中国GDP占世界GDP总量的4.5%，1978年，中国占世界GDP总量的4.9%[①]，2017年这一比重已超过15%。自2010年超过日本之后，中国牢牢占据着世界经济总量的第二位，2017年GDP总量已经是日本的2.9倍，当年的增量相当于澳大利亚GDP的年度总量，中国正在向高收入经济体迈进。与此同时，中国追赶美国的脚步也在不断加快，中国GDP总量占美国GDP总量的比重从1978年的9%上升到2017年的约63%。英国智库——经济和商业研究中心(CEBR)在一份报告中称，中国将在2032年超越美国，成为全球第一大经济体。[②] 这种追赶已给美国造成了巨大的压力，近几年，美国政、商、学各界达成了高度一致——中国就是美国最大的竞争对手，其采取的规模空前、力度空前的遏制措施就是明证。而且，在改革开放40年来的各个阶段，中国经济都是世界经济增长的“领头羊”[③]。金融危机后，以中国为代表的新兴市场经济体在全球GDP中的份额超过了发达经济体，2016年，中国对世界经济增长的贡献率达到41%，成为世界经济增长的主要动力源和稳定器[④]。

伴随着中国经济高速增长的是中国产业结构的迭代升级。1952年，中国三次产业增加值占GDP的比例为50.5∶20.9∶28.6，可以看出，中国是典型的农业国，农业增加值占比高达50%以上。1978年时，这一比例变化为27.7∶47.7∶24.6，可以看出，农业和工业之间表现为明显的此消彼长的关

① ［英］安格斯·麦迪森．中国经济的长期表现：公元960—2030年［M］．上海：上海人民出版社，2008：1.

② 吴丰华．中国改革开放40年：历史演进与理论逻辑［J］．福建论坛（人文社会科学版），2019（1）.

③ 张平，楠玉．改革开放40年中国经济增长与结构变革［J］．中国经济学人（英文版），2018（1）.

④ 韩洁，齐中熙，陈炜伟，于佳欣．实现历史性变革迈向高质量发展——党的十八大以来我国经济社会发展成就述评［N］．新华每日电讯，2017－12－18.

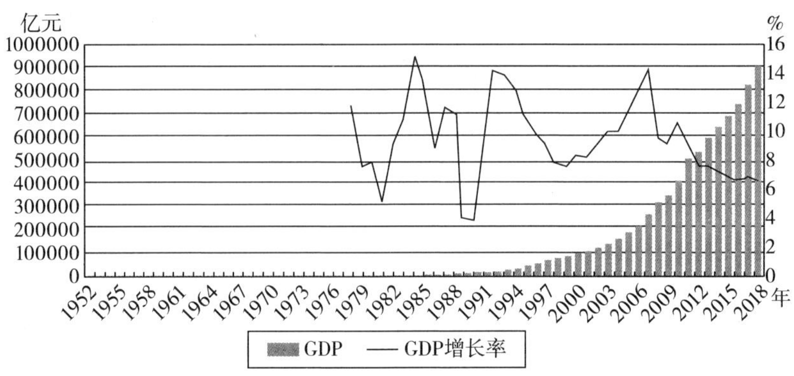

图 10－1 1952—2018 年中国 GDP 总量和增速变化

资料来源：中国经济与社会发展统计数据库。

系，中国的工业化进程迅速，但是服务业发展明显滞后，其占比还出现了一定的退步。2017 年，中国三次产业增加值占 GDP 的比例已经变化为 7.9∶40.5∶51.6，按照钱纳里的工业化阶段理论（霍利斯·钱纳里，1986），中国已经整体进入了工业化后期阶段（见图 10－2）。自改革开放以来，中国产业结构的迭代升级体现为两个方面：首先，世界银行数据显示，改革开放之初，中国服务业占 GDP 比重为 24.6%，这一数值不仅低于世界代表性发达国家（美国、法国），而且低于东亚模式的典型代表（日本、韩国、新加坡），还低于巴西、阿根廷、马来西亚、泰国等发展中国家。到 2016 年，中国服务业占 GDP 比重已经上升至 51.6%，已经接近或超过上述

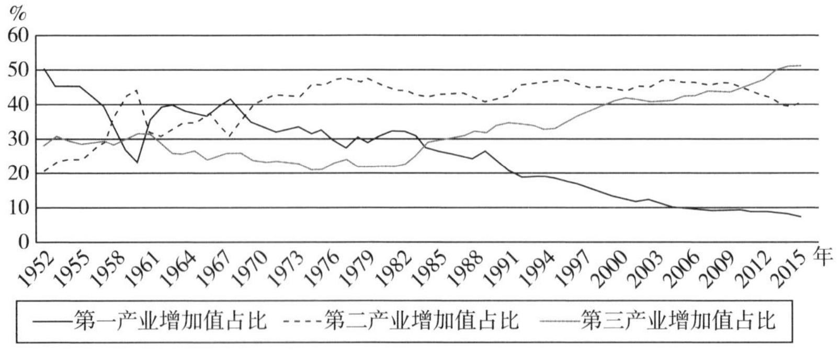

图 10－2 1952—2015 年中国三次产业增加值占比

资料来源：中国经济与社会发展统计数据库。

发展中国家，和主要发达国家的差距也在缩小（见图10－3）。中国产业结构升级的另一个表现是中国制造业和工业的快速发展。经过40年的发展，中国制造业正在逐步实现由大到强、提质增效、迈向中高端的历史跨越。①

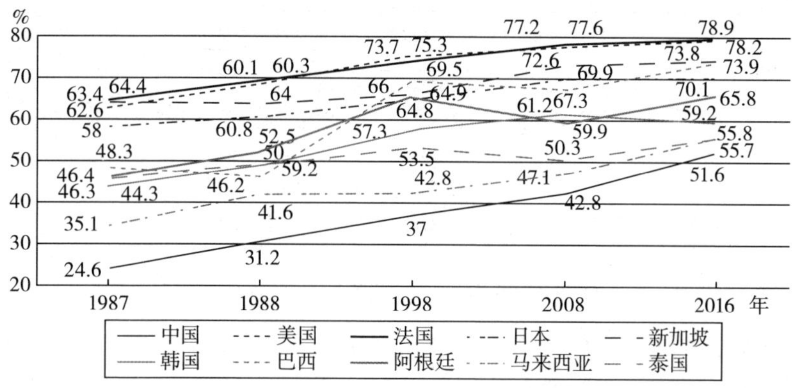

图10－3　1978—2016年中国与部分国家服务业占比

资料来源：世界银行WDI数据库、前瞻数据库。

在制造业发展的带动下，中国对外贸易、对外开放水平和城镇化水平不断提高。

新中国成立之初，中国经济在内忧外困之下，高度封闭。1950年，中国货物贸易进出口总额为11.3亿元，到改革开放初始的1978年，这一数字增长到206.4亿美元，2000年中国加入世界贸易组织前，进出口总额为4743亿美元。正式加入WTO之后，最大限度地开放了对外贸易，2018年，中国进出口总额上升至4.62万亿美元，连续5年成为世界第一贸易大国②（见图10－4）。

新中国成立之初，我国是一个地地道道的农业国，城镇化水平仅为10.64%，改革开放之前，我国的城镇化水平一直较低，始终没有超过20%，甚至在“三线建设”时期和“知识青年上山下乡”运动期间，我国还出现了逆城市化现象，城镇化水平出现了下降，如1960年中国城镇化水

① 吴丰华．中国改革开放40年：历史演进与理论逻辑[J]．福建论坛（人文社会科学版），2019（1）．

② 吴丰华．中国改革开放40年：历史演进与理论逻辑[J]．福建论坛（人文社会科学版），2019（1）．

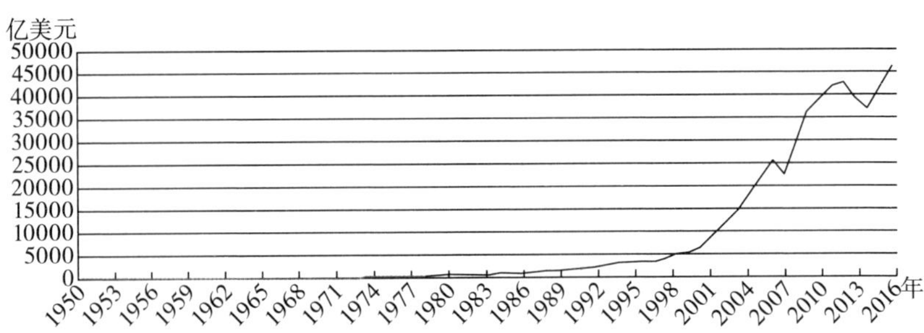

图 10－4　1950—2016 年中国进出口总额

资料来源：中国经济与社会发展统计数据库、国家统计局官方网站。

平达到 19.75%[①]，但到 1965 年，又下降到 17.98%（见图 10－5）。改革开放之后，中国的城镇化快速发展，大体经过了三个阶段：1978—1985 年的城镇化启动阶段，农村经济体制改革推动了城镇化的发展，出现了“先进城，后建城”的现象，城镇化率由 1978 年的 17.92% 上升到 1985 年的 23.71%。1986—1995 年的城镇化缓慢增长阶段，工业化对城镇化的推动作用比较明显，但这种工业化更多表现为“离土不离乡”的乡镇企业发展，所以城镇化增速明显低于工业化推进速度。1995 年，城镇化率上升至 29.04%，年均仅提高 0.53 个百分点。1996 年至今的城镇化加速发展阶段，工业化加速推进，产业升级特征明显，工业化与农业人口转移联系紧密，中国城镇化水平提高将近 30 个百分点，上升至 2018 年的 59.58%[②]。

伴随着中国的整体进步，我国微观主体也获得了极大的进步和发展。首先，中国企业发展迅猛。根据最新公布的 2018 年世界企业 500 强榜单，已有 120 家中国企业上榜，十分接近美国 126 家公司上榜的数据，远远超过了日本上榜 52 家企业的数量。而在 1996 年，只有 2 家中国企业上榜。其次，中国发展极大地惠及了广大百姓，人民的幸福感与获得感与日俱增。1952 年，中国人均 GPD 仅为 119 元，1978 年，这一数字上升至 385 元，按

① 当然，这一数字也因为当年进行的“大跃进运动”而存在一定的虚高问题。

② 吴丰华．中国改革开放 40 年：历史演进与理论逻辑[J]．福建论坛（人文社会科学版），2019（1）．

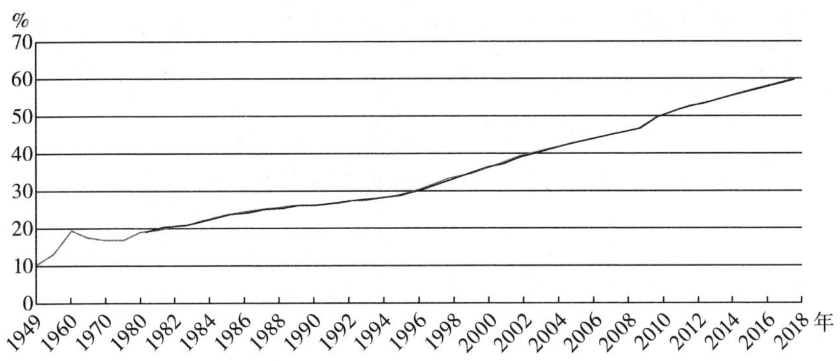

图 10-5 1949—2018 年中国城镇化率

资料来源：中国经济与社会发展统计数据库、国家统计局数据库。

美元计是 222 美元，排名世界倒数[①]，2018 年，中国人均 GDP 达到 64600 元人民币，按美元计是 9780 美元，上升至世界第 67 位。新中国成立 70 年来，中国公共服务均等化程度不断提高，人民获得感、幸福感明显增强。

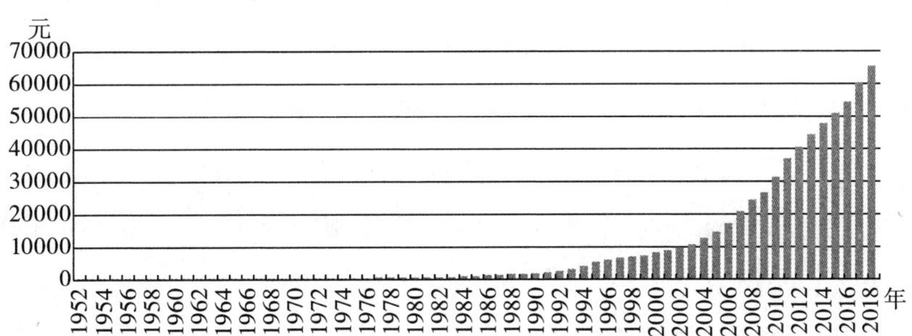

图 10-6 1952—2018 年中国人均 GDP 变化

资料来源：中国经济与社会发展统计数据库、国家统计局数据库。

新中国成立 70 年来，中国坚持特色发展道路所取得的巨大成就有以下特征性事实值得我们格外关注：

首先，中国经济增长是在极低起点和极大人口基数上开始的。从新中国成立到 1978 年，中国 GDP 占全球 GDP 的比重始终在 5% 以内，而人口占全球人口比重却超过 1/5，人均 GDP 不到全世界平均值的 1/4，而出口

① 周天勇．三十年前我们为什么要选择改革开放[N]．学习时报，2008-08-26.

占世界出口的比重更是不到1%，属于贫困的、封闭的发展中人口大国。①改革开放短短40年间，中国经济获得了巨大进步，将世界发达国家需要一两百年的现代化、工业化过程压缩到了极短的时间。②

其次，中国经济增长呈现出明显的阶段性特征。从经济增长的周期性来看，70年的中国增长可分为三个大阶段。第一阶段，前30年，即改革开放前的1949—1978年，中国经济增长速率较高，但是波动极大，GDP增速超过20%的年份就有6年：1950年（23.4%）、1953年（30.3%）、1958年（32.2%）、1965年（20.4%）、1969年（23.8%）、1970年（25.7%），但是也有增速很低的年份，更有4年GDP出现了负增长：1961年（-31%）、1962年（-10.1%）、1967年（-9.6%）、1968年（-4.2%）。第二阶段，中间30年，即改革开放后的1978—2008年，中国经济增长速度高，波动幅度较改革开放前收窄不少，但也比较大。在1984年、1992年和2007年出现了3次波峰，GDP增速分别高达15.1%、14.2%和14.2%，3次波谷出现在1981年、1990年和1999年，GDP增速分别跌落至5.2%、3.9%和7.7%，峰谷差分别高达9.9%、10.3%和6.5%。第三阶段，后10年，即2009—2018年，中国经济增速逐渐回落，波动幅度也在缩小，峰（2010年GDP增速10.6%）谷（2018年GDP增速6.6%）差仅为4%。③

从中国通货膨胀的阶段性来看，70年的中国通货膨胀也可分为三个大阶段。第一阶段，前30年，即改革开放前的1949—1978年，中国出现了两次严重的通货膨胀，一次是新中国成立初期（1949—1953年），由于进行抗美援朝，开支巨大，导致出现了严重的通货膨胀；另一次是1958年至60年代中期，由于“大跃进运动”“三线建设”等开支巨大，财政赤字严

① 张平，楠玉．改革开放40年中国经济增长与结构变革[J]．中国经济学人（英文版），2018（1）．

② 吴丰华．中国改革开放40年：历史演进与理论逻辑[J]．福建论坛（人文社会科学版），2019（1）．

③ 吴丰华．中国改革开放40年：历史演进与理论逻辑[J]．福建论坛（人文社会科学版），2019（1）．

重，出现了严重的通货膨胀。第二阶段，中间20年，即改革开放后的1978—1998年，这20年，治理通货膨胀是和促进经济增长一样重要的宏观调控目标。1985年、1988年、1989年、1994年和1995年，中国通胀水平分别高达9.3%、18.8%、18%、24%和17.1%。[①] 第三阶段，后20年，即1999—2018年，中国只有两年通货膨胀突破了5%，并且再没有出现过通货紧缩。[②]

再次，中国的经济增长伴生着诸多结构性转变和升级过程。新中国成立70年来，中国首先建设计划经济体制，改革开放后又开始从计划经济向市场经济转轨，具体从计划单轨转向计划与市场双轨，再转向更多依赖市场单轨。当然，关于计划和市场的关系，现在还在讨论，但是中国经济体制的结构性重大转变是显而易见的。新中国成立70年来，随着国家战略的调整，中国的经济发展和人均收入的增加，我国经济结构从以农业为主转向以工业为主，再转向以服务业为主，这是产业结构和经济结构的转型过程。新中国成立70年来，中国的经济开放度在波折中不断提高。1978年改革开放和2001年中国加入WTO，是我国经济开放的两个重要节点，中国现已成为世界最大的贸易出口国，除了积极参与贸易全球化之外，中国也在逐步向金融全球化的方向努力，如逐渐开放资本账户、推动人民币自由兑换等[③]。这是中国从封闭走向开放的结构性变化。新中国成立70年来，中国正在从一个区域性大国逐渐转型升级为一个世界性大国，中国的崛起已经对世界现有的政治秩序、经济贸易规则形成了重构式的重大挑战，世界原有大国也势必对中国采取更多的应对战略和措施。这是中国从弱变强所不得不经历的外部结构性变化。要特别说明的是，在很多转型转轨国家或者曾经的成功国家的发展历程中，其都经历过以上四大转型的一方面或几方面，但是“中国是迄今为止人类历史上唯一同时经历这四个结

---

① 吴丰华．中国改革开放40年：历史演进与理论逻辑［J］．福建论坛（人文社会科学版），2019（1）．

② 张平，楠玉．改革开放40年中国经济增长与结构变革［J］．中国经济学人（英文版），2018（1）．

③ 王勇．中国经济增速下滑主因是需求还是供给？［J］．学习与探索，2018（10）．

构性过程的大国"[①]，经济增长伴生着诸多结构性变化，塑造了中国特色发展道路中诸多问题的特殊性。

复次，中国经济增长的驱动因素发生了重大变化。[②] 从供给端考察，中国经历了一个明显的产业升级过程。1978 年，中国三次产业对经济增长的贡献率分别为 9.8%、61.8% 和 28.4%。[③] 2017 年，进一步变化为 4.8%、35.7%和59.6%。第二产业中，工业对 GDP 的贡献从 1978 年的 61.8%下降到 2017 年的 35.7%，第三产业则从 1978 年的 28.4%上升至 2017 年的 59.6%。在第三产业中，金融业对 GDP 的贡献从 1978 年的 1.9%上升到 2015 年的 15%，近三年虽有所回落，但也在 10%左右。[④] 这表明在整体产业升级过程中，部门内部也出现了向附加值更高的产业迭代的过程。从需求端考察，1978 年中国国民经济"三驾马车"，即最终消费支出（消费）、资本形成（投资）、货物和服务净出口（出口）对 GDP 的贡献分别为 38.3%、67% 和 -5.3%，到 2017 年，这组数字变为 57.6%、33.8%和 8.6%。[⑤] 由此可见，内需已经远远替代投资，成为拉动中国增长的第一动力，这也就意味着百姓的生活水平和获得感在同步提升。

最后，中国经济增长伴生着较大的空间和群体差异。改革开放之前的 30 年，中国各方面差距并不大，不同区域、不同群体之间的矛盾也不突出。但是自改革开放以来，伴随着 40 年中国经济高速增长的是我国区域之间、城乡之间、行业之间、不同收入群体之间均产生了较大的差距，发展并不均衡。随着中国进入新时代，面对中国社会主要矛盾的深刻变化，我们必须着力解决发展不均衡的矛盾。

---

① 王勇．中国经济增速下滑主因是需求还是供给？［J］．学习与探索，2018(10).

② 因 1949—1977 年中国三次产业对经济增长的贡献率和消费、投资、净出口对 GDP 的贡献率两组数据不全且数据波动异常巨大，本段不作分析。

③ 吴丰华．中国改革开放 40 年：历史演进与理论逻辑［J］．福建论坛（人文社会科学版），2019(1).

④ 吴丰华．中国改革开放 40 年：历史演进与理论逻辑［J］．福建论坛（人文社会科学版），2019(1).

⑤ 吴丰华．中国改革开放 40 年：历史演进与理论逻辑［J］．福建论坛（人文社会科学版），2019(1).

10.2 中国特色发展道路的成功经验

中国之所以能够取得如此巨大的发展成就，最重要的原因就是中国的发展道路适合中国。那么探寻中国发展道路的特色，将其学理化并上升成为发展经验，不仅有益于中国的未来发展、实现习近平总书记所讲的“强起来”的中国梦，还将有益于世界其他发展中国家，因为中国特色的发展经验不应仅仅属于中国，它应该为更广阔的世界服务，也应该惠及更多世界人民。按照我们的观察和对既有文献的研究，中国特色发展道路的经验至少有以下八个方面：

第一，中国特色发展道路始终坚持中国共产党的领导和社会主义制度。中国之所以为中国，中国特色之所以能称为特色，最鲜明的特征就在于我们坚持了中国共产党的领导，并且在党的领导下坚持了社会主义制度。正是因为有了这两个坚持，才保证了中国特色发展道路的目的是破解社会主要矛盾、满足人民需要，即以谋求人民幸福为基础的国家富强目标，也才客观要求中国特色发展道路主要依靠解放生产力、发展生产力和保护生产力来实现。[①] 实际上，在70年的历程中，我们并非没有受到冲击，最严重的莫过于20世纪80年代末90年代初苏联解体、东欧剧变的冲击。面对这种冲击，我们必须要回答的问题是，坚持中国共产党的领导与现代民主、法制的政治理念是否相容，又如何相容?[②] 坚持社会主义制度与发展市场经济是否相容，又如何相容？对第一个问题，中国共产党始终坚持以人民为中心的发展理念，坚持这个理念绝不是空洞的，它通过执政党的“超越政治地位决定了中国的官员和政策不受任何利益集团的制约”[③]得以实现，中国共产党是中性的，从执政理念的确定，到党的治理的设

---

① 洪银兴．以创新的理论构建中国特色社会主义政治经济学的理论体系[J]．经济研究,2016(4).

② 姚洋,席天杨．中国新叙事 中国特色的政治经济体制的运行机制分析[M]．上海:格致出版社,上海人民出版社,2018:iii - iv.

③ 姚洋,席天杨．中国新叙事 中国特色的政治经济体制的运行机制分析[M]．上海:格致出版社,上海人民出版社,2018:iv.

计，都决定了它难以被任何利益集团所俘获，而只会或者说更大的可能性去为一个最庞大的利益群体——人民而服务。同时，人民代表大会制度和政治协商制度作为国家治理的基本制度，进一步强化了党的中性特征。在这个层面上，党不仅是一个组织，更是一套制度，是一套促进经济增长、谋求人民福祉的经济制度。第二个问题实际上与第一个问题相连，社会主义制度的坚持有赖于对党的领导和执政地位的坚持，这确保了中国发展市场经济，并表明进一步建立和完善市场经济体制是在社会主义的制度基础上进行的，在理论上，社会主义初级阶段理论在一定程度上解释了社会主义和市场经济相容的问题。同时，党对生产资料所有制制度的创新和实现形式的不断调整，有效对冲并控制了发展市场经济给社会主义制度、给党的执政地位带来的冲击。

第二，中国特色发展道路在调整中坚持市场化取向的改革方向。在改革开放之前，我国基于当时的国内国际形势和我们对社会主义的认识，开始建设计划经济体制。但是我们想特别强调的是，即使在计划经济年代，我国也没有完全排斥市场经济，比如在农村，我们保留着社队企业，据统计，截至1978年年底，我国的乡村两级集体企业（社队企业）已有152.4万家，拥有固定资产229.5亿元①。在城市，我们也保留了一些小型的手工业合作社。在改革开放初始阶段，全国上下集中反思计划经济和“文化大革命”的教训，形成了强烈的谋求变革和发展的思想共识，这些在1984年党的十二届三中全会、1992年党的十四大、2003年党的十六届三中全会所形成的彪炳史册的重要文件中都能体现出来。进入新时代以来，习近平总书记明确提出“不走封闭僵化的老路，不走改旗易帜的邪路，坚定走中国特色社会主义道路，始终确保改革正确方向”②。可以看出，70年来，虽然我们经历过计划经济的探索，但是改革开放后逐渐明确且不断坚定了市场化取向的改革方向。

---

① 张晓山．改革开放四十年与农业农村经济发展——从“大包干”到城乡融合发展[J]．学习与探索，2018(12)：1－7.

② 习近平．中共中央关于全面深化改革若干重大问题的决定[M]．北京：人民出版社，2013.

第三，中国特色发展道路在调整中不断扩大对外开放。新中国成立之初，毛泽东主席就开创了独立自主对外开放的理论，在他1956年撰写的《论十大关系》的第十节，就是“中国和外国的关系”，文章论述了对外开放的必要性、对象、内容和方针原则。当然，受制于当时所处时代的复杂性，独立自主对外开放理论还不够完善，中国对外开放实践上更是受到诸多制约和局限①。改革开放之初，恰是国别经济走向全球经济的转折时期，发达国家的制造业已经无力承受高福利和劳动力价格高企的成本负担，大量产业需要转移，世界比任何时候都需要中国。② 中国巨大的人口红利、农村土地制度变革后所带来的巨大的农民工群体、计划经济时代打下的良好工业基础和相对完备的产业体系，都为中国快速融入世界产业链和价值链、成为世界工厂奠定了良好基础。不同于拉丁美洲等国家采取进口替代型战略，中国将开放作为基本国策，坚决执行出口导向型战略。而且，中国的开发战略是务实、渐进的，从开放思想和理论的传播，新产品、新技术、新管理模式的引进和再创造，到对外贸易的扩大和利用外资的拓展，然后到全面对外开放和加入且积极融入世界贸易组织，直至新时代以来倡导建设新型全球化，并采取积极姿态助推全球治理体系变革。③

第四，中国特色发展道路高度注重稳定性。首先是发展道路本身的稳定性，70年来，除了以改革开放为分界线，中国进行了较大的经济体制变革之外，其余年份基本保持了稳定。特别是在改革开放之后，虽然受到国内外情况变化的冲击和影响，关于发展道路也产生了一些争论，但是发展道路整体稳定。其次是政治稳定。新中国成立的70年，世界局势并不稳定，经历了朝鲜战争考验的新生政权并未赢得良好的外部环境，我国长期处在东西方冷战的夹缝中，20世纪60年代中期之后又经历了十几年越南战争的消耗。改革开放后，苏联解体、东欧剧变使世界社会主义遭受了巨

① 陈世润，陈晨．新中国60年独立自主对外开放的经验[J]．探索，2009(5)．

② 吴丰华．中国改革开放40年：历史演进与理论逻辑[J]．福建论坛(人文社会科学版)，2019(1)．

③ 吴丰华．中国改革开放40年：历史演进与理论逻辑[J]．福建论坛(人文社会科学版)，2019(1)．

大打击，拉美陷阱、东南亚危机、颜色革命、阿拉伯之春等轮番上演。在很大程度上，发展中国家所面临的最大挑战甚至不是增长和发展，而是保持政治稳定。反观中国，在这70年间，政治保持了基本稳定，政治稳定带来了政策的稳定和预期的稳定，这是至关重要的。[①] 再次是宏观经济的稳定性。改革开放之前，中国经济波动幅度较大，但是因为当时中国经济的非市场性和相对封闭性，巨大的波动并未造成毁灭性的打击。改革开放后，波动幅度明显收窄，中国经济周期的峰谷差由改革开放之前最大的近50%降至改革开放之后的6%～7%，[②]，近10年来，进一步缩小到3%～4%[③]，呈现出平均速度高、经济波动小的“高位收敛”状态。最后是社会稳定。社会稳定源自中国共产党所一直倡导的以人民为中心的发展思想。更为重要的是，保持社会稳定的努力提供了一个保证经济可持续增长的社会环境。

第五，中国特色发展道路采取了渐进式道路。几乎任何增长和发展都伴生着一定的改革，而改革最难的是取得思想上的认同和利益上的最大公约数。中国特色发展道路采取了渐进式改革路径，避免了中国出现其他国家在改革中的剧烈动荡。无论是领导人所讲的形象化的“摸着石头过河”，还是学者的学理化探讨，如林毅夫等（1999）以诱发性制度变迁理论为框架，以比较优势理论为主要分析工具，分析了中国的发展战略与渐进式改革的关系，或科斯、王宁（2013）用“边缘革命”作为分析性概念来讨论远离政权中心的边缘地带，如深圳、温州、小岗村的改革是如何自发开展并最终被中央认可，本质上都是在讨论渐进式改革。中国特色发展道路所采取的渐进式改革有以下几个显著特点：

首先，它是试验和试错的，试验帮助我们发现可推广的积极方面，试错帮助我们警惕并防止具有破坏性的消极影响，这样，渐进式改革就可以

---

① 吴丰华．中国改革开放40年：历史演进与理论逻辑[J]．福建论坛（人文社会科学版），2019（1）．

② 刘树成．新中国经济增长60年曲线的回顾与展望[J]．经济学动态，2009（10）．

③ 吴丰华．中国改革开放40年：历史演进与理论逻辑[J]．福建论坛（人文社会科学版），2019（1）．

以最小的改革成本取得最大的改革效果。其次，它是增量化的。增量改革不仅不过多触及既得利益群体，还会使几乎所有的群体都从改革中获益，这就保证了改革取得社会最广泛群体的支持。最后，它是没有预设模式的。无论是改革开放前的社会主义建设还是改革开放，我们都没有预设模板。改革开放前，我们也只是在很短的时间内模仿苏联模式；改革开放后，我们没有服下新自由主义开给拉丁美洲和东欧的“华盛顿共识”这剂药方，更没有将西方主流发展范式作为我国发展道路的评判尺度。这就保证了我国所走的是不忘初心、独立自主、守正创新的改革道路。

第六，中国特色发展道路较好地处理了国家与市场的关系。处理政府与市场的关系几乎是所有国家都面临的难题，之所以困难，除了其本身关系的复杂性之外，更重要的原因是既有理论对这对关系的刻画和分析是很不全面的。中国特色发展道路突破了西方经济学和既有治理框架中简单的“政府—市场”二维向度，较好协调了“中国共产党—中央政府—地方政府—市场”四者之间的关系，并将它们之间关系的处理落脚在了“以人民为中心”的发展理念上，① 这其中既有党的作用，更有极具中国特色的央—地关系和竞争性的地方政府的作用，同时也有市场的力量，实现了从抽象二维向更贴近中国故事的多维的转变。加入了党的作用之后，中国特色的发展道路显然与 Chalmers Johnson（1982），Alice Amsden（1989）和 Robert Wade（1990）提出并用以分析东亚经济奇迹的“发展型国家”有很大不同。孟捷（2018）指出，习近平总书记对社会主义市场经济特点的概括，即所谓“政治的经济化”和“经济的政治化”，则指向“市场经济 3.0 理论”的本质特征。当代中国社会主义政治经济学就是市场经济 3.0 版的理论，其强调政治权力也可以承担生产关系的功能，从而嵌入经济之中，以及在企业之外，要正视国家（甚至党）和地方政府作为经济主体的

① 吴丰华．中国改革开放 40 年：历史演进与理论逻辑[J]．福建论坛（人文社会科学版），2019（1）．

作用。[①] 正是因为较好地协调了多方关系，尽量使它们的目标函数一致，中国才得以成功应对全球化的挑战和西方意识形态的冲击。

第七，中国特色发展道路较好地协调了中央与地方的关系。对于所有大国，央地关系都是必须要处理好的重要关系。中国特色发展道路较好地协调处理好了这个问题，既有理论已经从不同层面深入探讨过这个问题，如刻画地方政府之间横向竞争的“政治锦标赛”理论（周黎安，2004、2007）[②③] 和县域竞争理论（张五常，2009）[④]，聚焦上下级政府之间的“委托—代理”关系的“行政发包制”理论（周黎安，2012、2014）[⑤]，刻画中国政府间财政关系合理性的“中国式财政联邦主义理论”（钱颖一、Barry Weingast 等，1995、2005）[⑥⑦]，以及重点关注地方政府的商业性的市场新三维主体论（中央政府、企业化的地方政府和企业）（史正富，2013）[⑧]。这些理论试图打开中国政府运作过程的“黑箱”，从政府治理角度构建一种理论框架，同时解释中国的经济增长奇迹和增长中出现的各种负面问题。[⑨] 从理论上看，这些理论在一定程度上说明了“中国模式”不仅优于西方模式，而且优于东亚模式，原因其实是中国很好地处理了中央和地方的关系，并且出现了鼓励地方政府相互竞争的持续激励，使中国经济增长充满活力。[⑩] 我们在本书中提出的中央与地方关系的分析框架则指

---

① 孟捷．在必然性和偶然性之间：从列宁晚年之问到当代中国社会主义政治经济学［J］．学习与探索，2018（5）．

② 周黎安．晋升博弈中政府官员的激励与合作——兼论我国地方保护主义和重复建设问题长期存在的原因［J］．经济研究，2004（6）．

③ 周黎安．中国地方官员的晋升锦标赛模式研究［J］．经济研究，2007（7）．

④ 张五常．中国的经济制度［M］．北京：中信出版社，2009：160－162．

⑤ 周黎安．行政发包制［J］．社会，2014（b）．

⑥ Gabriella Montinola，Yingyi Qian and Barry R. Weingast Federalism，Chinese Style：The Political Basis for Economic Success in China［J］. *World Politics*，1995.

⑦ Hehui Jin，Yingyi Qian，Barry R. Weingast. Regional Decentralization and Fiscal Incentives：Federalism，Chinese Style［J］. *Journal of Public Economics*，2005（2）.

⑧ 史正富．超常增长［M］．上海：上海人民出版社，2013：141．

⑨ 吴丰华．中国改革开放40年：历史演进与理论逻辑［J］．福建论坛（人文社会科学版），2019（1）．

⑩ 吴丰华．中国改革开放40年：历史演进与理论逻辑［J］．福建论坛（人文社会科学版），2019（1）．

出，处理中央与地方关系的核心在于事权和财权在中央与地方之间的合理配置，新中国成立70年，特别是改革开放40年以来，我们的一个重要贡献就是逐渐在靠近中央与地方财权和事权配置的合适区间。

第八，中国特色发展道路较好地融汇了中华文化传统和现代化的内在要求。对于所有谋求现代化的历史悠久的非西方国家，它们都面临两个问题：一是如何对待西方的现代化和市场化；二是如何处理现代化和自身的传统文化之间的关系。第一个问题的答案是明确的，无论是主动还是被动，也无论经历过如何的波折，几乎所有历史悠久的非西方国家都接纳了现代化和市场化。但是对于第二个问题，不同的国家所采取的态度确实大相径庭，有的国家，如部分非洲国家和拉丁美洲国家几乎抛弃了自身的传统文化，出现了1996年《联合国人类发展报告》所提及的“无根的增长”（Rootless Growth）。与这些国家不同，中国并没有将传统文化视为现代化的累赘，更没有压制传统文化和少数民族文化，而是高度重视传统文化的作用，并将传统文化和现代化之路、市场化进程结合起来。正如刘鹤所言，“中国古老的文化传统在改革开始就起到重要作用，主要是按照循序渐进的传统和中庸文化特点摸索改革路径”①。我们认为，中国特色发展道路至少在四个方面继承了中国传统文化并将其与我国的现代化和市场化融汇起来：

首先，中国特色发展道路充分发挥了中国文化具有高度包容性的优势，这十分有利于我国包容外来的各种新事物和新思想，特别是改革开放后大量涌入的新思想、新文化和新事物。其次，中国特色发展道路充分汲取了儒家文化的优秀成分。中国作为儒家文化的发源地，传统文化中高度重视教育，这为中国储备了数量巨大的各层次人才，一旦有了新中国成立、改革开放这样的契机，中国巨大的人力资本储备就可以发挥作用。②显然，如果仅仅考虑计划经济时代的举国体制而忽视了中国的人力资本储

① 刘鹤．没有画上句号的增长奇迹[EB/OL]．新浪网，2008-11-26．

② 吴丰华．中国改革开放40年：历史演进与理论逻辑[J]．福建论坛（人文社会科学版），2019（1）．

蓄，是无法解释为什么在改革开放前极端困难的情况下，我们还能创造出“两弹一星”、人工合成“牛胰岛素”、提取“青蒿素”等领先世界的科技创新。再次，中国特色发展道路充分发挥了中华民族勤劳的特性。中国人民是世界上最勤劳的民族之一，这一特性帮助中国迅速融入世界分工体系，以低劳动力成本优势获得了超强的竞争力，最终成为“世界工厂”和世界第一贸易大国。最后，中国特色发展道路充分利用了中国传统文化中勤俭节约的美德。中华民族历来崇尚勤俭美德，古人云，“俭，德之共也；侈，恶之大也”“历览前贤国与家，成由勤俭破由奢”。无论是马克思主义经济学，还是20世纪40年代之后兴起的发展经济学，都十分强调资本积累对经济增长或经济起飞的重要性。新中国成立以后，在外援严重不足的情况下，国人特别是农村百姓的储蓄和积累源源不断地支撑了中国的发展和初步工业化。改革开放之后，国人偏好储蓄的习惯帮助中国获得了源源不断的投资基金和积累基金。

10.3 中国特色发展道路的世界意义

作为中国共产党领导的社会主义国家，我们不承认西方，特别是欧美发达国家的发展道路和价值观是“普世价值”，但这绝不代表普世价值不存在。如果说不存在普世价值，那么中国的进步和发展除了带动世界经济增长之外，将毫无意义，因为中国总是充满“特色”。反之，如果中国要对世界有所贡献，特别是为解决世界问题贡献中国智慧、提供中国方案，我们就必须探讨中国发展道路的世界意义，研究其所具有的普世价值。

第一，中国特色发展道路为世界社会主义和共产主义运动带来了新希望。前文已经论述，中国特色发展道路的最大特色是坚持中国共产党的领导和坚持社会主义制度。这不仅保证了中国在独立自主的轨道上高速发展，更重要的是其对世界社会主义发展和共产主义运动的意义。众所周知，苏联解体、东欧剧变之后，共产党在这些国家丧失了执政地位，且影响力式微。更可怕的是，这些国家无论是社会精英阶层，还是知识分子，抑或是普通民众，都对共产党领导和社会主义丧失了信心。以美国为首的西方霸权国家趁机对世界社会主义进行瓦解和围剿，颜色革命在全世界轮番上演。总之，社会主义阵营力量大为削弱，社会主义事业受到重大打击，以致美国著名学者福山写作《历史的终结》，提出“自由、民主”理念及资本主义制度将是人类社会的终极形态。

在如此的国际大环境下，中国却坚守共产党执政，并坚持社会主义道路，而且出乎西方意料地创造了巨大的经济奇迹。对此，西方政治家无法理解，观察家和理论家也集体失语，他们不明白中国为什么能，更言说不明这其中的中国道路，实际上也宣告了“历史的终结”这一理论本身的“终结”。但是对世界社会主义发展和共产主义运动，中国道路却意义重大：首先，在世界社会主义事业发展的历史低潮时期，中国的巨大发展为世界社会主义阵营坚守住了一块主要阵地，留住了实现马克思所预言的“共产主义终将战胜资本主义”“实现自由人联合体”希望的火种。其次，中国共产党通过不断严明自身纪律、强化自我治理、推动自我变革，实现了自身不断发展壮大，为世界其他国家共产党和信奉社会主义、共产主义的政党和社会组织树立了光辉典范和学习榜样，正如习近平总书记在2017年12月在出席“中国共产党与世界政党高层对话会”的开幕式时，强调政党要顺应时代发展潮流、把握人类进步大势、顺应人民共同期待，志存高远、敢于担当，自觉担负起时代使命。最后，中国共产党也可以通过与国际政党合作，特别是和不同国家的共产党、社会主义政党之间开展广泛合作，在一定程度上介绍和传播中国特色社会主义事业发展的成功经验，正如习近平总书记所言，“中国共产党愿同世界各国政党加强往来，分享治党治国经验，开展文明交流对话，增进彼此战略信任”①，在此基础上，谋求推动世界社会主义和共产主义事业继续发展。

第二，中国特色发展道路为谋求独立自主的发展中国家提供了第三条道路。第二次世界大战之后，大量民族国家独立解放，开始谋求自身的现

① 习近平．携手建设更加美好的世界——习近平出席中国共产党与世界政党高层对话会开幕式并发表主旨讲话[EB/OL]．新华网，2017－12－01.

代化之路。但这些国家不得不面临的困境是，无论是在冷战层面，还是意识形态层面，抑或是发展道路层面，它们似乎都面临“二选一”的困境，即必须选边站队。单就发展道路而言，大量独立民族国家或者是选择以美国为参照，以新自由主义为理论指导，以私有化、市场化、政府间接调控，以及相关联（也必须关联）的新闻和言论自由化、代议制或多党制政体为主要内容的发展道路；或者是选择以苏联为参照，以列宁和斯大林等所发展出的计划经济理论为指导，以公有化、计划性、政府直接干预，以及相关联的新闻和言论高度控制、一党制的威权政治为主要内容的发展道路。有趣的是，这两大参照系的主人——美国和苏联，虽然发展道路截然不同，但对选择（有些是主动选择，有些则是被动选择）它们道路的国家的态度却高度一致，那就是要求这些国家完全依循它们的道路、完全仿照它们的模式，而不允许“学生们”进行改造和创新。而且，美国和苏联还具有极强的霸权主义特征，往往要求追随者或者和它们结为盟友，或者在政治、经济、军事等层面变为其附庸，其恶果就是除了个别国家，如选择第一条道路的日本、韩国和选择第二条道路的波兰、捷克斯洛伐克、匈牙利等国家之外，其他国家和地区在战后都长期徘徊不前，落入了“中等收入陷阱”。很多地区和国家还因为试图探寻自己的发展道路而受到美国、苏联等的制裁，甚至是直接出兵干涉，导致发展水平出现严重倒退。20 世纪 80 年代末 90 年代初，冷战的结束并未给世界带来太平，缺少制衡的美国在全世界肆无忌惮地推行单边主义和强权政治，迫使众多转型国家接受并遵循“华盛顿共识”进行所谓的改革，广大发展中国家的日子并没有更好，反而更糟了，它们所孜孜以求的独立自主、繁荣富强仍遥不可及。

中国是一个例外，凭借中国的大国地位和共产党人的战略定力和执政智慧，中国在 20 世纪 50 年代末就摆脱了大国的控制，走上了一条独立自主的现代化道路。改革开放之后，中国在理论上创造性地提出了社会主义初级阶段理论，初步解决了社会主义和市场经济融合的理论难题，排除了思想障碍、凝聚了改革共识，并通过“制定目标—完成目标—再制定目标—再完成目标”的发展战略给企业和国民注入极大的信心和热情，更难能可贵的是，以渐进和增量为特征的改革，保证了中国每一个群体、每一个区域，甚至每一个人都能在国家的目标中找到自己的位置。同时，不断提高的市场透明度和可信度以及不断推进的政治进程都给世界以极大的信心。可以说，在新自由主义之路和中央控制下的计划经济之路以外，中国为世界贡献了冠以中国特色发展道路之名，以独立自主、有限市场化、充分发挥国家作用、以中性政党和中性政府（姚洋，2018）来实现“良政”（张维为，2012），以替代西方式的代议制或多党制民主为主要内容的“第三条道路”。我们必须承认每个国家制度不同、文化不同、历史不同，但对不同的发展中国家，中国特色发展道路总在一定层面有借鉴价值和参考意义，正如习近平总书记在中国共产党成立95周年纪念大会上的讲话中提到的，“中国共产党人和中国人民完全有信心为人类对更好社会制度的探索提供中国方案”①。

第三，中国特色发展道路为其他国家开展国家治理和经济治理提供了参考。中国特色发展道路下的国家治理和经济治理，至少有以下特点：首先是不会被任何利益群体俘获的积极作为的民本政党。姚洋（2018）将中国共产党描述为“中性政党”，这个理论虽然说明了“执政党的超越政治地位决定了中国的官员和政策不会受到任何利益集团的制约”，从而保证了中国共产党的“中性”，但是却没有全部刻画中国共产党的性质，即民本属性，或者称为“为人民服务”的本质属性。这一点，则是由中国共产党的阶级属性、不断完善的内外部监督体系、90多年的革命战争和社会主义建设历程所决定的。中国共产党作为民本政党，在中国国家治理中居于核心位置。其次是市场决定资源配置下的有为政府。有为政府在这里有三层含义：第一层含义，政府有为是在市场发挥资源配置的决定性作用基础上的有为，和市场形成了互补关系而非替代关系，也就要求政府有所为有所不为；第二层含义，政府之所以有为是因为中国的央地关系在不断发展变化中较好地处理了立法权、事权、财权和人事权（官员任免和升迁）等

---

① 习近平．在庆祝中国共产党成立95周年大会上的讲话[EB/OL]．新华网,2016-07-01.

四大权利在中央和地方之间的配置；第三层含义，政府有为还具体表现为中国的竞争性地方政府。1994 年中央推行分税制改革之后，大部分财权被中央收走，但是事权很大程度留在地方，中央和地方这种纵向财政关系的调整，直接塑造了地方政府之间横向的关系，使它们开始相互竞争，这样就形成了竞争性地方政府（孟捷，2019）。最后是社群和民众有组织地广泛参与社会治理。与西方民众的普遍参与不同，中国民众普遍参与社会治理在相当程度上是依托党领导下的群团组织和社区开展的，这保证了中国的民众很少会像西方的民众那样，成为反对政党、反对政府和对抗社会变革的力量。简言之，“民本政党”—“有为政府”—“民众参与”构成了特色发展道路下中国国家治理的基本格局。

以上三方面中国国家治理的特点，虽不可能为其他国家照搬，但是却可以为其他国家所借鉴。首先，虽然其他国家的政党难以复制中国共产党的模式，但是却可以通过改革其选举制度、官员任免制度和发展党员制度，向“中性政党”或“民本政党”靠拢，以更大限度地争取最广泛民众的支持。其次，其他国家可以参考中国配置中央和地方权力（特别是事权和财权）的方式，更好地理顺中央治理和地方治理的关系，并在此基础上，通过中央不断调整和完善考核体系，促进地方政府的竞争。最后，其他国家也可以借鉴中国处理政府治理、市场治理和社区治理三种治理之间关系的经验，调整其治理方式，特别是对民众参与国家治理的方式进行一定的引导。

第四，中国特色发展道路为解决世界经济领域的三大突出矛盾做出了巨大贡献。习近平总书记在世界经济论坛 2017 年年会开幕式上指出，“世界经济长期低迷，贫富差距、南北差距问题更加突出。究其根源，是经济领域三大突出矛盾没有得到有效解决”①，分别是全球增长动能不足、全球经济治理滞后和全球发展失衡。中国特色发展道路也为化解这三大突出矛盾做出了巨大贡献。

---

① 习近平主席在世界经济论坛 2017 年年会开幕式上的主旨演讲[EB/OL]. 新华社,2017-01-18.

面对第一个矛盾，传统增长引擎对经济的拉动作用减弱，虽然人工智能、3D打印等新技术不断涌现，但新的经济增长点尚未形成，世界经济需要开辟出一条新路。中国坚持走特色发展道路，形成了强大的发展动力，为世界经济增长做出了巨大贡献：经济持续的中高速增长使得中国成为推动世界经济复苏、促进世界贸易发展的重要力量，国际金融危机爆发以来，中国经济增长对世界经济增长的年均贡献率在30%以上；快速的城市化进程、广大人民不断提高的生活水平，使中国成为全球增长速度最快、最具潜力的消费市场；中国敞开大门，为外国企业提供大量投资机会，改革开放以来，中国累计吸引外资超过1.8万亿美元，很多跨国企业都经历了“在中国销售”“在中国制造”“在中国研发”的跨越式发展。

面对第二个矛盾，新兴市场国家和发展中国家对全球经济增长的贡献率已经达到80%，“面对国际经济力量对比的深刻演变，全球治理体系未能反映新格局，缺乏代表性和包容性”①。此外，“贸易和投资规则未能跟上新形势”②“全球金融治理机制也未能适应新需求”③。新中国成立70年以来，中国已经成为世界舞台上的重要一员，并在全球经济治理中扮演着越来越重要的角色。改革开放之前，中国已经为世界贡献了“和平共处五项原则”“南南合作”“南北对话”等有积极意义的国际治理主张。改革开放后，中国积极倡导并身体力行“开放、包容、合作、共赢”的精神，推动经济全球化、贸易自由化便利化的诸多努力，既是改革开放的成果，也是中国特色发展道路的核心内涵，更是全球经济治理所应当坚持的方向。进一步地，如习近平主席所讲，“国家不分大小、强弱、贫富，都是国际社会平等成员，理应平等参与决策、享受权利、履行义务”④，全球经济治理升级为全球治理。

面对第三个矛盾，中国也为促进发展中国家发展、缩小世界贫富差距

① 习近平主席在世界经济论坛2017年年会开幕式上的主旨演讲[EB/OL]. 新华社,2017-01-18.

② 习近平主席在世界经济论坛2017年年会开幕式上的主旨演讲[EB/OL]. 新华社,2017-01-18.

③ 习近平主席在世界经济论坛2017年年会开幕式上的主旨演讲[EB/OL]. 新华社,2017-01-18.

④ 习近平主席在世界经济论坛2017年年会开幕式上的主旨演讲[EB/OL]. 新华社,2017-01-18.

贡献了力量。首先，新中国成立以来，我国自身消除贫困、缩小收入差距、促进落后地区发展的努力，为发展中国家缩小与发达国家的差距树立了良好示范。其次，新中国成立以来，特别是改革开放以来，中国不断深化改革、扩大开放，彰显了中国与各国共享机遇、共同发展的决心与诚意，也为亚非拉国家带来了更多发展机遇。最后，中国也直接参与促进落后国家发展的事业。“1950 年至 2016 年，中国在自身长期发展水平和人民生活水平不高的情况下，累计对外提供援款 4000 多亿元人民币，实施各类援外项目 5000 多个，其中成套项目近 3000 个，举办 11000 多期培训班，为发展中国家在华培训各类人员 26 万多名。”①

第五，中国特色发展道路为世界减贫做出了巨大贡献。新中国成立以来，中国就致力于减少贫困，做出了艰苦卓绝的减贫努力。改革开放以来，中国使 7 亿多人摆脱贫困，占全球减贫人口的 70% 以上，为世界减贫事业做出了巨大贡献。② 根据不同时期的不同贫困情况和减贫任务，中国经历了从救济式扶贫到开发式扶贫，再到参与式扶贫，最终到精准扶贫的扶贫演变历程，探索出了符合中国实际、也可供其他发展中国家借鉴的减贫方式。特别是 2013 年之后，习近平总书记提出了以“精准”为核心要义的脱贫攻坚新方略，聚焦“真脱贫”“脱真贫”两大问题，具体是要做到“六个精准”、实施“五个一批”、解决“四个问题”③。精准扶贫、精准脱贫等新时代中国行之有效的减贫措施，将通过中国国际扶贫中心等国际减贫交流平台，促进广大发展中国家交流分享减贫经验，为其他国家解决贫困识别、防止精英俘获、缓解深度贫困、破解返贫难题等国际减贫顽疾提出中国方案，贡献中国智慧。

除自身减贫贡献世界之外，中国还积极开展全球减贫合作、支持全球

① 习近平主席在世界经济论坛 2017 年年会开幕式上的主旨演讲[EB/OL]. 新华社,2017-01-18。

② 中共中央党史和文献研究院,国务院扶贫办. 习近平扶贫论述摘编[M]. 北京:中央文献出版社,2018.

③ “六个精准”即扶贫对象精准、措施到户精准、项目安排精准、资金使用精准、因村派人(第一书记)精准、脱贫成效精准;“五个一批”即发展生产脱贫一批、易地搬迁脱贫一批、生态补偿脱贫一批、发展教育脱贫一批、社会保障兜底一批;“四个问题”即“扶持谁”“谁来扶”“怎么扶”“如何退”。

减贫事业。首先，中国提出了建设远离贫困、共同繁荣世界的美好愿景和减贫目标。2015年，习近平主席在参加“减贫与发展高层论坛”发表的主旨演讲中提出，中国将积极推动世界各国发展繁荣，共同消除许多国家民众依然面临的贫穷落后，共同为全球的孩子们营造衣食无忧的生活，让发展成果惠及世界各国，让人人享有富足安康。① 他进一步提出落实“联合国2015年后全球发展议程”的首要目标就是“在未来15年内彻底消除极端贫困，将每天收入不足1.25美元的人数降至零”②。其次，中国制定并在积极践行支持全球减贫的具体行动方案。包括持续对最不发达国家的投资，免除对有关最不发达国家、内陆发展中国家、小岛屿发展中国家的债务；向发展中国家提供减贫、农业合作、促贸援助、生态保护和应对气候变化、医院和诊所、学校和职业培训中心等各类项目支持；向发展中国家提供来华培训和奖学金名额；积极推进南北合作，加强南南合作，继续落实《中国与非洲联盟加强减贫合作纲要》《东亚减贫合作倡议》，未来，还将设立“南南合作与发展学院”和“南南合作援助基金”。最后，中国不断供给全球减贫公共产品、改善国际发展环境。中国身体力行并提出和各国共建“一带一路”，设立亚洲基础设施投资银行（AIIB）和丝路基金（SRF），重要目的就是为发展中国家减贫提供具有外溢效应的公共产品，支持发展中国家开展基础设施互联互通建设，帮助它们增强自身发展能力，并更好地融入全球供应链、产业链、价值链，为国际减贫事业注入新活力。③

10.4 中国特色发展道路的未来展望

新中国成立，“彻底结束了旧中国半殖民地半封建社会的历史，彻底

① 中共中央党史和文献研究院，国务院扶贫办．习近平扶贫论述摘编[M]．北京：中央文献出版社，2018.

② 习近平．携手消除贫困 促进共同发展[EB/OL]．新华网，2015-10-16.

③ 中共中央党史和文献研究院，国务院扶贫办．习近平扶贫论述摘编[M]．北京：中央文献出版社，2018.

结束了旧中国一盘散沙的局面，彻底废除了列强强加给中国的不平等条约和帝国主义在中国的一切特权，实现了中国从几千年封建专制政治向人民民主的伟大飞跃”①。站在改革开放 40 年、新中国成立 70 年的历史新起点，展望 2035 年和 2050 年两步走建设中国特色社会主义的伟大而又艰巨的目标，我们应当保持战略定力，继续坚持走来时的铸就中国奇迹的路，继续深化改革去激发那些困于桎梏中的潜力，继续把满足人民美好生活需要、实现人民全面发展作为中国特色发展道路的指南针。② 结合前文所论述的中国特色发展道路的八方面经验，下文将尝试性分析中国特色发展道路在这八方面需要的坚持和改进，即对中国特色发展道路进行展望。

第一，中国将不断提高党的领导能力和执政能力，不断丰富社会主义制度的实现形式。在坚持中国共产党领导的基础上，不断提高党的执政能力。具体来说，要提高党的顶层设计能力、危机处理能力、组织动员能力、社会管理能力、自我革命和监督能力、开展多党合作的能力等。其中，要特别注重在新时代下党对意识形态工作的领导。面对国内国外的新形势，面对新一代的意识形态新特点，我们更要思考如何用合适的方式，做好意识形态工作，在防范和化解意识形态风险的同时，引导和培育既符合中国特色社会主义发展方向，又符合构建人类命运共同体要求的新时代中国特色意识形态。在坚持社会主义制度的基础上，要深入开展混合所有制改革、要素市场化改革、分配制度改革，不断丰富社会主义制度的实现形式。将坚持和完善社会主义制度、促进经济高质量发展、实现人民共同富裕和建设社会主义现代化强国等目标协同起来。

第二，中国将继续深化市场化改革。经过改革开放 40 年市场化改革的发展，中国的一般商品市场已经充分建立起来，但是资本市场、金融市场、知识产权市场、劳动力市场等要素市场的发展培育还相对滞后，不同所有制待遇并不完全一致。未来，要深化这些领域的市场化改革，

---

① 习近平．在庆祝中国共产党成立 95 周年大会上的讲话[EB/OL]．新华网，2016－07－01.

② 吴丰华．中国改革开放 40 年：历史演进与理论逻辑[J]．福建论坛（人文社会科学版），2019（1）.

进一步适应建设社会主义现代经济体系的需要，适应实现经济高质量发展的需要。

第三，中国将提高对外开放的质量和水平。对外开放是中国取得改革开放后取得经济奇迹的重要原因，作为一项国家战略，未来我们将继续坚持对外开放，并重点提高对外开放的质量。一是从“引进来”（FDI）向“引进来和走出去（ODI）并重”转变；二是更多关注对外开放的安全，做好项目引进、海外投资等各类风险（包括政治风险、法律风险、市场风险、文化风险等）的评估；三是积极参与全球经济治理，积极参与国际贸易、知识产权、资本金融等交易规则的制定，提高对外开放的主导权和话语权；四是面对第四次科技革命席卷全球所带来的巨浪般的技术迭代和技术创新，我们要注重在这方面加强国际合作，提高对外开放水平。

第四，中国将处理好改革、发展与稳定之间的关系。过去，我们注重稳定，力争以最小的改革代价取得最大的改革成效。未来，我们要深入推进改革，“以勇于自我革命的气魄、坚韧不拔的毅力推进改革，敢于向积存多年的顽瘴痼疾开刀，敢于触及深层次利益关系和矛盾，坚决冲破思想观念束缚，坚决破除利益固化樊篱，坚决清除妨碍社会生产力发展的体制机制障碍”①。同时，要继续处理好改革、发展、稳定的关系。

第五，中国将更加注重改革的顶层设计。渐进式、试错型、增量化改革是新中国成立70年以来，特别是改革开放40年以来中国改革的基本特征。进入新时代，中国改革已经进入深水区和攻坚区，这意味着大量改革需要统筹协调，需要重新配置改革的利益格局。按照习近平总书记所讲，未来“我们的改革要更加注重系统性、整体性、协同性，敢于涉深水区、啃硬骨头”②。

第六，中国将更好地处理国家与市场的关系。未来，中国将在继续让市场发挥资源配置的决定性作用的基础上，深入研究和探讨如何让国家

① 习近平．在庆祝中国共产党成立95周年大会上的讲话[EB/OL]．新华网，2016－07－01．

② 习近平．在庆祝中国共产党成立95周年大会上的讲话[EB/OL]．新华网，2016－07－01．

（包括党和政府）更好地发挥作用。同时，研究如何让两者更好地结合起来，继续在社会主义基本制度与市场经济的结合上下功夫，既要“有效的市场”，也要“有为的政府”，努力形成市场作用和政府作用有机统一、相互补充、相互协调、相互促进的格局。

第七，中国将更好地协调中央与地方的关系。本章第二节曾论述过央地关系的理想区间，即在中央和地方之间，充分分享财权和事权，并将财权和事权匹配起来，“充分调动中央和地方两个积极性”，形成“由上至下”“由下及上”畅通顺达的信息传导通路、激励机制。一方面保证中央指令的无偏差贯彻，另一方面保证地方顺利反馈和地方创新实践被中央采纳。

第八，中国将进一步融汇中国传统文化和社会主义现代市场经济文化。处理自身文化传统和现代市场经济文化与工业文明的关系是所有有着较长历史的外生型市场经济国家都必须面临的问题。中国也面临同样的问题，在新时代下，我们需要进一步处理好现代市场经济文化、中国传统文化、以社会主义核心价值观为核心的现代社会主义文化之间的关系，力争将它们融汇起来，让它们成为助推而非分裂社会的力量。

参考文献

[1][英]安格斯·麦迪森. 中国经济的长期表现:公元960—2030年[M]. 上海:上海人民出版社,2008.

[2][美]梅斯纳. 毛泽东的中国及其发展[M]. 张瑛,等,译. 北京:社会科学文献出版社,1992.

[3]中共中央马克思恩格斯列宁斯大林著作编译局,编译. 马克思恩格斯全集:第3卷[M]. 北京:人民出版社,2002.

[4]中共中央马克思恩格斯列宁斯大林著作编译局,编译. 马克思恩格斯文集:第8卷[M]. 北京:人民出版社,2009.

[5]毛泽东. 论十大关系[M]. 北京:人民出版社,1976.

[6]毛泽东. 毛泽东著作选读(下)[M]. 北京:人民出版社,1986.

[7]毛泽东. 毛泽东选集:第4卷[M]. 北京:人民出版社,1991.

[8]毛泽东. 毛泽东文集:第6卷[M]. 北京:人民出版社,1999.

[9]毛泽东. 毛泽东文集:第7卷[M]. 北京:人民出版社,1999.

[10]毛泽东. 毛泽东文集:第8卷[M]. 北京:人民出版社,1999.

[11]邓小平. 建设有中国特色的社会主义[M]. 北京:人民出版社,1987.

[12]邓小平. 邓小平文选:第3卷[M]. 北京:人民出版社,1993.

[13]邓小平. 邓小平文选[M]. 北京:人民出版社,1994.

[14]江泽民. 江泽民文选:第2卷[M]. 北京:人民出版社,2006.

[15]江泽民. 高举邓小平理论伟大旗帜,把建设有中国特色社会主义事业全面推向二十一世纪——在中国共产党第十五次全国代表大会上的报告

[J].求是,1997(18).

[16]江泽民.全面建设小康社会,开创中国特色社会主义事业新局面——在中国共产党第十六次全国代表大会上的报告[J].求是,2002,(22).

[17]胡锦涛.高举中国特色社会主义伟大旗帜,为夺取全面建设小康社会新胜利而奋斗——在中国共产党第十七次全国代表大会上的报告[J].求是,2007,466(21)

[18]胡锦涛.坚定不移沿着中国特色社会主义道路前进为全面建成小康社会而奋斗[M].北京:人民出版社,2012.

[19]习近平.中共中央关于全面深化改革若干重大问题的决定[M].北京:人民出版社,2013.

[20]习近平.在中法建交五十周年纪念大会上的讲话[N].人民日报,2014-03-29.

[21]习近平.愿同各国一道构建新型国际关系坚持中美新型大国关系正确方向[N].人民日报(海外版),2015-09-24.

[22]习近平.立足我国国情和我国发展实践发展当代中国马克思主义政治经济学[N].人民日报,2015-11-26.

[23]习近平.在亚洲基础设施投资银行开业仪式上的致辞[N].人民日报,2016-01-17.

[24]习近平.在哲学社会科学工作座谈会上的讲话(2016年5月17日)[N].人民日报,2016-05-19.

[25]习近平.决胜全面建成小康社会夺取新时代中国特色社会主义伟大胜利[M].北京:人民出版社,2017.

[26]习近平.在纪念刘少奇同志诞辰120周年座谈会上的讲话[N].人民日报,2018-11-24.

[27]习近平.在庆祝改革开放40周年大会上的讲话[N].人民日报,2018-12-19.

[28]中共中央文献研究室.三中全会以来重要文献选编(上)[M].北

京:人民出版社,1982.

[29]中共中央文献研究室. 十二大以来重要文献选编:上册[M]. 北京:人民出版社,1986.

[30]中共中央文献研究室. 十三大以来重要文献选编:上册[M]. 北京:人民出版社,1991.

[31]中共中央文献研究室. 改革开放三十年重要文献选编[M]. 北京:人民出版社,2002.

[32]中共中央文献研究室. 十四大以来重要文献选编(上)[M]. 北京:中央文献出版社,2011.

[33]中共中央文献研究室. 十八大以来重要文献选编(上)[M]. 北京:中央文献出版社,2014.

[34]中国共产党第十四次全国代表大会文件汇编[M]. 北京:人民出版社,1992.

[35]中国共产党第十五次全国代表大会文件汇编[M]. 北京:人民出版社,1997.

[36]中国共产党第十八届中央委员会第三次全体会议文件汇编[C]. 北京:人民出版社,2013.

[37]中共中央文献研究室. 中国道路——中国共产党的思想历程[J]. 党的文献,2012(4).

[38]中共中央党史和文献研究院,国务院扶贫办. 习近平扶贫论述摘编[M]. 北京:中央文献出版社,2018.

[39]中共中央宣传部. 习近平新时代中国特色社会主义思想三十讲[M]. 北京:学习出版社,2018.

[40]《中国特色社会主义理论与实践研究》编写组. 中国特色社会主义理论与实践研究[M]. 北京:高等教育出版社,2018.

[41]白永秀,任保平. 中国市场经济理论与实践:第2版[M]. 北京:高等教育出版社,2011.

[42]蔡北华. 论对外开放[M]. 上海:上海人民出版社. 1988.

[43]陈佳贵. 中国经济体制改革30年研究[M]. 北京:经济管理出版社. 2008.

[44]陈明明. 在革命与现代化之间——关于党治国家的一个观察与讨论[M]. 上海:复旦大学出版社. 2015.

[45]胡鞍钢,唐啸,杨竺松. 中国国家治理现代化[M]. 北京:中国人民大学出版社,2014.

[46]黄静波. 国际技术转移[M]. 北京:清华大学出版社,2005.

[47]李太淼. 中国特色社会主义经济制度论[M]. 北京:人民出版社,2009.

[48]罗永光. 大国策:通向大国之路的中国过交易发展战略[M]. 北京:人民日报出版社,2009.

[49]亓成章,王坚红. 当前国际环境与中国对外战略、方针、政策[M]. 北京:党建读物出版社,2000.

[50]孙玉宗. 对外开放与对外贸易[M]. 北京:对外贸易教育出版社,1989.

[51]孙健. 中华人民共和国经济史[M]. 北京:中国人民大学出版社,1992.

[52]史正富. 超常增长[M]. 上海:上海人民出版社,2013.

[53]唐任伍,马骥. 中国经济改革30年1978-2008对外开放卷[M]. 重庆:重庆大学出版社. 2008.

[54]王玉森,等. 对外开放指南[M]. 北京:中国经济出版社. 1991.

[55]魏礼群. 中国经济体制改革30年回顾与展望[M]. 北京:人民出版社,2008.

[56]吴敬琏,刘吉瑞. 论竞争性市场体制[M]. 北京:中国财政经济出版社,1991.

[57]姚洋,席天杨. 中国新叙事中国特色的政治经济体制的运行机制分析[M]. 上海:格致出版社,上海人民出版社,2018.

[58]宗寒. 中国所有制结构探析[M]. 北京:红旗出版社,1996.

[59]张宇. 张宇自选集[M]. 北京:学习出版社,2012.

[60]张宇,谢地,任保平,蒋永穆. 中国特色社会主义政治经济学[M]. 北京:高等教育出版社,2017.

[61]张军,王永钦. 大转型:中国经济改革的过去、现在和未来[M]. 上海:格致出版社,2019.

[62]张五常. 中国的经济制度[M]. 北京:中信出版社,2009.

[63]郑永年. 中国的"行为联邦制":中央—地方关系的变革与动力[M]. 北京:东方出版社,2013.

[64]郑治. 十六大报告辅导读本[C]. 北京:人民出版社,2002.

[65]周鸿. 中华人民共和国国史通鉴[M]. 北京:红旗出版社,1993.

[66]安立仁. 中国经济制度变迁动力分析[J]. 西北大学学报(哲学社会科学版),2007(5).

[67]包心鉴. 关于中国道路研究若干基本问题辨析[J]. 理论视野,2015(6).

[68]白永秀. 市场在资源配置中的决定性:计划与市场关系述论[J]. 改革,2013(11).

[69]白永秀. 国有企业改革:历程 · 现状 · 对策[J]. 人文杂志,1999(4).

[70]白永秀,王泽润. 非公有制经济思想演进的基本轨迹、历史逻辑和理论逻辑[J]. 经济学家,2018(11).

[71]白永秀,宁启. 改革开放40年中国非公有制经济发展经验与趋势研判[J]. 改革,2018(11).

[72]白永秀,吴振磊. 中国30年经济改革与转型的政治经济学分析[J]. 西北大学学报(哲学社会科学版),2018(1).

[73]宝成关. 中国特色社会主义人本思想研究论纲[J]. 吉林大学社会科学学报,2013,53(1).

[74]蔡继明. 我国经济体制变革历程及其理论分析[J]. 改革,2018(6).

[75]蔡克文. 从毛泽东到习近平:共享发展理念的演进[J]. 改革与战

略,2017,33(2).

[76]蔡德发,王曙光.关于科学划分我国中央与地方税权的研究[J].财政研究,2005(7).

[77]蔡昉.为处理好政府和市场的关系贡献中国智慧[J].理论导报,2019(1).

[78]崔友平.中国经济体制改革:历程、特点及全面深化——纪念改革开放40周年[J].经济与管理评论,2018,34(6).

[79]崔友平,从马克思主义政治经济学到习近平新时代中国特色社会主义经济思想[J].东岳论丛,2018(11).

[80]陈前.中国特色社会主义道路基本特征的历史逻辑[J].东北师大学报(哲学社会科学版),2015(4).

[81]陈晋.关于中国道路的几个认识[J].党的文献,2013(2).

[82]陈平.中国道路的本质和中国未来的选择[J].经济社会体制比较,2012(3).

[83]陈世润,陈晨.新中国60年独立自主对外开放的经验[J].探索,2009(5).

[84]程恩富.中国特色社会主义的内涵及其经济制度[J].中国城市经济,2007(10).

[85]程恩富.中国模式的经济体制特征和内涵[J].经济学动态,2009(12).

[86]程霖,陈旭东.改革开放40年中国特色社会主义市场经济理论的发展与创新[J].经济学动态,2018(12).

[87]常明.论新形势下中央与地方关系的协调[J].经济科学,1992(3).

[88]杜磊.新中国成立后我国政府与市场关系特征的演化[J].智库时代,2017(16).

[89]房宁.中国道路的民主经验[J].红旗文稿,2014(6).

[90]冯根福.中国特色基本经济制度:攻克人类"公平与效率"难题的中国贡献[J].当代经济科学,2017,39(6).

[91]范恒山.30 年来中国经济体制改革进程、经验和展望[J].改革,2008(9).

[92]方勇.开放发展的政治经济学分析[J].南京大学学报(哲学·人文科学·社会科学),2017,54(3).

[93]郭万超.论中国道路的五大特性[J].党建,2013(9).

[94]郭为桂.中央与地方关系 50 年略考:体制变迁的视角[J].中共福建省委党校学报,2000(03).

[95]甘阳.中国道路:三十年与六十年[J].读书,2007(6).

[96]何增科.从党治国家到政党政府——深化党和国家领导体制改革问题研究[J].复旦政治学评论,2016(2).

[97]胡拥军.新型城镇化条件下政府与市场关系再解构:观照国际经验[J].改革,2014(2).

[98]胡钧.正确认识政府作用和市场作用的关系[J].政治经济学评论,2014,5(3).

[99]胡鞍钢.如何理解“两只手”优于“一只手”——中国政治经济语境中的政府与市场关系[J].2014(10).

[100]洪银兴.关键是厘清市场与政府作用的边界——市场对资源配置起决定性作用后政府的作用的转型[J].红旗文稿,2014(2).

[101]洪银兴.以创新的理论构建中国特色社会主义政治经济学的理论体系[J].经济研究,2016(4).

[102]洪银兴.市场化导向的政府和市场关系改革 40 年[J].政治经济学评论,2018,9(6).

[103]霍军.新中国 60 年税收管理体制的变迁[J].当代中国史研究,2010(3).

[104]韩振峰.论走中国特色社会主义道路的历史必然性[J].河北学刊,2007(5).

[105]黄亚生.中国模式到底有多独特——基于中国、印度、巴西经济数据的比较分析[J].深圳大学学报(人文社会科学版),2012,29(1).

[106]黄新华. 市场化改革以来中国经济制度变迁的内容探析[J]. 经济纵横,2004(8).

[107]黄范章. 探索、建设社会主义市场经济体制的30年——兼论创立中国特色的转轨经济学和社会主义市场经济学[J]. 经济学动态,2008(8).

[108]贾龙飞. 中国道路的基本特征研究[D]. 北京:中共中央党校,2018.

[109]姜淑萍. "以人民为中心的发展思想"的深刻内涵和重大意义[J]. 党的文献,2016(6).

[110]蒋永穆,张晓磊. 共享发展与全面建成小康社会[J]. 思想理论教育导刊,2016(3).

[111]金辉,沈丹阳. "一带一路"新起点要有新重点[N]. 经济参考报,2018-04-11.

[112]李健. "中国道路"的全面内涵及其经验总结[J]. 社会主义研究,2015(1).

[113]李晓新,王永杰. 论中国经济制度的宪法规范[J]. 学海,2011(3).

[114]李成勋. 论社会主义初级阶段基本经济制度的机理与特征[J]. 毛泽东邓小平理论研究,2010(2).

[115]李俊生,姚东旻. 重构政府与市场的关系——新市场财政学的"国家观""政府观"及其理论渊源[J]. 财政研究,2018(1).

[116]李振,鲁宇. 中国的选择性分(集)权模式——以部门垂直管理化和行政审批权限改革为案例的研究[J]. 公共管理学报,2015,12(3).

[117]刘友忠. 中国特色社会主义道路科学内涵解读[J]. 当代世界与社会主义,2008(4).

[118]刘云山. 毫不动摇地高举中国特色社会主义伟大旗帜——学习党的十七大报告的体会[J]. 求是,2008(2).

[119]刘应杰. 中国道路和中国经验的十个特征[J]. 人民论坛,2012(15).

[120]刘国光,董志凯. 新中国50年所有制结构的变迁[J]. 中南财经大

学学报,2000(1).

[121]刘国光,程恩富.全面准确理解市场与政府的关系[J].毛泽东邓小平理论研究,2014(2).

[122]刘武根,艾四林.论共享发展理念[J].思想理论教育导刊,2016(1).

[123]刘志彪.中国改革开放的核心逻辑、精神和取向——为纪念改革开放40周年而作[J].东南学术,2018(04).

[124]刘承礼.理解当代中国的中央与地方关系[J].当代经济科学,2008(5).

[125]刘尚希,石英华,武靖州.公共风险视角下中央与地方财政事权划分研究[J].改革,2018(8).

[126]刘儒,呼慧,李超阳.不断创新当代中国马克思主义政治经济学理论体系和话语体系[J].西安交通大学学报(社会科学版),2016(5).

[127]刘树成.新中国经济增长60年曲线的回顾与展望[J].经济学动态,2009(10).

[128]刘瑞明.哈耶克诘难、权威转变与经济成长:中国分权式改革的逻辑[J].经济学家,2010(2).

[129]林尚立.政党、政党制度与现代国家——对中国政党制度的理论反思[J].复旦政治学评论,2009.

[130]梁波.习近平总书记系列讲话对中国特色社会主义的新发展[J].科学社会主义,2014(2).

[131]卢现祥,朱迪.中国制度变迁40年:回顾与展望——基于新制度经济学视角[J].人文杂志,2018(10).

[132]雷美霞.重构政府与市场关系的前提和切入点[J].成都大学学报(社会科学版),2015(3).

[133]罗来武,雷蔚.工业化、高速经济增长与协调分工的制度安排[J].中国工业经济,2006(12).

[134]孟捷.在必然性和偶然性之间:从列宁晚年之问到当代中国社会

主义政治经济学[J]. 学习与探索,2018(5).

[135]马宝成. 推进放管服协调发展更好发挥政府作用[J]. 行政管理改革,2015(7).

[136]冒佩华,王朝科. “使市场在资源配置中起决定性作用和更好发挥政府作用”的内在逻辑[J]. 毛泽东邓小平理论研究,2014(2).

[137]彭俞超,张雷声. 正确认识和处理政府与市场关系的创新与发展[J]. 山东社会科学,2014(1).

[138]彭向刚,梁学伟. 以公共服务为主旨构建当代中央与地方关系[J]. 社会科学战线,2006(6).

[139]裴长洪,刘洪愧. 习近平新时代对外开放思想的经济学分析[J]. 经济研究,2018,53(2).

[140]庞明川. 转轨经济中政府与市场关系中国范式的形成与演进——基于体制基础、制度变迁与文化传统的一种阐释[J]. 财经问题研究,2013(12).

[141]潘小娟. 中央与地方关系的若干思考[J]. 政治学研究,1997(3).

[142]钱颖一,许成钢,董彦彬. 中国的经济改革为什么与众不同——M型的层级制和非国有部门的进入与扩张[J]. 经济社会体制比较,1993(1).

[143]秦宣. 中国特色社会主义道路的科学内涵[J]. 思想理论教育导刊,2007(12).

[144]秦刚. 中国特色社会主义:道路与理论体系的关系[J]. 中国特色社会主义研究,2008(1).

[145]乔惠波. 中国特色社会主义基本经济制度的内涵与定位[J]. 中国特色社会主义研究,2013(4).

[146]荣兆梓. 公有制为主体的基本经济制度:基于中国特色社会主义实践的理论诠释[J]. 人文杂志,2019(3).

[147]任剑涛. 宪政分权视野中的央地关系[J]. 学海,2007(1).

[148]苏世隆. 历史眼光视阈下的中国特色社会主义发展道路[J]. 黑龙江史志,2015(3).

[149]桑学成.中国特色社会主义道路的形成发展和基本经验[J].南京大学学报(哲学.人文科学.社会科学版),2011,48(4).

[150]孙蚌珠.论中国特色社会主义经济制度的内涵、特征和优势[J].思想理论教育导刊,2011(10).

[151]孙居涛.中国特色社会主义基本经济制度的创新与发展[J].学习论坛,2010,26(6).

[152]单学勇.合理分权:中央与地方税收关系的必然选择[J].改革,2001(6).

[153]史本叶,马晓丽.中国特色对外开放道路研究——中国对外开放40年回顾与展望[J].学习与探索,2018(10).

[154]石建国.认识改革开放伟大意义的三重视角[J].中国政协,2018(23).

[155]盛洪.关于中国市场化改革的过渡过程的研究[J].经济研究,1996(1).

[156]盛垒.疲弱复苏的世界经济:新变量、新趋势与新周期—2017年世界经济分析报告[J].世界经济研究,2017(1).

[157]唐丽丽.论中国特色社会主义发展道路的探索[J].科学社会主义,2009(5).

[158]唐杰,蔡增正.渐进式改革的博弈分析——兼论从经济体制改革到渐进式政治体制改革[J].南开经济研究,2003(4).

[159]太平.中国对外开放模式的演进[J].政治经济学评论,2008(2).

[160]王建.论中国特色社会主义道路的演进与历史性经验生成[J].学术论坛,2012,35(8).

[161]王健.市场导向经济体制改革的六个发展阶段[J].人民论坛,2018(33).

[162]王娟.对外开放与技术创新——基于改革开放四十年的经验[J].经济体制改革,2018(5).

[163]王磊,伍业君.我国价格改革的历程及展望[J].价格理论与实践,

2018(12).

[164]王丹莉,武力.改革开放以来中央与地方财政关系的演进与透视[J].中共党史研究,2018(12).

[165]王瑞荪.建国以来经济体制的变革及其经验教训[J].教学与研究,1985,V(2).

[166]王勇.中国经济增速下滑主因是需求还是供给?[J].学习与探索,2018(10).

[167]汪兴益.论建立和完善社会主义市场经济体制[J].财政研究,1998(11).

[168]汪青松.马克思主义中国化与中国特色社会主义道路[J].当代世界与社会主义,2007(6).

[169]魏杰,汪浩.论双向型与自由化的对外开放战略[J].学术月刊,2016,48(8).

[170]卫兴华,闫盼.论宏观资源配置与微观资源配置的不同性质——兼论市场"决定性作用"的含义和范围[J].政治经济学评论,2014,5(4).

[171]卫兴华.中国特色社会主义经济理论的坚持、发展与创新问题[J].马克思主义研究,2015(10).

[172]武力,张林鹏.改革开放40年政府、市场、社会关系的演变[J].国家行政学院学报,2018(5).

[173]吴福象,段巍.国际产能合作与重塑中国经济地理[J].中国社会科学,2017(2).

[174]吴丰华.中国改革开放40年:历史演进与理论逻辑[J].福建论坛(人文社会科学版),2019(1).

[175]吴振磊.遵循政治经济学规律完善社会主义市场经济[J].黑龙江社会科学,2015(3).

[176]夏斌."中国奇迹":一个经济学人对理论创新的思考[J].经济学动态,2019(3).

[177]徐崇温.中国特色社会主义道路是人类文明史上的伟大创举[J].

求是,2012(13).

[178]徐勇.历史延续性视角下的中国道路[J].中国社会科学,2016(7).

[179]谢志岿.协调中央与地方关系需要两次分权——对协调中央与地方关系的一项新的探索[J].江海学刊,1998(1).

[180]肖贵清,刘爱武.中国特色社会主义道路的内涵及其特征[J].中国特色社会主义研究,2008(2).

[181]宣晓伟.治理现代化视角下的中国中央和地方关系——从泛化治理到分化治理[J].管理世界,2018,34(11).

[182]辛向阳.中国特色社会主义道路的内涵解析[J].当代世界与社会主义,2008(3).

[183]杨世文,李娟.中国特色社会主义道路的理论内涵与现实意义[J].求实,2012(1).

[184]杨静.坚持马克思主义经济思想的指导地位[J].经济研究,2016,51(3).

[185]杨承训.社会主义质的规定性与中国特色社会主义基本经济制度[J].毛泽东邓小平理论研究,2016(6).

[186]杨小云.论我国中央与地方关系的改革[J].政治学研究,1997(3).

[187]杨小云.近期中国中央与地方关系研究的若干理论问题[J].湖南师范大学社会科学学报,2002(1).

[188]杨帆.中国对外开放的历史与展望[J].管理世界,2015(4).

[189]杨柳.习近平开放发展理念与中国开放道路的总结展望[J].探索,2016(5).

[190]杨光斌.制度变迁中的政党中心主义[J].西华大学学报(哲学社会科学版),2010,29(2).

[191]杨艳红,卢现祥.中国对外开放与对外贸易制度的变迁[J].中南财经政法大学学报,2018(5).

[192]闫帅. 公共决策机制中的“央地共治”——兼论当代中国央地关系发展的三个阶段[J]. 华中科技大学学报(社会科学版),2012,26(4).

[193]姚洋. 中国道路的世界意义[J]. 国际经济评论,2010(1).

[194]余文烈,吕薇洲. 关于市场社会主义的发展阶段及其定义[J]. 教学与研究,1999(11).

[195]殷德生,吴虹仪,王奕望. 中国市场化改革路径与转型经济理论创新[J]. 学术月刊,2017(6).

[196]尹燕,张宇青,周应恒. 我国对外贸易依存度与农业经济增长——基于面板误差修正模型和面板 VAR 的实证分析[J]. 宏观经济研究,2013(11).

[197]易承志. 转型期我国中央与地方关系的协调:特征、趋势与路径分析[J]. 湘潭大学学报(哲学社会科学版),2009,33(5).

[198]朱旭峰,吴冠生. 中国特色的央地关系:演变与特点[J]. 治理研究,2018,34(2).

[199]朱延福. 全面输出中国元素丰富对外开放内涵[N]. 湖北日报,2015-11-28.

[200]朱炳元,史春燕. 中国道路的理论价值、基本内涵和实践特色[J]. 当代世界与社会主义,2011(6).

[201]张雷声. 论中国特色社会主义道路、理论体系、制度的统一[J]. 高校理论战线,2013(1).

[202]张卓元. 中国经济体制改革的总体回顾与展望[J]. 经济研究,1998(3).

[203]张宇. 中国模式的含义与意义[J]. 经济学动态,2008(11).

[204]张宇. 金融危机、新自由主义与中国的道路[J]. 经济学动态,2009(4).

[205]张宇. 市场有效,党政有为,根基牢固——正确认识社会主义市场经济中政府和市场的关系[J]. 红旗文稿,2014(8).

[206]张宇. 论公有制与市场经济的有机结合[J]. 经济研究,2016,51

(6).

[207]张军,高远,傅勇,等.中国为什么拥有了良好的基础设施?[J].经济研究,2007(3).

[208]张丽红,姜淑兰.中国特色社会主义道路基本特征体系论析[J].东北师大学报(哲学社会科学版),2015(4).

[209]张晓晶,李成,李育.扭曲、赶超与可持续增长——对政府与市场关系的重新审视[J].经济研究,2018,53(1).

[210]张志元,马雷.经济金融发展视野的政府与市场关系再定位[J].改革,2014(1).

[211]张斌.央地关系的演进脉络[J].人民论坛,2018(33).

[212]张启聪.社会主义市场经济的中央与地方财政之关系[J].财政研究,1993(12).

[213]张成思,朱越腾,芦哲.对外开放对金融发展的抑制效应之谜[J].金融研究,2013(6).

[214]张松涛.关于新世纪新阶段中国对外开放和对外经济的政策选择[J].经济学动态,2003(7).

[215]张磐.对外开放新阶段的主要特征[J].管理世界,1994(2).

[216]张晨,卢江,周端明.增强中国特色社会主义政治经济学对中国对外开放和参与全球治理的理论阐释力[J].政治经济学评论,2017,8(2).

[217]张国.习近平有关国有企业改革的重要论述及其贯彻执行[J].毛泽东邓小平理论研究,2018(12).

[218]张长生.我国所有制结构的演变、发展趋势及优化对策[J].岭南学刊,1996(2).

[219]张平,楠玉.改革开放40年中国经济增长与结构变革[J].中国经济学人(英文版),2018(1).

[220]张晓山.改革开放四十年与农业农村经济发展——从“大包干”到城乡融合发展[J].学习与探索,2018(12).

[221]张二震,李远本,戴翔.从融入到推动:中国应对全球化的战略转

变——纪念改革开放40周年[J]. 国际贸易问题,2018(4).

[222]张光. 十八大以来我国事权和财权划分政策动向:突破还是因循?[J]. 地方财政研究,2017(4).

[223]张璋. 基于央地关系分析大国治理的制度逻辑[J]. 中国人民大学学报,2017,V31(4).

[224]郑新立. 党的十八大以来坚持和完善我国基本经济制度的理论与实践[J]. 求是,2017(12).

[225]郑德荣,梁继超. 中国特色社会主义道路的社会形态和基本特征[J]. 东北师大学报哲学(社会科学版),2009(6).

[226]郑德荣,彭波. 中国特色社会主义道路基本特征论析[J]. 东北师大学报(哲学社会科学版),2015(4).

[227]周新城. 怎样研究中国特色社会主义制度[J]. 山西财经大学学报,2009(4).

[228]周逸. 我国经济发展中政府与市场关系的特征[J]. 决策与信息:下旬,2011(9).

[229]周富祥. 理顺中央与地方经济关系的几个争论性问题[J]. 管理世界,1994(6).

[230]周业安. 中国渐进式改革路径与绩效研究的批判性回顾[J]. 中国人民大学学报,2000,V(4).

[231]周飞舟. 分税制十年:制度及其影响[J]. 中国社会科学,2006(6).

[232]周黎安. 晋升博弈中政府官员的激励与合作——兼论我国地方保护主义和重复建设问题长期存在的原因[J]. 经济研究,2004(6).

[233]周黎安. 中国地方官员的晋升锦标赛模式研究[J]. 经济研究,2007(7).

[234]周黎安. 行政发包制[J]. 社会,2014,34(6).

[235]周黎安."官场+市场"与中国增长故事[J]. 社会,2018,38(2).

[236]周雪光. 权威体制与有效治理:当代中国国家治理的制度逻辑[J]. 开放时代,2011(10).

[237]周雪光. 中国国家治理的制度逻辑再思[J]. 开放时代,2012,1997(1768).

[238]周天勇. 三十年前我们为什么要选择改革开放[N]. 学习时报,2008－08－26.

[239]中国社会科学院经济体制改革30年研究课题组. 论中国特色经济体制改革道路(下)[J]. 经济研究,2008,43(10).

索 引

后　记

新中国成立70年来，中国经济发展取得了人类历史上罕见的成就，被学术界唤作“中国奇迹”。更令人称奇的是，中国的发展成就既难以放在既有的分析框架下进行分析，其发展也没有依循西方声称为转轨国家量身打造的“华盛顿共识”的路径来走。在这个层面上，中国与西方远未达成共识，以至于在国际社会上出现了种种解说中国发展奇迹、发展道路和发展模式的文章、著作，形成了经验总结和学理化总结两大类成果。

经验总结的代表性研究，国外如美国著名经济学家、诺贝尔经济学奖得主迈克尔·斯宾塞领衔众多学者出版的《中国经济：中长期发展和转型》，该书将驱动中国奇迹的经验总结为五个方面：充分利用了世界经济，维护了宏观经济稳定，保持了高储蓄和高投资率，通过市场来配置资源，拥有负责、可信和有能力的政府。国内如刘鹤撰文《没有画上句号的增长奇迹》，也总结了类似的中国经济发展的六方面经验。

同时，有很多学者将中国经济增长之奇迹和发展之道路进一步学理化，形成了诸多理论成果。其中，既有基于西方主流经济学分析框架而形成的理论，代表性的如钱颖一、许成钢，张军、宋铮、王永钦等的理论；也有按照西方所谓的非主流经济学的范式和进路开展的理论研究。其中，有的偏重于求证和发展马克思主义经济学（如程恩富、张宇、马艳等），有的偏重于创新和丰富马克思主义经济学（如姚洋、孟捷、史正富等），有的偏重于德国历史学派、国家经济学来进行分析（如何新、高德步等），有的偏重于奥地利学派（如张维迎、冯兴元等），有的偏重于转轨和转型经济学（如樊纲、张宇燕等），有的偏重于新制度经济学（如张五常、盛洪等)，有的偏重于演化动态经济学（如贾根良、杨虎涛等)，有的偏重于创新复杂科学经济学（如陈平、沈华嵩等)，有的偏重于创新结构经济学（如林毅夫等)，还有的以更宽广的历史视角，偏重于经济、社会、精神跨学科综合的“新政治经济学”研究（如汪丁丁等)。[①]

可以看出，关于中国增长奇迹和发展道路的总结，研究视角很多，分歧也很巨大。其实这也正常，究其根源，在于不同学者对中国奇迹和发展道路本就有着不同理解，研究对象、概念体系、话语体系的细微差别，映射到如此宏大的研究话题后，自然产生巨大的差异。在这里，有必要回顾一下习近平总书记在“庆祝改革开放 40 周年大会”上的讲话，虽然概括的是改革开放 40 年的历史经验，但是他总结的宝贵经验以及党和人民弥足珍贵的精神财富也是新中国成立 70 年来中国发展的成功经验，有其历史延续性，具体为九方面的必须坚持：“必须坚持党对一切工作的领导，不断加强和改善党的领导；必须坚持以人民为中心，不断实现人民对美好生活的向往；必须坚持马克思主义指导地位，不断推进实践基础上的理论创新；必须坚持走中国特色社会主义道路，不断坚持和发展中国特色社会主义；必须坚持完善和发展中国特色社会主义制度，不断发挥和增强我国制度优势；必须坚持以发展为第一要务，不断增强我国综合国力；必须坚持扩大开放，不断推动共建人类命运共同体；必须坚持全面从严治党，不断提高党的创造力、凝聚力、战斗力；必须坚持辩证唯物主义和历史唯物主义世界观和方法论，正确处理改革发展稳定关系。”可以说，这段表述紧紧抓住了中国的发展之魂，对中国经济发展和社会主义事业成功的基本经验和基本遵循作了全面和高度概括。

这样一部书，是在充分借鉴已有研究的基础上，我们对新中国成立 70 年中国经济增长和发展道路的一种尝试性总结。在本书中，我们拾起了很多理论和学说所忽视的中国制度基础和体制背景，构建了一个包含经济制度、经济体制、央—地关系、政府—市场关系和开放道路等五方面内容的

① 夏斌.“中国奇迹”:一个经济学人对理论创新的思考[J]. 经济学动态,2019(3).

分析框架，一体化地将 70 年来中国发展的制度建构、中国体制建设和变革、事关权利配置的央—地关系以及事关资源配置的政府（国家）—市场的关系、事关经济全球化的对外开放道路等五大问题纳入一个分析框架，以马克思主义政治经济学为基本分析范式和分析工具，对中国特色发展道路进行了较为系统和深入的分析。

本书由吴振磊、吴丰华讨论形成写作思路和提纲。初稿分工如下：第一章，导论（宁启、刘盼、吴振磊）；第二章（张宇坤）；第三章（夏鑫雨）；第四章（吕裔）；第五章（张知遥）；第六章（朱志海）；第七章（宋兴）；第八章（崔浩博、吴丰华）；第九章（李钺霆）；第十章（吴丰华）。最后，全书由李钺霆初排，由吴振磊、吴丰华校订，并统稿润色。在这里向写作团队表示感谢，更要特别感谢中国经济出版社对本书的支持，感谢编辑老师的认真辛勤工作。

著者

2019 年 5 月